县域产业布局与县域经济发展

陈东强◎著

GMSKWK

光明社科文库 GUANG MING SHE KE WEN KU

光明日报出版社

图书在版编目（CIP）数据

县域产业布局与县域经济发展 / 陈东强著．-- 北京：光明日报出版社，2019.3

ISBN 978-7-5194-5123-3

Ⅰ.①县… Ⅱ.①陈… Ⅲ.①县级经济—区域经济发展—研究—中国 Ⅳ.①F127

中国版本图书馆CIP数据核字（2019）第039885号

县域产业布局与县域经济发展

XIANYU CHANYE BUJU YU XIANYU JINGJI FAZHAN

著　　者：陈东强

责任编辑：史　宁　　　责任校对：赵鸣鸣

封面设计：中联学林　　　责任印制：曹　净

出版发行：光明日报出版社

地　　址：北京市西城区永安路106号，100050

电　　话：010-67014267（咨询），63131930（邮购）

传　　真：010-67078227，67078255

网　　址：http://book.gmw.cn

E - mail：shining@gmw.cn

法律顾问：北京德恒律师事务所龚柳方律师

印　　刷：三河市华东印刷有限公司

装　　订：三河市华东印刷有限公司

本书如有破损、缺页、装订错误，请与本社联系调换，电话：010-67019571

开　　本：170mm×240mm

字　　数：287千字　　　印　　张：17

版　　次：2019年4月第1版　　　印　　次：2019年4月第1次印刷

书　　号：ISBN 978-7-5194-5123-3

定　　价：68.00元

内容提要

县域产业布局与县域经济发展是我国全面实现小康社会所面临的重大问题，从中央到各省市都对此予以了高度的关注。关于县域经济的研究迄今依然是一个热门课题。本书运用经济学与地理学的研究方法，从产业布局与县域经济发展必须实现经济效益、社会效益和生态效益相统一的角度，运用传统的和最新的产业布局理论与区域经济发展模式，研究了具体县域的产业形态、产业空间组织及其与经济发展的相互关系。在综合分析影响产业布局与县域经济发展的因素基础上，提出了基于机制系统思维的制度系统创新在其中起着关键作用等新的观点。

县域产业布局是县域经济发展的核心。但书中所指的产业布局已在吸收和融合传统产业布局与产业结构理论的成果基础上做了进一步的扩展，它是产业形态与产业空间组织的统一，与产业分布既相联系又相区别。其中产业形态反映着产业所有的形状和特征，是一个在实践中更具有操作意义的概念。

书中概括了对县域经济发展有利和不利的产业形态及其空间组织，归纳了产业集聚依次递进的五个类型。论述了县域经济发展对产业形态及其空间组织的影响机理，指出了产业形态发生变化的两种可能情况和产业空间组织变动的七种形式。

在研究产业布局与县域经济发展相互作用的基础上，书中进一步分析两者的互动是由自然、社会以及人地相互作用之合力决定的。尽管如此，人们仍可通过制度创新这一关键手段来引导此合力。但制度创新要有效，须立足于制度的系统创新。由于制度的系统演化是新制度经济学中最重要、最困难的前沿研究阵地，因此，作者尝试提出了基于机制系统思维的制度系统创新这一新概念，阐述了其不可分割的四个内涵和把握这一概念的关键所在。

为从实践上进一步证明这一观点，作者以顺德为专题例证，通过客观描述顺德产业布局与经济发展的成效与存在问题，从制度上分析了其成因，藉正反两个方面情况证明了在区域的发展中，基于机制系统思维的制度系统创新是不可或缺的。

作者将研究心得应用于所参与的汕头市潮南区和始兴县县域经济发展的有关规划项目，这些心得体会主要汇集于本书的后两章中。

目 录
CONTENTS

第一章

绪　论

第一节　选题的背景

一、我国农村经济的发展依然任重而道远

按照现行的行政区划，中国县级行政区包括地级市的市辖区、县级市、县、自治县、旗、自治旗、特区、林区等八种。2005 年我国共有 2861 个县级行政区①，截至 2017 年 11 月，全国县级行政区划单位有 2876 个，其中市辖区 986 个、县级市 363 个、县 1356 个、自治县 117 个、旗 49 个、自治旗 3 个、特区 1 个、林区 1 个。这里讨论的是我国广大的农村地区，是国民经济的基础。2016 年全国县域内人口 9. 16 亿，占全国总人口的 70. 9% 。

几千年来，中国农村地区相对都市较为落后，农民的地位较低。新中国成立前，农村地区一贫如洗，新中国成立后，农村建设工业化建设做出了巨大的牺牲。1978 年改革开放使农村地区焕发了生机与活力，农村经济获得了空前的发展，但相比于城市差距还很大。正如中共十六大报告指出的，我国处于并将长期处于社会主义初级阶段，所达到的小康是低水平、不全面、不平衡的小康。特别是在县域农村地区，不仅距离全面小康有更大的差距，几千万农村人口还处于低水平的不巩固的温饱阶段；而且农村内部各地区间的发展也很不平衡，中西部地区的发展水平远远落后于东部发达地区。

2004 年末全国农村绝对贫困人口为 2610 万人，占农村人口的比重为 2. 8% ；

① 港澳台未计

初步解决温饱但还不稳定的农村低收入人口为4977万人，占农村人口的比重为5.3%。其中，592个国家扶贫重点县的农村绝对贫困人口为1613万人；农村低收入人口为2580万人。扶贫重点县绝对贫困人口占全国的61.8%，低收入人口占全国的51.8%。①

2001年以来扶贫重点县农村贫困人口规模和人口比重

年度	绝对贫困		低收入	
	人口规模（万人）	人口比重（%）	人口规模（万人）	人口比重（%）
2001	1812	9.1	3865	19.5
2002	1752	8.8	3076	15.5
2003	1763	8.9	2946	14.8
2004	1613	8.1	2580	12.9

2004年，在农村绝对贫困人口中，东部地区为374万人，中部地区为931万人，西部地区为1305万人，绝对贫困人口占各地区农村人口的比重分别为1.0%、2.8%和5.7%；在低收入人口中，东部地区为837万，中部地区为1744万，西部地区为2396万，低收入人口占各地区农村人口的比重分别为2.2%、5.3%和10.5%。如图：②

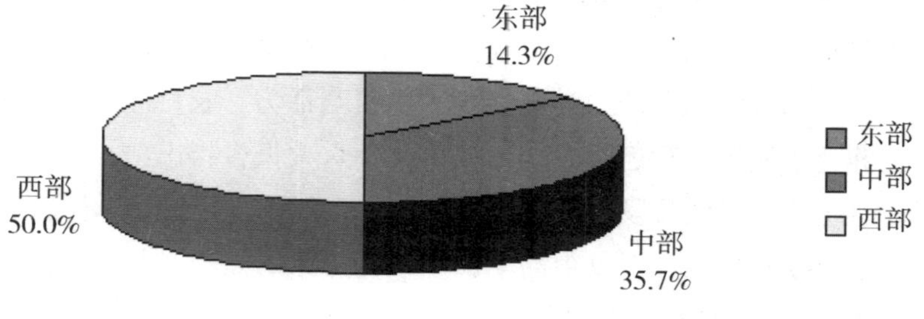

2004年末中国农村绝对贫困人口地区分布

① 根据农村居民生活消费价格指数，2004年农村绝对贫困人口的标准由上年的637元调整为668元，低收入人口的标准由上年的882元调整为924元。

② 国家统计局2004年中国农村贫困状况监测公报 2005－04－21 12：43：29

自1978以来，全国农村绝对贫困人口规模虽在下降，但是扶贫工作仍很艰巨。如下图:①

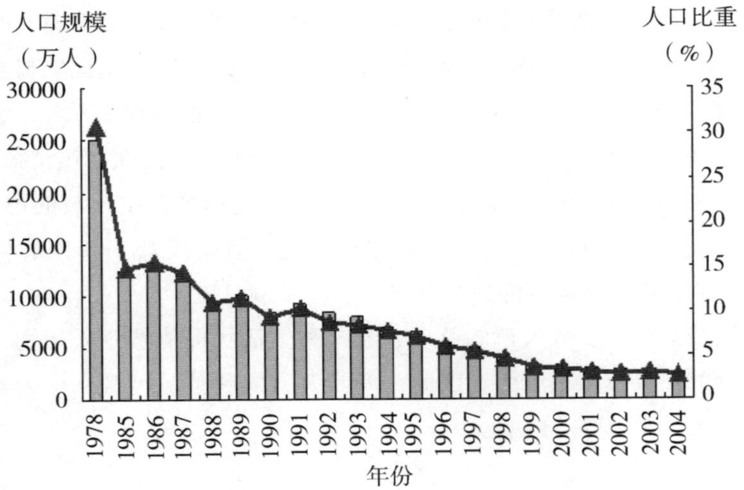

1978－2004年全国农村绝对贫困人口规模和人口比重

从城乡之间的比较来看。目前我国农村有1.5亿~2亿呈“隐性失业”状态的农业剩余劳动力，就业机会不足造成农民收入增幅长期低于GDP增幅，更低于市民收入增幅，城乡差距呈现进一步扩大之势。县以下消费品零售额占全国消费品零售额的26.2%，与69.1%的农村人口比重相去甚远。农村人均收入和消费水平仅相当于城市1980年代末期水平。2004年农村居民内部收入分配基尼系数为0.3692，比上年提高0.0012，低于上年提高0.0034的速度。城乡居民收入差距基本维持上年3.2:1的水平。

从县域之间的比较来看。2003年的经济百强县与上届相比地区分布变化不大：东部94个，中部3个，西部3个，产业集聚形成的路径依赖继续加大区域经济发展中的马太效应：百强县的数量不足全国县（市）的5%，人口不到全国县域总人口的10%，而创造的国内生产总值已占到全国县域经济的25%，即

① 国家统计局2004年中国农村贫困状况监测公报 2005－04－21 12：43：29

相当于715个县域经济总和；GDP增长率平均为10.49%，比全国县域高出近2个百分点；地方财政收入增长率为30.48%，大大高于全国县域经济的10.26%，在全国2000多个县域中，百强县域经济总量占总数一半以上，财政与金融占1/4，投资总量占1/3左右。与百强县相比，全国大部分县市人均GDP水平在2500元左右，仅为百强县的15%；人均GDP在平均值以下的县市有65%。①

根据2016年第三次全国农业普查汇总数据，2016年末，全国农村共有拖拉机2690万台，耕整机513万台，旋耕机825万台，播种机652万台，水稻插秧机68万台，联合收获机114万台，机动脱粒机1031万台。在乡镇地域范围内，有火车站的乡镇占8.6%，有码头的占7.7%，有高速公路出入口的占21.5%；虽然99.3%的村通公路，全国99.7%的村通电，但是仅有11.9%的村通天然气，25.1%的村有电子商务配送站点。②

这说明我国绝大多数人口的就业、收入和生活状况依然令人担忧，全面推进小康社会的任务依然很艰巨。因此，需要大力发展县域经济——从某种意义上说，这事关民生，事关国盛。

二、我国政府重视发展县域经济

中共十六大在党代会的正式文件中第一次使用了“县域”这个概念，而且发出了“壮大县域经济”的号召，十六届三中全会又进一步强调“要大力发展县域经济”，这充分表明中共中央对县域经济发展的高度重视。③

温家宝总理在2005年“两会”期间就中外记者关于“三农”问题的提问时，引用了诺贝尔经济学奖获得者西奥多·舒尔茨的一句话：舒尔茨说，世界上大多数人是贫穷的，所以如果懂得穷人的经济学，我们也就懂得了许多真正重要的经济学原理；世界上大多数穷人以农业为主，因而如果我们懂得农业经济学，我们也就懂得许多穷人的经济学。温总理引用这句话的目的是要说明，因为“三农”问题在中国有着极端的重要性，所以我们需要了解“穷人的经济学”，需要发展穷人地区的经济。

近十年来，中国政府制定并实施了一系列惠农政策和措施，加大财政对

① 本刊编辑部综述 从中国百强县排名看我国县域经济的发展 领导决策信息 2003.12

② 国家统计局．第三次全国农业普查主要数据公报（第一号）．［EBOL］http：//www.stats.gov.cn/tjsj/tjgb/nypcgb/qgnypcgb/201712/t20171214_1562740.html

③ http：//www.people.com.cn/GB/shizheng/16/20021117/868417.html 2002－11－17

"三农"的支持力度，大幅度降低农民特别是贫困地区农民的税费负担，加快农村社会保障体系建设步伐。随着我国农业支持保护政策体系不断完善，强农、惠农、富农政策力度不断加大，农村面貌和环境明显改善，农民生活质量显著提高。

2016年农村居民人均可支配收入达到12363元，比2012年增长47.4%，实际增长36.3%。近几年，农村居民人均可支配收入年均实际增速比城镇居民高1.5个百分点，城乡居民收入增长差距扩大的趋势成功实现逆转，农村居民恩格尔系数为32.2%，比2012年下降5.3个百分点。第三次全国农业普查结果显示，虽然这些年我国农业、农村、农民基本情况发生了重大积极变化：农业基础地位更加巩固，农业现代化水平明显提高；现代农村建设成绩斐然，农村人居环境不断改善，农村面貌焕然一新；农民生活水平不断提高。但是我国"三农"还存在一些短板，主要包括农业产业化水平仍然不高，城乡发展仍然存在较大差距等。①

习近平总书记强调"郡县治，天下安。""基础不牢，地动山摇。"这突出反映了县域在发展全局中的战略地位。习近平同志深入县域考察调研，多次发表重要讲话。他指出：在我们党的组织结构和国家政权结构中，县一级处在承上启下的关键环节，是发展经济、保障民生、维护稳定、促进国家长治久安的重要基础，也是干部干事创业、锻炼成长的基本功训练基地。②

从现在到二〇二〇年，是我国全面建成小康社会决胜期。按照十六大、十七大、十八大提出的全面建成小康社会各项要求，中国政府紧扣我国社会主要矛盾变化，统筹推进经济建设、在推进各项建设的同时，积极实施乡村振兴战略、区域协调发展战略、可持续发展战略。③

三、县域发展规划中的产业选择与定位决定县域经济发展

一个县发展什么产业，这些产业又位于什么地方，基本上决定了县域经济

① 第三次全国农业普查结果出炉，变化竟然这么大！http：//www.sohu.com/a/211859396_100064273

② 盖纯，张祎.习近平新书指导意义：怎样治理好一个县.人民网－人民日报2015年08月28日.

③ 习近平在中国共产党第十九次全国代表大会上的报告.2017年10月28日08：49来源：人民网－人民日报.

的发展水平。前者主要反映县域的产业在市场中是否具有独特性或者具有竞争优势，后者主要反映县域产业的空间组织能否有效地推动产业的创新和区域的可持续发展。

虽然理论上人们可以根据区域发展条件、比较优势和市场情况等来决定产业的选择和定位，但要把握住瞬息万变的环境实际上并不容易，而且大多数地区不具有明显的理论定位条件，主导产业常常是在发展中逐步形成的，这使得许多规划往往出现偏差甚至失败，人们为了避免过多的失败，在实践中常用弹性规划方法来灵活处理产业定位问题。例如，工业用地规划中只定干路不定支路，按最大可能产业需求预留基础设施用地。①

第二节　相关研究综述

学术论文的观点相同或相似是常见的事情，本文所搜集的相关文献也存在这种情况，虽然本文的综述尽可能选择一些代表性或较早提出某一观点的文章，但由于文献资料浩繁，这个努力有时也难以实现，更多的情况可能是在众多持相同观点的文献中择一述之。

一、传统产业布局理论

（一）假设条件不断放宽的微观布局理论

微观经济主体在市场机制的作用下如何选择产业的空间区位？19 世纪初以来，由于资本主义生产力发展以及商品生产销售的竞争压力加大，这个问题逐渐引起人们的关注。德国经济学家杜能最早进行了这方面的研究，由他开创的区位学说对产业布局理论产生了深刻的影响。

自杜能以来的产业布局理论家主要研究农业尤其是工业的区位选择问题。他们在分析哪些因素对区位最具影响力时，出于研究的需要一般都假设其他因素不起作用。随着实践的深入和认识的提高，以往理论的假设因素不断被冲破，其他更多的重要因素逐渐被人们提出，下面将对此进行简要的回顾。

1. 新古典区位理论

① 章建明．统筹城乡发展规划若干问题的思考．小城镇建设，2004. 7.

新古典经济理论的假定主要是经济人假说、完全竞争市场结构、收益递减、完全理性、利润最大化、市场连续出清等，以这一假定为主的区位理论称为新古典区位理论，主要代表是杜能、韦伯、勒施、俄林和艾萨德等，该理论在20世纪50年代比较流行。

1826年，杜能（Johan Heinrich Von Thunnen，1783—1850）发表了著名的《孤立国同农业和国民经济的关系》。书中假定有一个与外界完全隔绝的社会经济单位，称为孤立国。国土均属沃土平原，运输工具仅限马车。平原中央的唯一城市是全国农民购买工业品、出售农产品的市场。他认为，由于特定农场与这个城市的距离不同，导致农业成本在空间上出现差异，形成级差地租，从而影响农业土地的利用格局，为此，他设计了孤立国六层农业圈，所考虑的布局因素是生产与运输费用，亦即两种费用之和最低的地方，这样便能获得最大利润。然而，杜能所做的一系列假定是不存在的，农业生产的自然条件在实际中是千差万别的。

韦伯（Alfred Weber，1868 - 1958）是工业布局理论的创始者，他在1909年发表《工业区位论》，为了理论演绎的需要，他也作了若干假定，他承认这些假定不完全符合实际情况，但对纯理论的探讨是必要的。①

韦伯假定不起作用的因素主要是“实际因素”（例如政策、政治制度、民族、气候、技术发展差别等）和特殊因素（如制造过程中需要一定湿度的空气或一定纯度的水等等）以及普通因素中的地价、厂房、机器设备和其他固定资本的费用、利息等等。他把研究点放在运输成本与工资这两个他认为对工业区位起实际作用的因素上，为便于分析，韦伯还做了如下的假定：

（1）假定原料的所在地是已知的，

（2）假定产品的消费地点与范围是已知的，

（3）假定劳动力没有流动性，假定每一个有可能发展工业的地区，有一定的劳动力供给地，假定每类工业的工资率是固定的，在这个工资率之下，劳动力可以充分供给。

韦伯的区位论也被称为“最小运输成本理论”，他认为工业的最优区位通常应选择运费最低点上。他将龙哈特提出的“区位三角形”概念一般化为区位多边形，他假定有n个原料地、燃料地，则工厂的最优区位必须满足的条件为：

---

① 陈振汉等．工业区位理论．人民出版社，1982.

$$MinF = f \cdot Min\ (\sum miri + rk)$$

式中，F 为单位产品总运费；f 为运费率；mi（i=1，…，n）为单位产品消耗的原料、燃料重量；ri 为 i 原料、燃料的运距；rk 为产品运距。

此外，韦伯认为聚集力也是影响工业布局的重要因素，韦伯理论的最大弱点是静态性和部分分析。

勒施的区位理论被称为“市场区位理论”。他认为决定区位的最重要因素是市场的纯利润，个别企业总要找纯利润最大的地点。他将最小成本理论发展成“最大收益区位理论”。

赖利对产品交换的不同价格政策对运输的影响进行了深入研究。

美国学者胡佛于 1931 年与 1948 年分别写了《区位理论与皮革制鞋工业》和《经济活动的区位》两本书。他对韦伯的理论做了修改，认为运输成本要考虑两部分：一是线路运营费用；二是站场费用。由于交通线的起讫点可减少站场费用，因此，企业布局于交通线终点要优于交通线的中间区位，他认为这正是大城市工业集中的重要原因之一。在原料地和市场之间无直达运输线，原料又是地方失重原料情况下，则港口或其他转运点是最小运输成本区位。

由于网络更接近现实的企业区位选择情形，新古典区位论的主要代表拉伯（Labber et al）和蒂斯（Thisse，Jacques - Francois）等学者利用拓扑网络构建区位模型，研究微观经济主体的区位选择问题。

2. 60 年代以行为经济学为主的区位理论

流行于 60 年代，新古典区位理论的理性经济人（Homo Economicus）和完全信息假定在 1960 年代受到很多批评。适应经济学（Adaptive Economics）、行为经济学（Behavioral Economics）、演化经济学（Evolutionary Economics）等新的理论认为经济行为的特征就是有限理性的动态性，而不是完全理性的静态性。德伊（Day R H.）认为，有限理性就具有不完全信息、有限预测、有限认识力量、动态偏好等的特征。（Day R H. Adaptive Economics. in Crosby R W. Cities and Regions as Nonlinear Decision Systems [M]. US：Westview Press，1983. 103 - 142）区位选择是一种经济行为，严格来讲，区位选择主体，在非完全竞争和非完全信息条件下，做出区位选择。戈林赫特（Greenhut ML）强调个人因素在区位选择中的重要性，他认为个人行为不可能是千篇一律的，从而，区位因素应该包括成本因素、需求因素、收益因素、个人成本因素、个人收益因素等。赛默恩（Simon HA）也认为，在有限信息条件下，区位决定行为就是有限合理性的行为，并且在理性合理性条件下，经济人会追求利润最大化，在有限合理性约束下，每个人的约束条件都不一样，有些人还会追求满足次善（the second best）。他将“利益的空间界限”的概念应用于区位理论，认为企业的区位并不决定在单一地点，而是能够得到利润的任何地点都可以成为区位客体，这就是斯密（Smith DM）的“准最佳区位（suboptimallocation）”概念。

麻起（March JG）认为，组织是由很多个人和部署来组成的，并且，组织会有重叠或相互对立的目标，新古典区位理论假设组织结构没有差异，但是，不同组织结构会产生不同的区位选择。哈密尔呑（Hamilton FEI）批评新古典区位理论并不考虑企业管理和组织形式的差异对区位选择的影响，他强调企业的区位选择取决于组织管理目标的相互作用。1960年代以企业行为为主的区位理论研究发展成为“企业地理学（geography of enterprises）”。乌德（Wood PA）认为，“企业地理学”是研究个别企业所形成的空间结构以及研究企业的区位选择的。正如上所说，新古典区位理论的三大假定具有较大的限度：最佳区位选择要求区位主体的完全信息；区位选择的目的局限于成本最小化和收益最大化，就是利润最大化；企业组织是静态的及单一的。以行为经济学为主的区位理论很大程度上突破了新古典区位理论三大假定的限度。行为区位理论是将组织理论和心理学当成理论基础的，既是重视区位主体的区位动机和选择过程的，也是行为和区位的相结合。以行为经济学为主的区位理论是，区位主体，在企业内外环境下，如何形成空间形态的。总之，新古典区位理论的核心区位因素大部分是外部因素，如运输成本，原料和市场等。但是行为区位理论打破新古典区位理论的局限，将内外部因素考虑进去。

3. 70年代以结构主义为主的区位理论

结构主义区位理论流行于70年代，其代表人物是麻斯（Massey D）。麻斯认为行为区位理论较侧重于企业本身的区位行为，难以解释宏观经济结构与空间现象之间的关系，她认为产业区位及其变化是资本主义市场经济作用的结果，资本主义的历史发展以及生产过程是企业行为和组织行为的整体结构框架。

4. 80年代以柔性生产方式为核心的区位理论

80年代，西方发达国家的生产方式从大量生产方式转变为柔性生产方式，这一变化使产业区位的选择也发生了变化，在这个背景下产生了以柔性生产方式为核心的区位理论。

以柔性生产方式为主的区位理论有两个主要理论基础。一是产品周期理论，随着产品与生产技术的周期变化，企业的区位选择具有一定的特征。弗农（Vernon R）和梅尔起克（Melciki EJ）认为，不同的产品周期阶段具有不同的区位特征，如产业区位在新产品研究开发阶段较集中于核心地区的大城市中心，在大量生产阶段较集中于大城市周边地区，在产品增长衰退阶段集中于非城市地区。产品周期的长短也影响区位选择，要是产品周期较短，有利于靠近市场，是因为产品竞争力并不是取决于价格，而是取决于技术革新。弗农在俄林理论的基础上提出了产品生命周期理论，对处于不同生命周期的产业布局进行了探讨：第一处于创新期的产业属于技术密集型产业，一般布局于科研信息与市场信息集中、人才较多、配套设施齐全、销售渠道畅通的发达城市。第二，处于成熟期的产业会从个别点向面上转移，出现波浪扩展效应。这是因为生产定型化使技术普及化，同时大城市的成本费用一般较高。第三，衰退期的产业完全沦为劳动密集型产业，经过长期生产，技术完全定型化，产品需求趋于饱和，生产发展潜力不大，于是从发达地区向落后地区转移。

二是柔性专业化理论，它表明以多品种小数量生产方式为主的中小企业的区位特征。以往的区位理论难以解释专业化中小企业的区位特征。柔性专业化企业，为了降低不确定性和风险，重视小规模企业间的互相合作。其结果形成马歇尔的产业地区的空间形式，如意大利北部的 Emilia—Romagna（The Third Italy）及德国西部的 Baden—Wurttemberg 等地区。80 年代的高新技术企业产生以柔性生产方式为主的区位特征。高新技术企业具有技术革新的速度快、产品周期短等的特征，因此，其区位选择的主要因素是：产学研的有机协作体系；公共知识基地；丰富的信息；高质量的劳动力；区域内部的产业联系；中间产品的利用可能性等，这些因素也被称为“区域创新环境（Regional Milieux Innovation）”。区域创新环境减少高新技术企业的技术开发成本。于是，高新技术产业，在区位选择的时候，新技术开发成本就是最重要的区位因素。并且，风险投资企业的区位倾向是集中在大城市及其周围区域，重视同种产业空间聚集。从相关实证研究中，我们可以得出一种结论：在柔软生产方式为主导的产业结构中，网络经济（Econmomies of Network）及网络效应（Network Effect），在区位选择中的作用越来越重要，网络经济是降低成本、增加收益、提高聚集效应的关键因素。网络经济包括两个部分，一是硬件网络，如交通网络等，二是软件网络，如同种或异种企业间的协作或学习、干中学等。随着生产方式的演变，软件网络的作用越来越大的同时，对区位选择的影响也越来越大。网络经济的背景就是文化，包括企业文化、区域文化等。萨塞尼安（Saxenian A）强调企业文化及区域文化在区位选择中的影响。他在硅谷与128路两个区域的比较研究的时候，建立地方产业体系（Local Industrial System）概念，它包括：地方制度与地方文化；产业结构；企业组织。萨塞尼安认为，区域文化并不是静态的，而是由社会相互作用来不断地演变的，就是动态的。萨塞尼安认为硅谷文化具有无时间限制及面对面交往的特征。这两种文化特征形成独特的地方文化，向区域外部不断地发挥很大的吸引力，这就成为重要区位因素。1980年代区位理论的发展中，我们不应该忽视斯科特（Scott AJ）的"新产业空间理论"。斯科特认为在柔性生产方式中，区位的核心因素并不是聚集经济、规模经济以及劳动市场规模，更重要的是对环境变化的适应能力。1980年代以柔性生产方式为主的区位理论在以往区位理论的基础上更进一步发展区位理论，解释生产方式和区位的关系。

5. 90年代以非完全竞争市场结构为主的区位理论

流行于90年代，以往的区位理论较重视因素分析，最近的区位理论较重视体系或整体分析，尤其是更加重视"非经济因素"在区位理论中的重要作用。

90年代阿德尔（Arthur WB）和克鲁格曼（Krugman P）等经济学家突破新古典经济理论中的完全竞争市场结构和收益递减假定，认识到收益递增在经济理论中的重要作用，尤其是克鲁格曼等经济学家在生产要素的收益递增及市场的非完全竞争结构的假定下研究空间，并且，形成"新经济地理学"及"新区域经济学"的新研究领域。如果经济模型考虑空间因素，市场结构并不再是完全竞争结构，而是非完全竞争结构。克鲁格曼建立较复杂的数学模型，回答产业集中和区域差异的原因，这些模型表明企业区位均衡取决于初始条件，并且产业聚集具有历史和路径依赖的特征，一旦生产集中起来了，就发生累积循环的作用。聚集是收益递增、运输成本、要素移动之间相互作用的结果。波特（Porter ME）的国家竞争力理论以及钻石模型并不是区位理论。但是，他的模型对90年代区位理论的发展做出极大的影响，波特的钻石模型用四类要素组成来形象地描绘竞争环境的组成。他的模型重新找到地理集中的重要性，地理集中更加强化钻石模型的各类要素间的相互作用并形成集群，集群既是创新的空间基础，也是生产率增长的空间条件。库克（Cooke P）最早提出区域创新体系的概念。库克认为区域革新具有相互作用及累积的特征，因此，为了形成区域创新体系，需要社会文化以及空间接近或集中。与波特的钻石模型相似，库克的区域创新体系也重视空间集中和集群的作用。与新古典区位理论认为成本降低或者收益提高是空间集中或聚集的直接原因不同的是，库克的区域创新体系理论表明创新是空间集中或集群的最重要原因。

近来区位理论研究的重点在两个方面，一是区位因素分析，即在既定的条件下如何选择最佳区位，一是区位创造分析，即如何创造区位条件。换句话说，区位不单纯是经济活动的空间分布，更重要的是经济发展的空间基础。①

（二）宏观布局理论

宏观经济布局理论主要是从区域整体以及区域之间相互作用的角度来考虑产业的选择或者去向，布局主体往往是政府，主要关注整体的利益。

1. 相关理论成果

（1）地域分工与贸易理论

一般社会分工有三类：一是产业分工，二是产业内部分工，三是企业内部分工，所有这些分工都必须在一定的地域范围内进行。劳动地域分工，是社会生产力发展的必然趋势，它的发展必然形成区域生产的专业化，必然促进区域之间的商品生产和商品交换的进一步发展。②

① 绝对比较利益理论—亚当·斯密。经济学创始人亚当·斯密最早论证了地域分工的合理性，他的绝对利益理论认为每一个国家都有其绝对有利的适于某些特定产品生产的条件，从而导致生产成本绝对降低，如果每一个国家都按此原则进行专业化生产和国际贸易，则会使各国的资源、劳动力和资本得到最有效的利用。他说，每一个会精打细算的户主都懂得这个信条：“决不要试图自家制作其花费比购买还贵的任何东西。”“他们全都会发现把他们的全部劳动投入到他们对其邻人有某种优势的方面，而且用部分自己的产品，或者用部分自己的产品价值去购买他们随时需要的东西对自己最为有利。”他由此推广到整个国家，认为“如果某一个国家给我们提供的商品能够比我们自己制造的还便宜，那我们宁愿用自己部分劳动（用于我们有某些优势方面的劳动）生产的产品去购买它们。”③

② 相对比较利益理论—大卫·李嘉图。大卫·李嘉图的比较成本学说认为，当某一国家或区域生产多种商品的生产条件均不如另一国时，该国或区域应集

---

① 金相郁.20世纪区位理论的五个发展阶段及其评述.经济地理.2004.05

② 吴郁文.略论地域分工与地域发展.地域研究与开发，1995.12

③ （英）亚当.斯密.国富论.谢祖钧等，译.中南大学出版社，2003：294，295.

中相对有利的生产条件进行生产；或一个国家生产多种商品的生产条件均优于另一国时，该国应集中更为有利的生产条件进行生产。李嘉图举例说明了他的这一理论：假设葡萄牙生产一定数量的葡萄酒只需 80 人的一年劳动，生产一定数量的毛呢只需 90 人的一年劳动；而在英国生产同样数量的葡萄酒需要 120 人的一年劳动，生产同量毛呢需要 100 人的一年劳动，按照比较成本原则，葡萄牙只应专门生产酒以换毛呢（等于用 80 人的年劳动产品换回自己要 90 人一年劳动才能生产出来的毛呢），英国只应专门生产毛呢以换酒（等于 100 人的年劳动换回自己要 120 人一年劳动才能生产出来的酒），彼此均得利益。

③ 赫克歇尔—俄林的资源禀赋理论。瑞典经济学家俄林（Bertil Cotthard Ohlin）于 1977 年获诺贝尔经济学奖，代表作是 1933 年出版的《区际贸易与国际贸易》，其理论因采纳他的老师赫克歇尔的主要学术观点而常被称为赫克歇尔—俄林资源禀赋理论（简称 H－O 理论）。

H－O 理论把国际分工、国际贸易与生产要素差异（土地、劳动力、资本）联系起来，提出了“生产要素禀赋差异理论”的概念，核心是相对价格差异。其主要观点是：第一，每个国家和区域，生产要素禀赋各不相同，各国各地区，在区域（国家）分工—国际贸易体系中，应专门利用自己相对丰富的生产要素从事商品生产，以发挥各自所拥有的生产要素的优势。第二，地域分工与贸易发生的直接原因，是生产要素供给的不同，它决定了生产要素的价格差异。第三，国际分工、国际贸易最重要的结果，是各国能够更有效地利用各种生产要素。如果各种生产要素能在国际自由移动，就可以达到这一点。

在产业布局方面，俄林建立了一般区位理论。他分别研究了工业区位在资本和劳动自由流动和不能自由流动两种条件下如何决定的问题。他认为运输方便的区域经济能够吸引大量的资本和劳动力，并能成为重要市场，因而可专门生产面向市场、规模经济优势明显和难于运输的产品，而运输不方便的地区则应专门生产易于运输、小规模生产可以获利的产品。

④ 马克思主义的劳动地域分工理论。马克思主义经济学家，在研究社会一般分工基础上，吸取了比较成本学说的“合理内核”，形成了自己的劳动地域分工理论：第一，地域分工是在广阔的区域内，按商品分工实行生产的专门化。这一分工，把一定的生产部门固定在一定地区。第二，地域分工是生产力发展到一定阶段的产物。第三，地域分工可以节约社会劳动，促进生产力的发展。第四，地域分工的作用取决于社会生产方式及其变革。

（2）区域相互依赖理论

马克思、恩格斯在《共产党宣言》中就明确提出世界经济必然走向相互依赖的原理。西方经济学家在世界经济相互关系方面也做出了大量研究。区域相互依赖理论认为：生产力的扩展有助于全球生产要素进行新的组合，提高其利用率，并把各国从物质生产到精神生产都密切地联系起来；而商品经济的发展、交通通信手段的现代化、技术的空间推移和协作，以及资本的国际化流动等都使得相互依赖的程度不断加深。

（3）市场划分和结构理论

研究市场划分的主要理论有谢费尔的空间相互作用理论，费特尔的贸易区边界区位理论，帕兰德的市场竞争区位理论，罗斯特朗的盈利边界理论，以及吉的自由进入理论等。其中，空间相互作用理论受到许多学者的关注。空间相互作用理论的基本原理是任何两地之间都存在一定的相互作用关系，两地的市场间分界点为两地作用均衡点。

研究市场网络合理结构安排的理论主要有克里斯塔勒的中心地理论和廖什的区位经济学。克里斯塔勒于1933年出版了《德国南部的中心地》一书，对德国南部的城市和乡镇及其与四周的农村服务区之间的空间结构特征的研究，提出了中心地理论，首创了以城市聚落为中心进行市场面与网络分析的理论。廖什于1940年出版《区位经济学》一书，在书中他研究了区位平衡理论，开创了产业布局学的新领域—区域产业布局。廖什是区位理论的集大成者，它的区位经济学涉及了农业区位理论、工业区位理论、交通运输布局理论等许多领域。

（4）艾萨德宏观区位论分析

艾萨德1954年出版《区位与空间经济》一书，他强调区位的现实意义，将杜能、韦伯、勒施、克里斯塔勒和廖什等人理论综合起来，建立“一般空间区位理论”。艾萨德对运输指向的工业做了更详尽的分析，讨论了运输量、运费率、劳动力等对企业布局的影响，提出了著名的替代原则，通过对市场的分析提出了竞争布局模式。此外，他还讨论了工业的聚集、规模经济、经济区的规模、经济的地域特点和贸易理论等。

他利用宏观均衡方法对美国各个地区在人口、产出、收入、资本和增长等方面的差异进行了研究，将局部静态均衡的微观区位论动态化、综合化，根据区域经济综合发展要求，把研究重点由部门的区位决策转向区域综合分析，建立区域的总体空间模型，研究了区域总体均衡及各种要素对区域总体均衡的影响，他所独创的区域科学在某种程度上也是对宏观区位论分析的一种拓展。

(5) 地理性二元经济理论

瑞典经济学家缪尔达尔在《经济理论和不发达地区》一书中提出的地理性二元经济理论认为：在后起国家经济发展过程中，发达地区由于要素报酬率较高，投资风险较低，因此吸引大量劳动力、资金、技术等生产要素和重要物质资源等由不发达地区流向发达地区，从而在一定时期内使发达地区与不发达地区的差距越来越大。另一方面，产业集中超过一定限度后，往往出现规模报酬递减现象。这样发达地区会通过资金、技术乃至人力资源向其他地区逐步扩散，以寻求不发达地区经济增长的机会，特别是对不发达地区产品和资源的市场需求会相应增加。

2. 布局机制

产业布局的计划机制是20世纪30年代由苏联首先确立，二次大战后，在中国和东欧一些国家比较流行。这种机制的主要特点是：第一，产业布局的主体是中央政府，产业布局的决策权、资产增量和建设项目在各个地区的分配权，乃至资产存量在各个地区之间的转移全都集中在中央政府手中。第二，产业布局的目标是国家整体利益，地区经济利益往往被忽视，或被置于次要地位。第三，产业布局的手段是行政命令，产业布局主要通过中央部门和各级地方政府执行中央政府的行政命令来实现。

3. 布局方式

(1) 增长极理论

法国经济学家佩鲁提出的增长极理论认为：在一国经济增长过程中，由于某些主导部门或者有创新力的企业在特定区域或者城市聚集，从而形成一种资本和技术高度集中，增长迅速并且有显著经济效益的经济发展机制。由于其对临近地区经济发展同时有着强大的辐射作用，因此被称为“增长极”。根据增长极理论，后起国家在进行产业布局时，首先可通过政府计划和重点吸引投资的形式，有选择地在特定地区和城市形成增长极，使其充分实现规模经济并确定在国家经济发展中的优势和中心地位；然后凭借市场机制的引导，使得增长极的经济辐射作用得到充分发挥，并从其临近地区开始逐步带动增长极以外地区经济的共同发展。

与增长极理论类似的有普洛夫（H. Prov）、德莱西（F. Delaisi）特别是美国区域发展与规划专家J. R. 弗里德曼（Friedmann）提出的核心—边缘理论，该理论基本上以极化效应与扩散效应来解释核心区域与边缘区域的演变机制。①

（2）点轴理论

点轴理论是增长极理论的延伸，它根据区域经济由点及轴发展的空间运行规律，合理选择增长极和各种交通轴线，并使产业有效地向增长极及轴线两侧集中分布。从而由点带轴、由轴带面，最终促进整个区域经济的发展。

（3）圈层结构理论

从杜能在《孤立国》表述的“杜能环”起，E. W. 伯吉斯、狄更生、木内信藏等也都从不同角度论述了城市空间具有次序分明的圈层结构，圈层结构理论认为，城市与区域是相互依存的有机整体，如不考虑自然因素，城市对区域的吸引和辐射受“距离衰减律”制约。圈层结构理论在实践中被广泛应用于不同类型和层次的空间布局规划。

（4）大推进理论和不平衡发展理论

又称“平衡发展理论”，是关于发展中国家各工业部门必须同时平衡发展的一种理论。英籍美国经济学家罗森斯坦·罗丹 1943 年在《东欧和东南欧的工业化问题》一文中首先提出这一理论。罗森斯坦·罗丹认为，发展中国家摆脱贫困、实现经济发展的途径是工业化，必须对各个工业部门全面地、大规模地投入资本，工业化才能实现，经济才能发展。② 不过大推进理论由于仅指工业的投资和发展，不包括农业，所以也有学者认为，从广义上说，大推进理论是一个先工业后农业的非均衡发展理论。主张平衡发展的还有纳克斯等人。他在《不发达国家的资本形成问题》（1953 年）一书中提出发展中国家“贫困恶性循环”理论，认为要解开这一死结，必须采取“平衡增长战略”，全面地、大规模地在国民经济各个部门进行投资。③

“大推进理论”得到不少经济学家的支持，同时也有一些经济学家持反对态度。与此理论针锋相对的是赫希曼提出的“不平衡发展理论”。赫希曼反对全面投资、各部门均衡增长的战略，主张集中力量优先发展一部分工业，以此为动力逐渐扩大对基地工业的投资、带动整个国民经济的发展。

（5）苏联的地域生产综合体理论

---

① 崔功豪等. 区域分析与规划. 高等教育出版社，1999：228.

② 本刊编辑部. 大推进理论和不平衡发展理论. 发展研究，1994. 04

③ 林元旦. 西方区域经济理论与西部大开发. 烟台师范学院学报（哲学社会科学版），2004. 04

苏联地理学家巴朗斯基早在20世纪30年代就提出“地域生产综合体”概念。此后，H. H. 克洛索夫斯基和H. H. 涅克拉索夫对这一概念做出了进一步的论述。地域生产综合体以开发特定区域丰富的自然资源为基础，其内部各部门企业是建立在对各种资源的合理综合利用，以及对于服务于生产、生活的各种基础设施的统一安排基础上的。地域生产综合体的理论在苏联被广泛接受，在产业布局中得到了广泛应用。

(6) 我国的产业平衡布局理论

新中国成立前，我国的产业分布极不合理，全国80%以上的工业和交通运输设施集中在占全国面积不到12%的东部沿海狭长地带。新中国成立后，毛泽东同志在《论十大关系》中提出了“平衡工业发展布局”的思想。以此为指导，30多年来，国家将一半的基本建设资金投入内地，加速了内地和部分少数民族地区的经济发展，初步改变了旧中国遗留下来的畸形产业格局。

(7) 梯度推移、反梯度推移、多种推移并存理论

这些理论主要探讨在生产力发展水平存在差异的不同区域中应该选择哪些区域予以优先发展。梯度推移理论主张优先发展先进地区、反梯度推移理论主张落后地区亦可通过采用先进技术、发展新生产业等途径实施超越式发展，并据此向高梯度实行反推移。多种推移并存理论主张推移方式可以是多种多样的，因为不同地区之间千差万别，发展方式无须固定。

十一届三中全会以后，我国产业布局总体上从“平衡布局”转向“非均衡布局”，按东、中、西三大地带序列分阶段、有重点、求效益地展开布局，优先发展东部地区。

二、关于产业布局的其他相关研究

(一) 产业分散布局的原因分析

例如，赵连阁、朱道华探讨了中国农村工业分散化的原因，这些原因主要有农村工业的生产力水平、制度（包括企业的社区属性和独特的产权结构、国家计划歧视和城乡隔离政策等）、乡镇企业初次选址的历史惯性、乡镇企业家的素质及其乡土情结等。①

---

① 赵连阁，朱道华．农村工业分散化空间结构的成因与聚集的条件．中国农村经济，2000.06

又如，王建康探讨了中国东、中、西部地区1990—1999年期间私营经济的区域不平衡性布局及其变迁过程的原因，认为这是资本可得性、投资收益率、市场化程度、自然资源区域差异性以及自我强化和再生的“路径依赖”等因素综合作用下的结果。① 但他的综合因素依然是有限因素，因为他没有提到历史原因、个人偏好以及一些局外人难以感知的原因。

对县域工业产业布局调整，人们也感到这不是工业企业或项目的简单位移，而是与国际、国内经济发展诸多因素密切相关的系统工程。②

（二）如何调整产业布局

由于“村村点火，户户冒烟”的分散布局造成了企业投资成本过高和资源浪费惊人的局面。因此，理论和实践上都要求产业走上集中。

王兴平等认为，一般而言，各县市在抓好县城建设外，应实施中心镇战略，集中力量建设好3—5个重点中心镇，逐步走上规模化、集约化、现代化、内涵型的发展之路。乡镇企业应向中心镇集聚，形成规模化产业园区，集约利用有限资源，控制污染扩散，走可持续发展之路。③

（三）欠发达地区的非均衡发展战略

例如，欧阳锋论述了江西安远县非均衡发展的区位布局问题，认为布局要有峰有谷。通过育点、布线、凸面，把孔田、欣山、龙布、天心建设成为江西安远县的经济“辐射区”，将赣汕公路上的三百山、镇岗、车头、版石培育成为县域经济的新“亮点”，着力构建东江源头经济长廊。④

三、关于县域经济发展的相关研究

（一）国外有关论著

对中国县域经济发展问题的研究。如 MANUEL RUIZ PéREZ 等人研究了浙江安吉县竹产业对改变农民收入状况的重要性。⑤ Shashi Kant，Marian Chiu 探讨

---

① 王建康．区域私营经济生成及其发展机制初探．人文杂志，2004.2

② 课题组．关于成都市县域经济工业产业布局的思考．中共成都市委党校学报，2004.2

③ 王兴平等．略论县域规划的中心镇战略与选择．经济地理，2000.09

④ 欧阳锋．创新工作思路 发展县域经济．老区建设，2002.08

⑤ MANUEL RUIZ PéREZ etc. *The Role of Bamboo Plantations in Rural Development*: *The Case of Anji County*, Zhejiang, China World Development Vol. 27, No. 1, pp. 101-114, 1999

了浙江临安市竹业部门的改革对县域经济的影响。① 对国外农村企业布局问题的研究。如 Kinvig，Kevin Dennis 分析了影响泰国农村中小企业区位的因素；② 从较新的视角研究企业的区位选择问题。如 Alexander，Anne M. 研究了市场结构是否对企业的区位选择有影响。③

（二）近年国内有关论著

1. 关于经济运行的决定因素

谭长贵把影响经济运行的各种因素作为一种整体（或体系）进行考察，这些因素包括经济基础、上层建筑、生产力水平、生产关系现状、制度、市场行为、经济客体、经济主体、理性行为、非理性行为、经济因素和非经济因素。他认为经济运行受开放体内各种因素相互作用形成的合力影响，并出现相应的动态平衡态势。这个动态平衡态势是经济呈良性发展的内在要求，也是评判一种经济模式是否先进的标准。④ 他所指的经济运行实际上是经济形态的演进，例如市场经济对计划经济的取代。同时他讲的平衡态势是很不确定的，所谓的不平衡就是问题多多，各种因素之间不协调，然而没有哪个经济形态是没有矛盾的，这就很难判断一个经济形态究竟平不平衡。例如，一个与外界隔绝的落后经济单元，不能说它没有处于“平衡态势”的时候，但这个平衡态势就很难与先进挂钩。此外，经济形态的价值取向是什么？文中也没有提及。

2. 县域经济发展的主要内容

曾奎认为，合理的产业结构及生产力布局，是构成县域经济发展的主要内容，这些内容主要是：产业政策、生产力布局、生产力要素配置等。⑤

3. 县域经济发展的原则

例如，刘志澄在文中提到局部服从整体的原则、工农业协调发展的原则、统筹城乡发展的原则、公有制为主体，多种所有制经济共同发展的原则。⑥

---

① Shashi Kant，*Marian Chiu Bamboo sector reforms and the local economy of Linan County*，Zhejiang Province，People' s Republic of China Forest Policy and Economics 1 （2000） 283—299

② Kinvig，*Kevin Dennis An analysis of factors affecting the location of small and medium scale rural enterprises in Thailand university of hawai' i ma*，1989

③ Alexander，*Anne M. The role of market power in the spatial location of industry university of wyoming phd*，2001

④ 谭长贵．经济运行规则—动态平衡态势论．社会科学辑刊，2001. 1

⑤ 曾奎．县域经济发展的产业政策、生产力布局及要素的配置．甘肃农业，2003. 7

⑥ 刘志澄．统筹城乡发展 壮大县域经济．农业经济问题，2004. 2

4. 县域经济发展方式

(1) 跨越式发展

王威亮在《县域经济跨越式发展的途径》一文中（《党建与人才》2003.3）谈了呼和浩特市土左旗县域经济跨越式发展途径。但是对于欠发达地区，谢力群提出要明了区域超常增长的压力及其限度，谨防跳跃式的发展陷阱，因为不少地方走跳跃式的发展道路后，不但没有实现逾越，反而留下一些严重的后遗症。①

(2) 县域经济相互辐射

例如，厉以宁等人提出与梯度推移理论有别的中心城市联网辐射的观点，②即充分发挥各省区发达和较发达的县或专区优势，实施点辐射、线辐射和面辐射，分期分批缩小各省区中的欠发达和落后县或专区（实际上是增长极理论的应用）。

(3) 从本县实际出发

例如潘继芬结合云南省建水县实际分析，认为发展县域经济最主要是从本县实际出发。③

胡敏谦从内蒙古旗县发展经济的经验中总结了县域发展思路，其中之一就是要因地制宜、符合实际。比如，鄂托克旗确立了“工业强旗”的思路，在碱柜镇建立蒙西高科技工业园区，很快使一个以畜牧业为主的旗县在推进工业化上实现了新跨越。2001 年工业增加值在全旗 GDP 中的比重占到 59%，高新材料、煤炭、建材、冶金、化工、畜产品加工等六个产业初具规模。④

(4) 优化产业结构，确立区域支柱产业，走产业化经营之路

例如，通过走市场导向→资源潜力→产品开发→形成区域拳头产品→确立区域支柱产业的发展之路。

其他的发展思路例如建设小城镇、统筹城乡发展等等也都有众多论述。

---

① 陆立军等．区域经济发展与欠发达地区现代化．中国经济出版社，2002：106.

② 厉以宁．区域发展新思路：中国社会发展不平衡对现代化进程的影响与对策．北京：经济日报出版社，2000：3.

③ 潘继芬．发展县域经济必须从本县实际出发．经济问题探索，1999.02

④ 胡敏谦．市场经济条件下县域经济发展潜力巨大——对目前内蒙古县域经济发展的调查思考．北方经济，2003.02

第三节　对相关文献的评析

产业布局和区域经济发展是长期以来人们研究的重要领域。这方面的研究成果丰硕，理论也较为完善，对经济社会的发展起到了重要的推动作用，但其缺陷和不足依然存在，值得进一步研究。这些缺陷主要是：

一、产业布局理论的实际应用价值仍很不足

例如，改革开放以来农村非农产业的空间布局显然是很随意的，在这些布局主体中有多少是研究了韦伯等大师的理论后才做出区位选择的呢？看看农民的处境，这个问题显然是不言而喻的。

二、产业布局研究偏重空间和区位，脱离了至关重要的产业形态

传统产业布局理论主要讲空间，产业布局学就是“研究产业空间分布规律的科学。”即主要研究“在一定生产力发展水平和一定社会条件下，怎样在空间布局生产力诸要素，使产业活动取得预期的经济效果。”① 显然，在布局时，产业是已知的。但在一个区域中应该发展什么产业更为合适和经济，在上面的定义中是看不出的，而这至关重要，只讲空间而离开具体的产业形态对促进区域经济发展是不够的。

三、缺乏从合力角度研究产业布局和县域经济发展

已有研究偏重于从某个侧面、从单个原因来分析影响和决定产业布局和县域经济发展的因素，缺乏从整体上对影响产业布局和县域经济发展的所有因素进行综合分析，看不到产业布局和县域经济发展的最终形态实际上是综合因素合力作用的结果。例如，在研究产业的区位时，往往假定其他因素不起作用，而专门分析个别因素对产业布局的影响。又如，对于区位问题，有的人从成本角度研究；有的人从市场角度研究；有的人则从行为、心理等角度进行研究。实际上，产业布局和县域经济发展是由来自社会、自然及其两者相互作用的合力决定的。

---

① 徐树龙等．产业布局学原理．云南大学出版社，1991：1.

四、缺乏研究如何从外部影响产业布局和县域经济发展

已有研究多从微观主体的利益角度或者局部因素出发研究如何进行产业布局和发展县域经济，缺乏考虑如何从宏观上设定一个环境和框架来引导和限定产业布局和县域经济发展。例如，大部分的区位研究偏重于影响区位的因素探讨而少于对布局结果的影响，即主要分析是什么原因导致产业布局于此？而对于产业布局于此将产生或已经产生什么影响的研究相对不够，尤其是对于区域的宏观效果或某一产业对于其他产业产生什么影响较少有研究。由于这个原因，尽管人们也已意识产业布局是由多种因素决定的，但缺乏意识去寻找某种力量来影响多种因素所组成的“合力圈”以引导产业布局和县域经济发展。作者认为，在当今，这个力量就是在可持续发展理念引导下的、立足机制系统功能的制度系统创新。

五、一些影响产业布局的重要因素尚未引起注意

例如，风水地理千百年来根植在民众的心里，对产业布局也产生重要影响。又如，尽管在多个市场、多个原料地、多个区域的情况下存在多个获利的区位，但为什么很多人偏偏选择在家乡？地缘亲和力也是一个重要的影响因素。

六、缺乏对产业布局和经济发展相互作用的认识和研究

在很多情况下，人们要么专门研究产业布局，要么专门研究经济发展。产业布局和经济发展存在相互作用的关系吗？这个问题尚未见研究。实际上，产业布局和县域经济发展是两个不同质的实体，存在着相互作用的关系，它们之间如果缺乏良好的互动机制，则不利于区域的发展，因此，对两者的互动研究是很有意义的。

第四节　研究设计

一、研究目的

（一）探讨县域经济发展理论与影响产业布局的因素

从某种程度而言，探讨县域经济发展理论就是研究县域的产业布局，因为产业布局的两个内涵——产业形态和产业的空间组织涉及了县域经济发展的关键问题，亦即：

1. 一个县域应该发展什么产业才能有效推动其经济的发展？这是产业形态理论所要回答的。如果从更广阔的区域来看，县域产业选择问题实际上也是产业的空间组织问题，换言之，县域产业选择就是产业应该在哪些县域布局的问题。

2. 产业在县域内应该布局在哪些地方从而有效推动经济的发展？这是产业的空间组织理论所要解决的问题，也是地理学研究的核心之一。

产业形态和产业的空间组织是产业布局两个不可分割的方面，这一视角与传统产业布局研究有所不同——后者撇开了产业形态而把重心放在空间上面。面对经济全球化，传统产业布局研究显然力不从心，因此，有必要把产业发展研究与产业空间组织的探索统一起来，这也是加强经济学和地理学融合研究的一次尝试。

（二）研究产业布局与县域经济发展的关系及其互动机制

除了研究如何根据县域条件及其所面临的形势进行产业布局以促进县域经济的发展之外，本文还探讨了县域经济发展反过来又如何影响产业布局，其中的机制是什么？

（三）从制度系统创新探讨产业布局和县域经济的可持续发展

产业布局有微观（企业）布局和宏观（代表民众利益的政府）布局两个主体，它们在产业布局中均有不可忽视的作用，微观主体显然代表个体利益，布局会有盲目性，但也有其高效性，政府从本质上是代表民众利益的，可以克服个体的盲目性，但我们又应看到，政府也是由人组成的，他们也具有个体自利之本质，由政府自利所产生的行为也会危及公众利益。以上分析表明，政府和个体之间及两者本身均包含相生相克的矛盾关系，要平衡矛盾，关键是制度建设和创新，这是本文研究的重要目的之一。鉴于制度方面的研究具有宏观层面的性质，因此本文研究的不是某一产业（例如第二产业或者第三产业）的布局问题，而是探讨县域的整个产业体系如何组织才能更有利于可持续发展。制度的建设依托于政府，更有赖于政府，但是政府所做的不是代表政府或者政府集团的利益，而是民众的利益，从这个角度而言，政府只是一个手段。

二、研究思路

本文总体上按照发现问题、分析问题、解决问题的思路展开研究。首先根据改革开放以来县域产业布局存在的一些问题及其对县域经济发展的影响分析县域产业布局与县域经济发展的相互关系，提出观点并加以论证，并指出制度上存在的缺陷，前一部分用理论分析（当然，理论也是来自实践的总结），辅以一定的实例说明，后一部分以顺德区的专题研究加强对本文观点的说明。最后通过对潮南区和始兴县这两个区域的产业布局和经济发展提出战略性构想检验本文的研究成果。

顺德在中国县域经济发展中具有一定的代表性，为了客观描述其产业布局和经济发展等情况，本文主要使用已经正式出版的调查研究报告和相关文献资料。潮南和始兴的专题研究使用的是第一手材料，这是作者亲自参加的两个研究项目。

由于本文是从总体上而不是某一产业研究县域产业布局与经济发展的关系，因此在研究产业形态及其空间组织时进行一定的去繁就简，这是因为：

1. 每一个县域的产业都纷繁复杂，对每一产业形态及其空间组织都去研究是没有必要的。同时，从比较角度看，县域之间都有很多产业具有相同的特点，例如，各县都存在基本上只在本县域内循环的农业、基础行业、服务业等。例如，各县都有中、小学校、邮局、银行，本县人一般都在本县的这些地方消费，这是近距离给人们带来的便利，这些产业是在本县域内循环的，对县域竞争力影响不大。对县域竞争力影响很大的产业实际上是市场半径很大的外向型产业，在其他条件相同情况下，县域差距主要由这些产业决定，所以，分析这些产业至关重要。

2. 关于产业的空间组织主要研究非农产业，农业的产业布局则主要研究产业形态。这是因为农村家庭联产承包责任制使土地实际上分属不同的社区和农民所有，土地的流转条件不很成熟、机制不尽完善，因此，从宏观上对县域农业进行空间上的调整是不易的。而且在市场经济环境中，拥有不同区位土地的农民会根据自己的意愿选择该种植的作物种类而无须政府的干预。此外，农作物的布局不管如何变更一般不会对土地造成太大的伤害，因为，如果今年种错了，明年可以再换，耕地还是原来的。但是，工商业的载体一般是房屋，一经布局，就不易更改，对于土地的伤害是持久的。

三、研究方法

主要应用马克思主义的研究方法以及西方其他有益的一些思维方式。

马克思的辩证唯物主义和历史唯物主义是本文研究问题的出发点，马克思主义认为人们的认识过程是主观与客观辩证统一的过程，需要坚持实践的、辩证的和发展的观点。

西方一些科学家的思想方法对本文的研究也有启发作用。例如，培根（1561～1624）的归纳主义，笛卡尔（1596～1650）的演绎思想，波普尔发展的科学观，托马斯．库恩（Thomas Kuhn）的范式科学观①，拉瑞·劳丹（Larry Laudan）的科学方式思想：从根本上说科学活动是“一种解决问题和以问题为定向的活动”。② 米尔顿·弗里德曼的工具主义思想等。

此外，研究中还应用制度经济学、发展经济学等学科的成果和中国古代哲学例如周易等理论。

例如，本文除使用实证专题形式分析观点外，在理论分析部分还较广泛地使用全国范围内的其他典型例子，以便能在更具有普遍意义的层面上进行归纳，根据归纳的理论进行应用研究（潮南、始兴专题），则是演绎过程。

四、研究框架

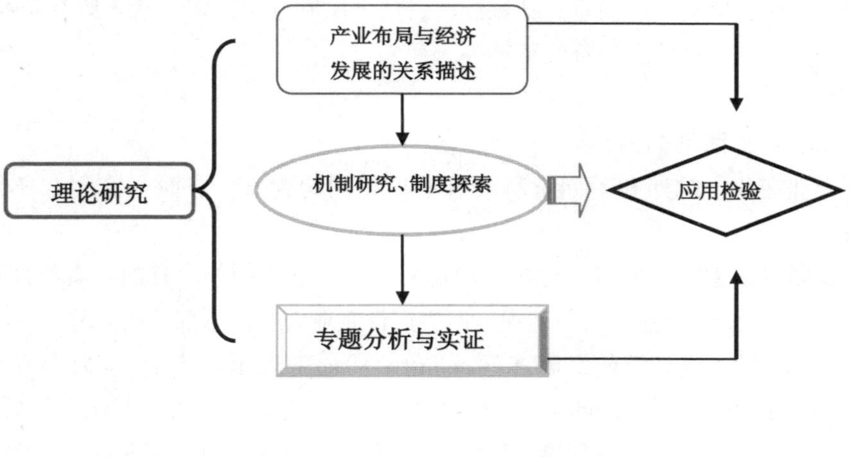

① T. S. 库恩．科学革命的结构．李宝恒，纪树立，译．上海科学技术出版社，1980.

② 劳丹．进步及其问题．刘新民，译，华夏出版社，1999：14.

第二章

产业布局是县域经济发展的核心问题

第一节　县域经济的实质——产业活动

一、县域经济的概念

县域是以县级（市）行政区划范围的区域。县域经济是多种经济活动交织而成的经济有机体，一般包括农业、工业、商业、建筑、交通运输、饮食服务、房地产、金融、服务、信息、旅游以及科教文卫等部门，分属一、二、三产业。从空间结构看，县域经济以城镇为中心，以集镇为纽带，以乡村为基础的区域经济。从生产资料所有制看，县域经济包括全民所有制经济、集体所有制经济、个体经济、私营经济和外资经济等等。

二、产业活动的内容

产业在各个时期和不同学科会有不尽相同的含义，有时还会引起不同的理解。

我国过去主要用部门、行业来表达的产业内涵。例如，有的学者给产业的定义就是，“所谓产业，简单地说，即生产性企业、行业、部门的总称”。①

例如，西方经济学的文献多用 industry 一词来表示“产业”，常与狭义的“工业”（在英文中也是 industry）相混淆。因此，有必要说明“产业”的概念。

根据《现代产业经济辞典》的解释，“产业，通常指具有某种同一属性的经

---

① 刘伟，杨云龙．中国产业经济分析．北京：中国国际广播出版社，1987：20.

济活动的集合。"① 这是从分工角度对产业进行的概括。即，在产业生成的最早阶段，农业从人类的狩猎和采集活动中分离出来，形成最初的产业。此后，相继发生了畜牧业从农业的分离、手工业从农业的分离、商业从农业和手工业中的分离，构成了人类经济社会基本的产业结构框架。而随着人类走入工业社会，产业在一次次工业革命的推动下逐步细分化，无论是农业部门还是工业部门乃至服务业部门内部都出现了日益增多的"产业"。

如果从产业活动的实质来理解，产业指人类社会为满足其自身需要而进行的利用自然、改造自然的全部经济活动，或者说产业就是创造财富的各行各业，是人类为存在和发展所从事的各种活动的载体。产业活动就是殖产兴业的活动，它们是国民经济的载体，是构成一国或一地区经济的主要内容。

县域产业的门类很多，如何划分县域产业的构成呢？根据产业的发展层次，县域产业可分为一、二、三产业；根据产业的功能，县域产业可分为基础性产业（交通、通信等）、主导或支柱产业（能带动其他产业发展的产业）、辅助产业（直接为支柱产业服务的产业）。

不言而喻，县域产业活动包括了上述县域经济的所有产业内容，发展县域经济，就是要搞好县域现有的产业，安排好它们的空间位置，并且要顺应生产力发展和人民日益增长的物质和精神需要，不断创造出新的产业和新的需求，从而推动县域经济的繁荣，从这个意义上说，县域经济的实质就是产业活动。

三、县域经济发展的内在要求是优化产业活动

县域经济发展是指一个什么样的经济状态呢？从某种意义上说，县域经济发展就是县域经济的可持续增长。要描述县域经济发展需要谈到经济增长的概念，经济发展和经济增长相互联系但又有区别。

经济增长是指一个区域的产品和劳务数量的增加，它仅仅是量的增长，通常以人均国内生产总值，人均国民收入的年增长率来表示。

经济发展是指一个区域伴随着经济增长所出现的经济结构演进，以及政治、文化、法律，社会观念、习俗、价值观等诸多方面的良好变革，是经济数量与质量都出现提升的状态。从本质上说，经济发展就是在物质文明和精神文明获得增长的基础上——这种增长从长远来看应是可持续的，人类之间乃至人类与

① 郭万达主编．现代产业经济辞典．北京：中信出版社，1991：15.

自然之间的关系不断朝着公平、合理、和谐方向演进的过程，它的目标就是建立和谐的社会、和谐的自然。

可见，经济增长是经济发展的基础，但不等于经济发展，经济发展比经济增长更符合人类共同的需要以及自然规律的要求，它是经济的可持续增长。

县域经济发展内在地要求要优化产业活动。即县域的产业活动既要满足经济增长的需要，也要使经济的增长是可持续的。

国务院发展研究中心副主任陈锡文认为，我国经济百强县有一个成功经验，这就是成功的县域都非常注重培育产业，发展适合本地区的经济，把城镇化和县域经济紧密结合起来。有很多地方的领导班子到东部沿海地区学习考察，但只是学到了人家的皮毛，他们只看到对方街道很宽，楼很高，绿地面积很大，回来之后，照搬照抄，却不去研究背后的产业经济。例如 20 世纪 90 年代的萧山和全国各地一样，并不拔尖，但现在“萧山的万向集团”在国外有了非常大的知名度，这和萧山注重培育产业是分不开的。

第二节 产业活动的两个要件——产业形态及其空间组织

一、产业形态

产业形态是本文在吸纳产业结构理论的基础上进一步扩展而提出的一个描述经济地理现象的概念，为了阐述产业形态的概念及其特点，先谈谈产业结构——这是人们谈论经济发展时经常使用的概念。

（一）产业结构

人们对产业结构这个常用的概念有多种多样的解释。例如，产业结构是指“资源（包括自然资源和人力资源）在社会生产和生活各个部门配置的比例关系。它一般由两个指标来说明：一个是价值指标，如某一产业部门的产值占国民生产总值的比例；另一个是就业指标，如某一产业部门就业人数占总就业人数的比例。”① 当然，也有人从更广泛的意义来理解，把生产力的地区分布、生产技术结构、企业结构等等都包括在内。不过，产业结构主要是研究产业的部

---

① 罗肇鸿．高科技与产业结构升级．上海远东出版社，1998：1.

门结构。①马克思分析产业结构用的是两大部类的划分方法，苏联和我国使用过农业、轻工业、重工业比例分析方法，西方国家在划分产业结构时，多采用克拉克的三次产业分类法，但具体的划分标准并不一致。三次产业的分类法最早由费舍尔（A. G. B. Fischer）提出，后经英国经济学家科林·克拉克（Colin. G. Clark）做了进一步研究和完善，于1940年在《经济发展的条件》一书中公布于众。克拉克把产业结构划分为三大部门：第一部门以农业为主；第二部门是制造业；其他的经济活动归入第三部门，称为"服务产业"。第一和第二产业的内容比较简单也比较清楚。不过，把社会经济活动中其他林林总总、五花八门的行业都归入第三产业，或者像世界银行发展报告那样笼而统之称之为"服务业"，也有不足，随着科技进步、经济日趋多样化和产业间融合趋势的增强，三次产业分类法日渐暴露其缺陷。因此，越来越多的人主张用四次产业分类法来代替它，即把信息产业划为第四产业，以更好地反映未来的发展趋势。

概而言之，人们对产业结构的理解实际上就是产业之间的比例关系，在应用产业结构理论研究经济发展问题时，主要也就是调整产业的比例关系。

（二）产业形态的内涵

在本文中，所谓产业形态就是指人们对于产业所能感知出来的所有状态、样式和特征等等，人类的产业形态显然是随着生产力发展而不断变化的，当人类社会出现分工以及市场交换、市场竞争（与计划经济不同）这种现象时，某个地方产业处于什么样的形态，基本上就决定了该地的竞争地位乃至生活水平。产业所表现出来的形态是多种多样的，本文所做的概括主要有使用形态、价值形态、知识形态、市场形态、层次形态、资本形态、组织形态、地位形态、生态形式等十一类。

1. 使用形态。产业的使用形态是从产业（具体表现为产品）的用途或者使用价值来进行划分的，即产业的产出物是做什么用的？是农产品还是家具、电器抑或是艺术品？等等。对县域经济发展而言，这是最基本的问题，就是说，县域所布局的产业最好是"人无我有，人有我优"，同时也要看所发展的产业是否符合人们的需要？符合哪类人的需要？（针对有效需求不足情况而言）虽然商品交换以价值为基础，由价值来决定，但是产品的效用也是很重要的，产品稀缺而有用，价格必高，这是常识。

---

① 李琮．当代资本主义的新发展．经济科学出版社，1998：50.

2. 价值形态。西方古典政治经济学认为，劳动是形成商品价值的基础，这一理论也为马克思所继承和发展。虽然形成商品价值的劳动是人类无差别的一般劳动，但是在市场交换中，表现出来的价值也是有差异的。例如，产业的价值链显然有着低端和高端之分，由智力形成的价值日益显示出巨大性，县域产业应努力占取高端价值链。又如，由信用（行为劳动）形成的货真价实与信用缺失造成的假冒伪劣产品之间存在着价值差异。

3. 知识形态。人类所有的产业活动都是在一定的知识指导下进行的，这些知识突出地表现在生产劳动的技术手段上，当然，知识不限于技术手段，它还包括文化理念、管理知识等等。当前，全球经济的竞争已经越来越体现在知识的竞争之上，产业的知识形态也随之具有了知识经济的内涵。一个县域的产业如果没有一定水平的技术等知识含量，跟不上信息技术的浪潮，那么，经济的快速发展是难以想象的。

4. 市场形态。产业的市场形态是社会处于分工和市场经济环境下（而不是纯粹的计划经济）呈现出来的。生产力的发展必然会促使社会分工，并出现产品的市场交换行为，这种行为特征就是产业的市场形态。对于一般的县域来说，产业的市场形态不是很突出，一方面的表现是县域大部分产品特别是农产品基本上是自给的，只有少部分或专业农作区的产品是用于销售给数量不多的非农人口，这主要是由于农民众多以及就业机会不足造成——大部分农民用作市场交换的主要是农民以兼业农身份出现的劳动成果，这些劳动不具有专业化的特征，零星而不长期，这是县域农民比较贫穷的主要原因之一，说明转移农村剩余劳动力是发展县域经济的根本途径。市场形态不突出的另一方面表现是县域产业的外向市场（外贸）一般弱于县域的内部市场，特别是交通不便的县域更为明显。

5. 层次形态。县域产业的层次形态就是县域内生产力发展水平决定的产业演变水平层次，亦即人们通常所说的一、二、三（四）产业（产业结构）演变的结构层次。

6. 资本形态。产业的资本形态比较容易理解，它所反映的是县域产业的发展资本是由什么组成的，是本地资源还是外地资源，是货币资本还是人力资本，等等。

7. 组织形态。县域产业之间的关系构成了产业的产业组织形态，它反映县域产业存在脱节状况还是构成了一个生物网络组织？所谓产业的生物网络组织是把县域产业群的关联状态视作一个生物的躯体网络，反映区域中的产业是孤立还是相关联的，是循环还是不循环的（循环经济与否）。关联产业是松散还是紧密，是通畅还是阻塞等（如下图）。在现实中，我们经常可以看到县域中的某些产业是孤立的，与其他产业没有联系或者联系少。例如，过去国有大中型企业在县域中形成飞地格局，不关联的产业好像生物身上的寄生体，可能是良性的，也可能是恶性的，但都对生物的生长发育无益。紧密联系而且通畅的产业网络还可构成区域创新网络。

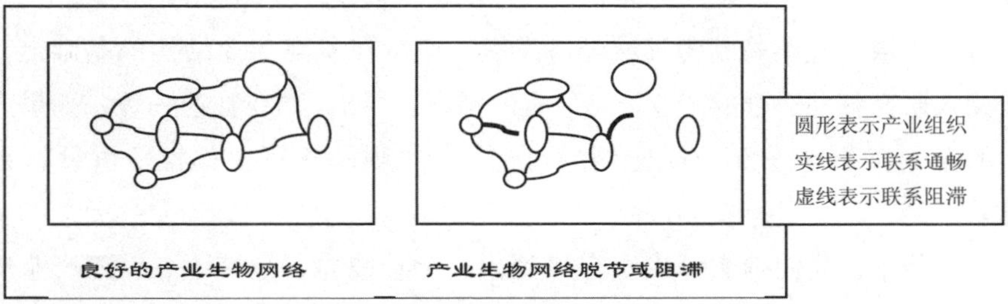

8. 地位形态。表示县域产业中哪些是居于主导、辅助、基础的产业？县域产业与其他地区是否属于依附关系？等等。

9. 生态形式。这是产业顺应可持续发展要求必然采取的生产方式，其产品所具有的生态、环保性质构成了产业的生态形式。

10. 产业的刚柔形态。这是从易变程度来描述产业的动态特征，它能刻画一个区域产业的动态过程。我们正处于一个快速变动的时代，在激烈的市场竞争中，企业产品的花样、技术、质量、售后服务、生产组织等应能快速应对瞬息万变的市场需求，这样的企业才能立于不败之地。西方发达国家的生产方式从20世纪80年代开始已从大批量的刚性生产方式转变为柔性生产方式。

11. 产业的虚实形态。伴随着虚拟经济的出现，产业的形态具有了虚拟实在的特征，即产业活动不仅包括实体经济和虚拟经济，也出现两者相融的虚实经济。中共十六大报告首次提出要正确处理虚拟经济和实体经济的关系。广义虚拟经济是指与传统的物质资料生产、交换相对应的一切虚拟经济活动，主要包括：一是以债券、期货、股票等及其衍生品等形式存在的虚拟资本的交易活动；二是以信息技术为工具所进行的经济活动，也就是信息经济；三是以互联网为依托用计算机模拟的可视化经济活动。狭义虚拟经济一般指第一类。

（三）产业形态的特点和意义

由于产业形态是在吸纳产业结构理论的基础上扩展而来的概念，因而在实践中它比产业结构具有更全面、具体而实用的特点。产业结构是对产业的静态描述，而产业形态不仅描述产业的静态特征，也刻画产业的动态过程，比如循环经济就呈现出产业的动态特点。产业形态可以说明产业结构，但产业结构不足以反映所有的产业形态。例如，呈现相关形态的一组产业在空间上一般要求集中布局，构成产业的生物网络，但这个特征用一般意义上的产业结构概念难以反映，从上述产业形态的内涵看，产业结构仅仅是产业形态的一个侧面。

对于县域产业布局或者县域经济发展，应该在研究产业结构的基础上，进一步深入研究各种适合的产业形态。有的学者曾指出，“在县这一级，如果产业结构的研究仅限于三次产业比例的讨论”，“则缺乏可操作性，也没有指导价值。”①

在实践中，我们确实可以观察得到，一个县域并不是有了二、三产业经济就发展了。如果二、三产业没有独特的使用形态（出现重复建设），没有技术支撑，或者不与本地经济形成生物网络，那么，这样的产业对县域经济发展就起不了多大作用。例如，三线建设时期，一些地方也有国家大中型工程项目，但项目与当地经济和人民生活没有多少关系，带动不了地方经济发展。又如，浙江永康的发展以传统的结构理论来分析，就很难解释。永康地处浙江中部，总面积1049平方公里，人口56万，是我国经济百强县，发展速度很快，但其产业结构却与众不同。1992年全市三次产业结构为18.8：53.3：27.9，2001年为5.2：68.8：26.0，10年来第三产业比重不升反降。这种奇特的发展结构，在整个20世纪90年代基本都保持着，而永康经济却一直在较高水平上发展。② 这说明，研究产业形态远比研究产业结构重要。

二、产业的空间组织

（一）关于空间

空间是自然现象和社会活动的载体，产业活动必然存在于空间，并形成不

① 师受祥，王成平．县域经济产业结构合理化的理论研究与实践应用．未来与发展，1999.4

② 应志仁．发展县域经济要有新思路——透析永康现象．宏观经济研究，2004.05

同的空间组织形态。勒施有句名言："如果每件事共同发生，就不会有发展。若每件事存在于同一地方，就不会有特殊性。只有空间才使特殊有可能，然后在时间中展开"①

根据空间结构理论，空间不是牛顿力学中安放运动物体的空盒子，也不是一个纯自然空间，而是分布着相互关联的各种自然要素（如土地、矿物、水流、气候、动植物等）和各种社会经济要素（如农业、工业、商业、城镇、道路等客体，这些客体不断发生着商品生产、新居民点的产生、新技术的扩散、资金和货物的流动等经济活动），以及这些要素的相互作用关系及其运动的空间。这个空间是一个具有长、宽、高和时间的4维空间——一个非匀质空间。②

（二）产业的空间组织

产业活动的空间组织（空间结构）是产业活动的空间表现形式，是产业活动在地表空间的排列组合方式和相互作用的关系。产业的空间组织合理与否，不仅直接影响到区域的经济效益，而且还会影响到未来的经济发展，以及影响到社会发展和生态环境等一系列问题。因此，产业的空间组织（布局）是区域规划的重要内容之一。

人类产业活动的空间组织形式（表现形式）很复杂，概括起来，基本上有四种，即点、线、面和网络。③ 就单个县域来说，产业的空间组织总体上以城镇为中心，以集镇为纽带，以乡村为基础，其间以交通线相连接，线的两侧按照距离衰减规律一般聚集着非农产业。就相互联系的县域来说，产业在空间上可以形成互补的产业块网络体。

产业的空间组织既有自组织的现象，也存在有干预的组织情形。

例如，20世纪50年代西方国家进入大发展阶段以后，伴随着第二产业、第三产业发展，一些国家出现了集聚过度和环境质量下降等城市病问题，区域发展差距也日益呈现出扩大的趋势。于是，这些国家强烈要求开发落后地区，调整区域之间产业结构、土地利用结构和城镇体系结构的呼声也就高涨起来，其目的就是合理地利用有限的资源和空间，促进区域均衡发展。

产业的空间组织理论属于综合区位论，它所考察的对象包括生产部门、服

---

① 勒施．经济空间秩序：经济财货与地理间的关系．商务印书馆，1995：567.

② 张金锁．区域经济学．天津大学出版社，1998：31－32.

③ 魏清泉．区域规划原理和方法．中山大学出版社，1994：156.

务部门、城镇居民点、基础设施的区位、空间关系，以及人员与商品、财政、信息的区间流动等许多方面。它研究的基础问题与古典区位论有密切的关系，但又有“综合”“整体”和“动态”的特点，更关注产业在空间中的分布和运动规律。

产业的空间组织理论一般包括5个方面的基本内容：

1. 以城镇居民点（市场）为中心的土地利用空间结构。这是对杜能理论模型和位置级差地租理论的发展。它利用生产和消费函数的概念，推导出郊区农业每一种经营方式的纯收益函数，并由此得出经营地带的划分。

2. 最佳的企业规模、居民点规模、城市规模和中心地等级体系。理论推导的基础一是农业区位论，二是集聚效果理论。将最佳企业规模的推导与城镇居民点合理规模的推导相结合，将城市视为企业一样，理解为一种生产过程。应用“门槛”理论，将中心地等级体系应用于区域规划的实际。

3. 社会经济发展各阶段上的空间结构特点及其演变。通过一般作用机制的分析，揭示空间结构变化的动力及演变的一般趋势和类型。

4. 产业在空间集中的合理度。在实践中表现为如何处理过疏和过密问题，对区域开发整治和区域规划有现实意义。

5. 空间相互作用。包括地区间货物流、人流、财政流，各级中心城市的吸引范围，革新、信息、技术知识的扩散过程等，这些方面是空间结构特征的重要反映。①

第三节　产业布局是产业形态和产业空间组织的统一

产业布局既有别于产业分布，也不仅指空间布局。县域产业布局不仅研究产业的区位（空间）问题，更重视产业形态的选择问题。一个区域要有一些发展势头良好的产业，同时这些产业在空间组织上要合理和协调，形成凝聚的力量。

---

① 张金锁．区域经济学．天津大学出版社，1998：33.

一、产业分布与产业布局

在本文中，产业分布与产业布局是既相关也相区别的概念。

产业分布是某一时间某个区域的产业所有者各自进行相关的产业形态和区位选择后在此区域中形成的产业及其空间组织形态，它是产业在历史中不断演变后在某一时间呈现的产物，具有静态性质。在区域研究和规划的实践中一般表现为产业现状，这是传统经济地理学一般所要描述的现象——地理学本身就是一门侧重于现象空间分布的科学。① 例如，某县某一时间的农业主要有……，主要分布在……，纺织服装业主要有……，主要分布在……，等等。

产业布局则是分析研究某个区域的产业现状后对产业形态及其空间组织进行的调整，它具有动态性质。显然，由于现状中的产业分布是历史长期演变的结果，因此，要在某一时间内对其进行大幅度的布局调整是不现实的，特别是在市场经济环境下，作为政府行为的产业布局更多的应该是对产业分布现状进行战略性、宏观性、引导性的调整和规划，它所考虑的是在现有的产业格局里如何协调产业之间在形态和空间上的关系，追求区域的整体竞争力和全局利益。

例如，通过对土地利用现状类型、结构、分布等调查分析，可以了解土地利用现状是否合理，土地利用率和生产率如何，是否较好地发挥了土地潜力等问题，以及产生这些问题的原因是什么，如果土地利用现状不合理，则需要调整各类土地比重，改善用地结构，使之趋于合理或更能发挥地力。② 这种调整，就是一种类型的产业布局。

又比如，土地利用战略布局是在摸清土地资源潜力和土地利用现状特点与问题的基础上，根据我国人多地少的尖锐矛盾所做出的土地主要利用方向，包括具有战略意义的重点项目用地安排、区域土地利用战略方向和战略区位的重点转移，即指明区域土地利用、开发、整治和保护的重点问题。③ 这种产业布局是从宏观上加强土地利用的调控和管理，以协调好农业用地与非农业建设用地等矛盾，因此是一种战略性的产业布局。

产业分布与产业布局是相互联系的，地域空间上的产业以及种种自然、人

---

① 杨吾扬等．高等经济地理学．北京大学出版社，1997：14.

② 陈烈等．土地利用总体规划的理论与实践．科学出版社，1995：63－64.

③ 陈烈等．土地利用总体规划的理论与实践．科学出版社，1995：189.

文现象的分布和组合规律是产业布局的基础，产业分布是各个历史时段产业布局的累积结果。对产业形态及其空间组织进行调整后会形成新的产业分布形态，新的产业分布形态在发展中会遇到新的矛盾，从而推动产业分布形态的进一步调整，如此循环不断。在没有政府干预下，产业布局是自组织的，如果政府对产业分布进行干预，那么，产业布局就是在一定的制度安排下进行。例如，政府颁布法律、法规限制某些产业的发展及其空间组织或者创造条件引导产业分布格局的变化。

产业分布与产业布局的根本区别在于产业分布是指在某一时间上产业的既定分布格局，而产业布局是指根据产业分布现状对产业未来的调整和设计，它是一种解决办法和思路，强调的是产业应该怎么样？我们将要采取什么行动。

产业布局有调整性、引导性、补缺性、重生性四种。

产业在县域中的布局应包括三个方面：1. 布局什么产业？2. 布局在什么地方？3. 布局多少企业（数量）？在实际的布局策略中，首先考虑的应是在什么地方布局什么样的人（知识为要），通过人的布局来引导产业的布局，这些人包括企业家、研究人员、金融家等。因为县域的落后在很大程度上是因为人的落后。

二、产业布局是产业形态和产业空间组织的统一

人们对产业布局的理解一般来说大都局限在空间区位，但笔者认为，产业布局仅着眼于空间是不够的，要有效推动县域经济发展，必须把产业形态和产业空间组织紧密联系起来。

（一）产业形态和产业空间组织的相互依存关系

首先，产业形态和产业的空间组织是形影相伴的。空间是产业形态的载体，产业的发展最终总会落实在空间上，形成一定的空间组织。

其次，产业形态的选择会影响产业的空间组织。韦伯认为，聚集经济效益，一方面取决于聚集的产业或企业的种类与结构（产业形态），另一方面取决于聚集的规模。① 根据艾萨尔德等人的区域科学理论，只有把那些因为相互间存在着密切的生产上与非生产上联系的多个经济部门，以主导专业化部门为核心，按一定的比例关系，结合布局在特定地区才能取得聚集经济效益，最有利于地区经济的发展。所以在制订一个项目的布局方案时，不能仅考虑到降低自己本

---

① 苏东水等．产业经济学．高等教育出版社，2000：306.

身的生产成本，而更重要的是应该考虑到把这个项目配置在特定地区后，将会有利于地区经济结构的完善，促进地区经济发展。① 因此，一个区域如果重点发展特色支柱产业，会吸引相关产业，并易形成空间上的集中——由于路径依赖形成专业生产区域，这是物以类聚的道理。但如果产业之间相关程度低，则不易集中，因为集中的外部经济不明显。改革开放以后，农村百业俱兴，但由于行业联系少，集中意义不大——这正是乡镇企业灿若繁星、分散布局的原因之一。

再次，区域竞争优势产业有赖于产业形态及与空间组合。

美国哈佛商学院教授迈克尔·波特（Michael E. Porter）率领30多个国家的研究人员以四年时间调查了英、美等十个重要贸易国的一百个行业，研究为何某些特定行业会在某个国家获得国际性的成功并取得垄断地位，以揭示国家在国际经济贸易竞争中成败的原因。其研究成果集中在《国家竞争优势》一书，该书建立了著名的“钻石结构”（National Diamond）模型（如下图），认为国家竞争优势主要取决于生产要素、需求条件、相关支撑产业、企业战略、结构与竞争四因素，这四个方面条件相互促进、相互制约。

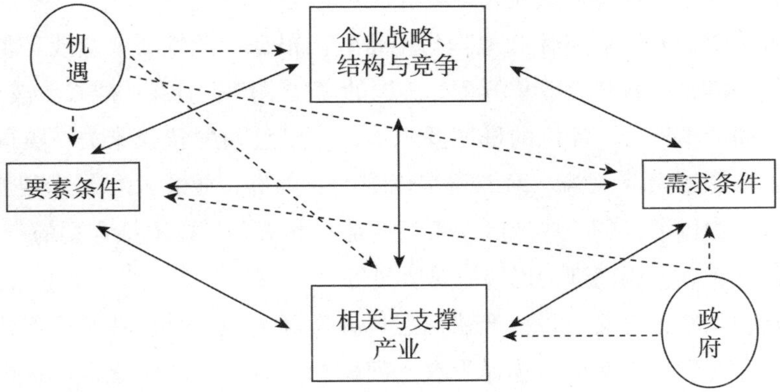

波特竞争优势的“钻石模型”

资料来源：From The Competitive Advantage of Nations. Porter M. E. 1990.

波特认为，一个国家的竞争优势不一定在于整个国民经济，而主要是看该国有无一些独特的产业或产业群（产业形态——笔者注），即所谓的竞争优势产

① 周起业. 西方生产布局学原理. 中国人民大学出版社，1987.

业，对一个区域亦如此。

他说，一个产业获得国家竞争优势，是由于本国具备国际竞争力的相关支撑产业的存在。当有集群存在，而非单个产业时，生产率高而且增长快。相关产业发展水平对国家竞争优势的影响表现在三个方面：一是产业间紧密合作的可能性。国际竞争不是个别企业和产业的孤立竞争，相关产业间的紧密合作对形成本国竞争优势尤为重要。二是“互补产品”需求拉动作用。它会形成“互补产业”发展的良性循环，形成一国的优势产业群。三是相关产业企业密集程度和信息环境质量。它们决定着企业和整个产业的创新能力及市场开拓能力。

波特竞争优势理论的一个重要发展，就是将竞争优势理论与区位理论（经济地理）结合起来，提出了集群（Cluster）的概念（空间组织——笔者注），并称之为“新竞争经济学”。集群用来定义在某一特定领域中（通常以一个主导产业为核心），大量产业联系密切的企业以及相关支撑结构在空间上集聚，从而形成强劲、持续竞争优势的现象。集群能够提高生产率；促使企业持续不断地创新；促进新企业的诞生和企业的衍生，加强竞争。集群是国际竞争优势产业的一个共同特征，它通常集中在特定的地理区域。企业集群通过地理集中和产业组织优化。通过群体协同效应获得经济要素的竞争优势。①

企业集群具有产业属性和地理集中特性。根据产业性质，企业集群可分为三类：第一类是高科技企业集群，如美国的高技术产业集群：硅谷、波士顿128公路、德州的奥斯汀；印度的班加罗尔地区；以色列的特拉维夫；英国的剑桥工业园；法国的索菲亚等。第二类是传统产业集群，如意大利艾米利亚—罗马格纳地区、中国浙江的一些地区；第三类是一般资本与技术结合型的产业集群，如日本的大田、德国南部的巴登—符腾堡等。

最后，从某种意义上说，产业形态选择实际上也就是产业空间组织，亦即从小区域角度看，产业形态选择没有空间概念，但就大区域而言产业形态选择则又是产业空间组织问题。且从更大区域来看此区域所应发展之产业，实质上也是产业的布局问题。例如，某县应该发展纺织业，从县这一区域而言，似乎不是产业布局学研究的问题，但从省或国家的层面看，纺织业为什么要布局在该县呢？这又是产业布局学研究的问题。所以，研究县域产业布局问题，不仅应该研究县域产业的布局，也要研究县域产业的发展方向，研究县域的产业

① 陈秀山等．区域经济理论．商务印书馆，2003：301－303.

形态。

（二）重形态轻空间的情形

为了把问题说得更明了，这里做出些简化，即把县域比作农民的一块耕地，县域经济发展就是如何把耕地种好，县域产业布局就是在耕地上种什么以及种在哪里。种什么是产业形态，种在哪里是产业空间组织。如果只重形态而不顾空间，就好比过去计划经济时期某些地方在耕地上密植水稻一样，结果粒米无收。或者根本不考虑该空间的地理特点，想种什么就种什么，结果同样令人失望。这表明合适的空间组织对于产业形态是重要的。

（三）重空间轻形态的问题

仍用上面的简化例子。假设农民已经把握好了种作物时的空间组织，但轻视产业形态。例如，长期只种水稻，不种其他经济作物（好比计划经济时期的以粮为纲），耕地上没有轮作（好比缺乏多变的柔性产业形态），或者种的水稻是低产稻，还大量使用农药。结果会怎么样呢？显而易见，农民收获不丰，土质下降（因没有轮作），产品食用不利于人的健康等等。这说明，只重空间而不考虑产业形态也是不行的。

可见，产业形态和产业空间组织相互依存，共同构成产业布局不可分割的两个方面，缺一不可。在实际的县域发展规划中，应当把传统意义上的布局调整和产业调整结合起来，如此才能有效地推动县域经济的发展。

综上所述，优化产业活动也就是优化产业布局，它是县域经济发展的内在要求，是县域经济发展关注的核心问题。

第三章

产业形态与县域经济发展

第一节 优势的县域产业形态

新中国成立以来，特别是改革开放以来，我国的经济发展取得了举世瞩目的成就。但由于我国人口众多，人均资源相对不足，科技创新水平还比较低等原因，我国的经济发展也存在不少问题。例如，产业结构失衡问题依然存在，尤其是在体制转型时期产业重复建设较为严重,① 导致了所谓的“区域大战”和国民经济的低效率运行。因此，就一个县域来说，发展什么产业是至关重要的，这不仅事关本县发展，也会牵涉整个国家。

一、地方特色产业

（一）特色产业内涵

地方特色产业是利用县域内外要素而在县域形成的独特产业形态。特色产业依托的要素包括区位、气候等特定地理环境、自然资源、文化传统、资本、人力、知识等。作为地方特色产业，一般有产品异质性或优质性、生产比较专业化、区域化，具有一定规模（比如一镇一品或几品），在市场上居于绝对优势或比较优势地位而不易或无法为其他地方仿效等特征。

（二）特色产业案例

1. 平谷区果品的区域化生产

平谷区果品生产有着悠久的历史和雄厚的资源，是北京市果品主产地。这

---

① 黄信．透视中国体制转型热点．广西人民出版社，2002：156.

里地处燕山西麓，总面积1075平方公里，山区半山区占2/3，大部分为低山带。海拔低于860m，年均降雨量640mm，年均温11. 5℃。无论是气温还是土壤条件都比较适合发展果品生产。区委、区政府提出了“咬定青山不放松”的口号，从1991年开始，发动全区人民大搞山区综合开发。

十一届三中全会以来，特别是1991年以来，平谷区把果品生产作为县域经济的支柱产业来抓，按照产加销一条龙、农工贸一体化的要求，对产业布局和生产要素实行了多层次、多形式的优化和重组，逐步形成了一个比较健全和庞大的产业体系。据统计，1999年全区从事果品生产加工、销售、服务的农民和职工10万多人，占总人口的30%以上。1997年，全区果品产业总收入近2. 28亿元，人均600多元。

平谷区发展果品产业化的一个突出特点，就是以基地建设促进其他相关产业的配套发展，使整个产业链得到不断延伸、扩展。县、乡、村三级都组织规模开发，几年来共开发果园8660公顷，其中667公顷以上的5处，3. 3公顷以上的占全部开发面积的90%以上。全区先后建成了大华山、乐政务、刘店、镇罗营、熊儿寨、黄松峪、靠山集等7个果品生产专业乡镇、110个果品生产专业村，相继完善了大桃、苹果、梨、柿子、板栗、核桃等八大果品基地建设。其中大桃形成了生产优势，据农业部资料，平谷区桃树面积之大、品种之多、产量之高、上市时间之长，在全国县级均名列前茅。①

2011年平谷区实施以大桃为主导产业的可持续发展，推进都市型现代农业建设。满足消费者对特色果品和唯一性果品的需求；建设一批集旅游、观光、休闲、体验、采摘功能为一体的都市型公园化观光果园；实施一镇一品一特色工程，积极培育镇域优势明显的主导产业和主导产品。②

2. 宜春的特色农业

宜春，古为“农业上郡”，今有“赣中粮仓”之谓。全市粮食、油料、肉类等产量名列全省首位，占全省的五分之一。丰城、高安两市分别进入全国粮食、棉花百名大县排行榜。丰城、高安、樟树三市和袁州区进入了全国猪、牛、羊肉百名大县排行榜。1999年全市粮食总产317万吨，生猪出栏近400万头。

---

① 周士龙等．平谷县果品生产的产业化经营．北方果树，1999. 01

② 2011年平谷区果品生产情况分析．http：//www. bjpg. gov. cn/publish/portal0/tab99/info21412. htm

丰城市素有“金丰城”之美称，是全国著名商品粮、商品鱼基地，也是江西鹅鸭工程的主要基地，水禽产量1500万羽以上，禽蛋批发市场已成为江西重要的禽蛋流通集散地，年成交额近1亿元。樟树市瘦肉型生猪养殖在近几年内蓬勃兴起，全市出栏肉猪20头以上专业户有1.3万户，占农户总数的8%，千头猪场达到30多家。高安是江西省最大的油菜种植县市，播种面积达50万亩。近几年来，推广运用大棚种植反季节蔬菜，蔬菜种植基地已形成规模。高安是国家在江南的唯一秸秆氨化养牛基地，牛存栏达到18万头。袁州区是著名的“油菜之乡”，油茶面积居全国前列。海天公司用现代科技手段，其精制山茶油是用户抢购的珍品。上高县、袁州区是国家重要的优质苎麻基地，江西竺麻纺织分公司利用优质苎麻为原料生产的“井竹”服饰，获省名牌产品称号，并在全国专利新产品博览会上评为金奖。万载县的百合、三黄鸡是传统名产，百合种植有几百年的历史，目前栽种面积16000亩，其加工业已不断壮大，成为该县新的经济增长点。奉新县优质米生产久负盛名，明代就以珍品之名进贡皇室，近几年来，该县着力实施优质米产业化工程，优质米种植面积达到4万亩。“碧云”牌优质米为省唯一免检大米，获国家绿色食品证书，成为省名牌产品。

宜春的森林覆盖率达53.4%。这里的竹木加工、绿色食品、生态旅游业蓬勃兴起。全市木板材年生产能力已达到10万立方米；水果产量达3.3万吨，食用菌年产值近4亿元。奉新、宜丰、靖安、铜鼓四个县是盛产木竹制品和天然食品的“山珍宝地”。“天下仙果”猕猴桃是奉新县的优势特产，种植基地面积已达3万多亩，成为全国猕猴桃主产区之一。县里还投资建成了试验站和万吨果汁加工生产线及鲜果冷藏库，研究生产深加工产品，猕猴桃产业化经营初具规模。

宜丰县被国家林业部门命名为“中国竹子之乡”，他们依托本地资源，四轮驱动、乡镇企业十分红火，成为重要的经济支柱。该县已跨入了全国发展乡镇企业百强县行列。铜鼓县是全国山区综合开发示范县和科技兴林示范县。森林覆盖率达到了84%。该县高起点，高标准抓大生产、壮大市场。生产竹木地板的江欧集团已成为我国目前同行业中规模最大，技术设备最先进的企业，产品远销10多个国家和地区。阳岭集团生产的胶合板、刨花板、中纤板多次被省消费者协会列为信得过产品。靖安县生态旅游业方兴未艾，三爪仑国家示范森林公园具有古朴、优雅、清新的自然韵味，成为声誉日隆的自然风光旅游区。靖安县种植的椪柑，美味可口，市场十分畅销。沃土良田收获了金色硕果。

近年来，宜春市坚持对农业再认识，促农业再出发，按照“特色农业创特色”的思路，聚合产业资源，找准发展优势，全力打造油茶、肉牛、绿色有机、富硒、生态休闲五大特色农业产业，加快农业结构调整，实现了新常态下农业提档升级。2015 年，全市油茶林面积达 246 万亩，其中高产油茶林基地面积 76 万亩，均居全省第一位，油茶产业年产值达 30.68 亿元。全市 10 个县（市、区）中有 8 个被列为国家油茶产业示范县，袁州区荣获“中国名特油茶之乡”称号，丰城市荣获全国首个“高产油茶之乡”称号。①

3. 河北的特色产业

据 2000 年统计，河北省年产值亿元以上的农业特色产业发展到 133 个，年销售额达 554.9 亿元；农产品生产（加工）基地 103.6 万公顷。另外，河北省成交额在亿元以上的商品市场共有 249 个，其中属县级的 166 个，占 66.7%，而其中成交额在 10 亿元以上的市场都是发挥了当地特色并形成了具有一定影响的特色产业链。如清河的羊绒、赵县的鸭梨、乐亭的果菜、安国的药材、白沟的箱包、平乡的自行车配件等；龙头企业如隆尧的华龙集团，高阳的三利集团，专业市场如永年的蔬菜批发市场、丰润的建材市场、高碑店市白沟综合市场（成交额 72 亿元），安国市东方药城（成交额 48.41 亿元），安平县丝网大世界（成交额 30.152 亿元）等等。

2017 年 5 月，河北省为做强产业集群区域品牌，提升产业集群和县域经济竞争力，经各地推荐、专家评审在网上公示了鸡泽县等 11 个县（市）为“河北省特色产业名县”，孟村回族自治县辛店镇等 18 个镇（乡）为“河北省特色产业名镇”。② 分别如下：

一、河北省特色产业名县（市）

河北省辣椒产业名县——鸡泽县

河北省化工新材料产业名县——磁县

河北省休闲食品产业名县——定兴县

河北省纺织产业名县——蠡县

河北省体育用品产业名市——定州市

---

① 彭文辉．宜春市瞄准五大特色产业发力助农业提档升级．宜春日报，2016－08－18，http：//jxyc. jxnews. com. cn/system/2016/08/18/015122145. shtml

② 宗苗森．2016 年河北省特色产业名县名镇公布．河北新闻网 2017－05－09 http：//hebei. hebnews. cn/2017－05/09/content_ 6470425. htm

河北省丝网名县——安平县

河北省纺织名县——邱县

河北省建筑陶瓷名县——高邑县

河北省环保除尘设备制造名市——泊头市

河北省生物医药名区——石家庄市高新区

河北省铁路配件制造产业名区——秦皇岛市山海关区

二、河北省特色产业名镇（乡）

河北省管道管件产业名镇——孟村回族自治县辛店镇

河北省环保除尘产业名镇——献县陈庄镇

河北省渔具产业名镇——献县陌南镇

河北省焙烤食品产业名镇——宁晋县河渠镇

河北省玉米深加工产业名区——宁晋县经济开发区

河北省光伏产业名区——宁晋县经济开发区

河北省环保炉具产业名镇——元氏县北褚镇

河北省轴承产业名镇——临西县河西镇

河北省电器电料名乡——肃宁县邵庄乡

河北省红枣产业名镇——沧县崔尔庄镇

河北省机械制造名镇——吴桥县桑园镇

河北省羊绒精梳名镇——南宫市段芦头镇

河北省橡塑产业名镇——任县天口镇

河北省机械制造名镇——任县邢家湾镇

河北省汽摩零部件名乡——威县常庄乡

河北省标准件制造名乡——永年县刘营乡

河北省自行车和童车产业名镇——曲周县河南疃镇

河北省电器电料名乡——高阳县庞佐乡

4. 甘肃的特色产业

近年来，甘肃优势特色产品产业初步形成。中药材以定西、陇南为主，面积达199万亩，产量达31万吨，岷县、定西、陇南、天水、甘南的当归也闻名。

定西马铃薯种植面积达728万亩，产量740万吨。以农垦和河西为主的啤酒大麦100万亩，产量41.5万吨；以农垦和武威为主的酿造葡萄10.8万亩；以河西、陇东为主的优质苜蓿保留面积达600万亩；以陇南为主的油橄榄种植面积超过5万亩；以兰州为主的食用百合面积超过10万亩；庆阳黄花菜面积达50万亩；永昌县作为国内首家培育成功的金鳟鱼已超过50万尾；以河西为主的玉米制种93万亩，产种3.5亿公斤，占全国用种的近一半。上述11项农产品面积和产量均位居全国第一。①

为推进特色产业发展，壮大县域经济，增加农民收入，甘肃省人民政府2018年1月发布《甘肃省特色产业发展工程贷款实施方案》，贷款全部用于发展农村富民产业和县域经济，支持对象是市场前景好、发展潜力大、具备一定规模、对农民增收有较强带动作用的企业。通过特色产业发展，推动产业转型升级，做大优势产业规模，延长发展链条，提高市场竞争能力和抗风险能力，同时大力培育产业园区、乡村旅游、电子商务、文化集市、农产品精深加工、冷链物流和对外贸易等新业态，推动形成一批多产业融合发展的产业集群。②

我国发达地区例如广东、江苏、浙江等地的特色产业是闻名遐尔的，这里就不必一一列举了。

（三）特色产业的形成

发展地方特色产业也可以从零开始，由小变大，在这个过程中，原来的基础并不是最重要的东西，偶然因素的作用也是不可忽视的，因此，欠发达地区应有后来居上的信心。

虽然发展地方特色产业应重视利用本地资源，但不等于“靠山吃山，靠水吃水”，随着市场经济的发展和经济全球化的深入，资源在空间流动的速度加快，资源禀赋的优势逐渐降低，地方特色产业的形成越来越取决于人力资本的开发利用。

冀东平原的清河县不靠山、不靠水、不靠交通要道、不靠大中城市，加之地上无特产，地下无资源，1982年农民人均收入只有83元，是河北省最穷的县之一。20世纪80年代初，清河县在偶然的机会中，创造出羊绒产业，政府因势利导，真抓实干，使该县经济得到超常规发展。从1984年到2000年，清河主要经济指标年均递增速度超过20%。2001年，全县完成财政收入较上年相比增长

① 徐英花．县域经济与特色农业．甘肃农业，2004.1

② 甘肃省政府办公厅．甘肃省人民政府办公厅关于印发甘肃省特色产业发展工程贷款实施方案的通知．2018－01－17 甘政办发〔2018〕7号 http：//www.gansu.gov.cn/art/2018/1/17/art_4827_331247.html

20.6%，增幅全省第一。在并不大批量产羊的清河县办起了年销售额近50亿元，占国内市场1/2、国际市场1/4的羊绒专业市场。一个既无资源优势，又无地域优势的县，能取得这样的成绩，这一现象值得深思。

“零资源经济”在浙江则是突出现象，从义乌小商品、海宁皮革市场到永康五金之都等等都可以看到。

例如永康不产一铁一铜，也无区位优势，但却形成了五金大产业。这主要得益于五千年的五金文化积淀。永康人从传统手工业起家，围绕“五金”大做文章，短短10年，把永康打造成个性十足、全国闻名、国际上也有一定影响的五金之都，建立了品种多样、门类涵盖面广的五金工业生产体系。目前全市五金产业的工业产值占全市工业总产值的90%，税收占80%；产品多达7000多种，有100余种产品打入国际市场。培育了一大批五金方面的大企业，全国私营企业500强中，永康占据了8席。①

福建的安溪、永春、德化原先都是欠发达地区，改革开放以来，它们立足地方特色，加快工业化进程，体现了“安永德”县域经济的魅力与活力。近年来，以“山上泉州”形象领跑全省山区县市，使“海上泉州”重放异彩。

安溪是全国最大的乌龙茶主产区，以铁观音、黄金桂闻名于世。全县现有茶园30万亩，年产茶叶3万吨，约占全国乌龙茶总产量的二分之一，茶业发展规模居福建省首位、全国产茶县前列。全县涉茶人数70多万，茶叶加工企业500多家，年产值达10多亿元。

永春的工业一度滞后，在降低门槛大力招商引资后，初步形成了食品饮料、纸业、建材业、陶瓷业、纺织业、医药化工和煤炭等主导产业，工业增加值对全县国内生产总值增长的贡献率已达44.9%，2002年全县税收达2.86亿元，占财政总收入的76.5%。

地处福建中部山区的德化县则以陶瓷产业为特色，四海扬名。2002年8月11日的美国拉斯维加斯国际日用品及礼品博览会中，数万件德化陶瓷精品为德化县拿回上亿元的订单。十年前德化只有30万人，陶瓷产值仅为9400多万元，出口交货值不足5000万元。十年来，德化陶瓷年产值以百分之二十几的幅度增长，2001年，德化陶瓷出口额突破了30亿元，占到了全国陶瓷出口总额的1/6。②

---

① 应志仁．发展县域经济要有新思路——透析永康现象．宏观经济研究，2004.05

② 吴惠聪等．“安永德”工业化之活力．开放潮，2003.04

（四）特色产业的作用

1. 有利于促进专业化分工

在县域特色经济条件下，特色产业在县域经济中占较大份额，县与县之间发展各自不同的特色产业，在社会范围形成了专业化分工。根据生产费用与分工程度的关系，分工越细，成本越低，费用越小。这样，无数县域的“专”形成了社会的“全”和“精”。

2. 有利于获得规模经济

① 形成一定规模，出现龙头企业、产品基地。

② 带来外部经济——人人懂这方面的技术，能够带动相关产业发展。

③ 能带动一个县域经济的发展。

如迁安冶金业自1984年起步，依托“铁迁安”资源，逐步转化为经济优势，连续十几年铁精粉产量位于全国地方铁矿之首，带动了运输、矿山配件、商饮服务等相关行业的发展，冶金业产值、利润、税金已分别占该市工业比重的35.2%、35.3%和33.5%，成为该市国民经济发展的特色主导产业。①

新进入2003年全国经济百强县排名的12个县域（北京密云，江苏靖江、金坛、如东、大丰、兴化，浙江的宁海、嵊州、永嘉、德清，山东的莱阳，重庆江津）取得成功的关键是：注重抓好龙头企业、特色产业和搞好城镇化建设。

3. 有利于形成区域品牌

特色产品就是品牌，品牌是产品在市场竞争特别是在国际市场竞争上赖以生存和参与竞争的关键因素，国际市场上的产品竞争在很大程度上就是品牌的竞争。县域经济中的农业分量比较重，在发展外向竞争型农业时，应特别重视品牌农产品的培育。②

品牌是区域巨大的无形资产，品牌往往能够使县域扬名天下。如迁西、迁安一带的“京东板栗”，以其色泽鲜亮、果实饱满、口味甜美而享誉日本、欧美等国际市场，清河羊绒则有“世界羊绒看中国，中国羊绒看清河”之美誉。

4. 有利于抓住重点，避免了重复建设

特色经济符合本地实际，有广泛的群众基础，多数特色经济都是在“一村一品、一乡一业”的基础上发展起来的，特色突出，重复不易。

---

① 彭会君，刘桂花．发展特色经济应对入世挑战，经济论坛．2003．9

② 阎述乾．加快甘肃农产品国际市场竞争力的培育．甘肃农业，2004．1

5. 有利于地尽其力、物尽其用、人尽其才

如赵县的鸭梨、乐亭的果菜就是充分利用其独特的自然资源，引进先进农业科技而发展壮大起来的。而安国药材业则是充分利用其传统种植、加工技术，迅速发展壮大，成为带动一方经济的特色经济。

甘肃特色农业一例：①

以甘肃省东、中、西部具有代表性的镇原县、定西县和民乐县发展特色农业为例说明发展特色农业对农民收入以及对县域经济发展的影响。

（1）镇原县位于甘肃省庆阳市西南部，是个农业大县，以雨养农业为主。近年来，全县大力发展特色支柱产业。2001 年镇原县年产鲜杏 2880 万公斤，杏干 325.5 万公斤，杏核 258 万公斤，杏子产量仅次于新疆沙河县，居全国第二位。每年可使农民得到收入2880 万元，人均60 元左右。镇原县杏制品加工量居全国之首，已开发出“甘草杏”“奶油杏肉”“杏脯”“八宝杏”“天然贡杏”“杏话梅”等 20 多个杏系列产品，荣获国际、国内大奖 20 多项，畅销我国东北、华北、西北、西南等地区近百个大中城市。

近年来，镇原县转变观念，调整思路，运用循环经济发展理念，把生态建设、观光旅游和精准扶贫有机结合，大力发展现代高效生态观光农业。2018 年，镇原县围绕北石窟景区旅游圈，聚焦“三区两流域一片带”主战场，通过规划引领、龙头企业带动、政策扶持等措施，重点打造上肖乡姜曹文冠果万亩栽植基地、屯字天润亚美花海游基地、太平镇枣林村现代有机苹果园、洪河川区设施瓜菜、平泉万亩苗林结合培育基地、平泉南徐万亩“海升”模式密植苹果示范园、新城镇曹城千亩樱桃园、武沟乡万寿菊产业基地等具有本地特色的休闲观光农业示范区，大力发展高产、高效、低耗、无污染无公害的花果蔬菜、畜禽产品，激发农村经济发展活力，促进农牧民实现绿色增收。②

（2）定西县位于甘肃省中部，系典型的黄土高原丘陵沟壑区。定西县是传统的农业县，马铃薯产业具有悠久栽培历史和得天独厚先决条件。2001 年该县被中国农学会土特产品评审会授予“中国马铃薯之乡”。2002 年全县马铃薯播种面积 67.3 万亩，占粮播面积的 52.7%，总产为 9440 万公斤，占粮食总产量

① 徐英花．县域经济与特色农业．甘肃农业，2004.1

② 王瑾．镇原县特色农业为群众致富打开新门路镇原县外宣办．2018－07－04http：//www.zgqingyang.gov.cn/xqdt/96/42189.html

的63.7%；商品量达到6608万公斤，占马铃薯总产量的70%。农民人均从马铃薯生产中获得的收益达到168元。

（3）民乐县地处河西走廊中段、张掖市东南部，属山地和倾斜高平原地区。近年来，民乐县食用菌、中药材、蔬菜和草畜四大新兴特色产业呈现出明显的优势。2002年，新建或改建食用菌大棚250座，生产各类食用菌80万公斤，实现经济收入79.77万元；中药材种植面积17.24万亩，产量38509吨，实现产值9119.52万元；蔬菜种植面积4.9万亩，实现经济收入5447.58万元；草畜产业本着提高规模效益和科技含量的发展思路，走小规模、大群体的养殖路子，全县共连片新建标准化养殖暖棚6131间，全县种草面积达到了14.5万亩，实现收入13804.67万元。

二、知识产业

科技是第一生产力，科技型产业可以占领高端产业价值链从而推动县域经济发展。

随着信息技术的发展，产业形态进一步向知识产业主导型转变。在这种产业形态下，资本主导将被智力资本主导所取代，僵化的大企业组织结构将被灵活多样的组织形式所取代。

20世纪90年代以来，美国经济出现的一个重大变化就是“新经济”的确立，也就是以信息技术为主导的新经济形态的确立。大量的美国高科技小企业成为推动美国新经济的主流。①

三、外向型产业形态

从市场交换角度分，区域产业主要有两类，一类主要在区域内进行交换，如服务业中的学校、医院和邮电所等，一类则主要与区域外进行交换（部分产品也可能在区域内交换），这一类又分两种，第一种是依靠本地资源生产，将产品与区域外产品交换；第二种是利用区域外资源生产，将产品与区域外产品交换。区域经济的发展往往取决于这一类产业。就一个国家来说，国家坚持出口导向，尽可能利用国外资源无疑是明智之举，这样可以保护本地资源，达到本国意义上的真正可持续发展。日本是这方面的典型，例如，日本禁止砍伐本国

---

① 曹昱等．小型企业：美国新经济的助推器．上海财经大学出版社，2003：30.

森林，却购买中国林木生产一次性筷子销往中国赚钱，继而回收废弃筷子生产纸张再返销中国，从中大获其利而不损其一林一木。

作为国内生产，县域产业活动没有必要把重心全放在利用其他区域资源上，但是县域经济增长的分量却取决于县域的外向市场半径。

举例来说，安溪茶产业的发展，市场是功不可没的。2000 年 12 月堪称全国最大的专业市场——安溪中国茶都竣工并开业。茶都有近 700 间商铺，两个交易大厅近 9000 平方米，还设有精品展厅、茶都客运站、茶都酒店、茶文化博览馆。设立茶文化研究中心、茶叶质量检测中心、电子商务网站、茶科技咨询服务中心。

目前，安溪茶内销市场逐步由南方发展到北方，形成了闽南市场，广东市场、长江流域和北方市场等四大市场，扭转了产大于销、产品滞销的被动局面。品饮安溪乌龙茶、铁观音成为全国各地的最新时尚。在出口方面，自 1996 年 11 月安溪茶厂获得自营进出口权以来，安溪外销市场不断扩大，已销往五大洲 40 多个国家和地区，每年外销 7000 多吨，为国家创汇 2000 多亿美元。近年来，安溪通过加强与海外侨亲的联系，在华侨中建立安溪乌龙茶代理制，进一步巩固了日韩东南亚和港澳台市场，大力开拓俄罗斯、美国、西欧新兴市场。在世界茶叶消费大国俄罗斯，由安溪茶厂与圣彼得堡华侨兴办的达礼凤山茶叶有限公司，销售额逐年上升，铁观音成为圣彼得堡超市的镇店之宝，成为俄罗斯人的新宠。德化县 1100 多家陶瓷企业中 80% 以上的企业生产的产品也都是销往国外的。①

容易看出，县域经济发达的地方必定是外向市场繁荣的区域。

四、关联性产业

关联性产业形态能够促进县域经济发展可以用乘数效应理论加以解释。

乘数概念最早由英国经济学家卡恩提出，② 它描述的是社会化再生产活动中经济变量之间的一种函数关系，用以说明国民收入变动量和引起这种变动量的最初注入量之间的比例关系。乘数效应的一般表达方式如下：

$K = \Delta Y / \Delta X$

---

① 吴惠聪等．“安永德”工业化之活力．开放潮，2003. 04

② 景普秋．中国工业化与城镇化互动发展研究．经济科学出版社，2003：56.

式中：K 为乘数；ΔX 为最初注人的增量；ΔY 为由 ΔX 所引起的国民收入增量。

在经济运行中，某些经济参数的变化会影响一系列相关参数的连锁变化，导致经济运行结果在特定的经济环境下发生放大或缩小的成倍变化，这就是经济学中乘数效应现象。

产生乘数效应需要两个条件：一是存在社会化再生产；一是经济运行的参数变动。乘数作用必然存在于社会化生产活动中，社会化大生产程度越高，乘数作用越明显，反之亦然。在经济运行完全分割的条件下，乘数作用完全消失。

经济活动的现实表明，引起国民收入变动的最初注入量可为投资、税收、政府购买支出、转移支付和进出口等，相应形成的乘数称为投资乘数、税收乘数、政府购买支出乘数、转移支付乘数和外贸乘数等。哈罗德——多马模型就是一种乘数效应模型。

产业结构（关联性产业形态）是诸产业按照社会再生产的投入产出关系有机结合起来的一种经济系统，这一系统在与外界的能量互换中，不断地改变着自身的状态。这些不同的关系状态，对经济增长有重大影响。并且，产业结构中的关系越复杂，其关系状态对经济增长的影响就越大。产业结构状态及其变动对经济增长的这种影响就是结构效应。①

另一方面，产业如果缺乏关联性或者产业组织不完善，产业的发展也会碰到困难。

例如，我国参与国际市场的农产品销售企业或组织，除国营外贸企业外，基本上都是单家独户较为分散的小农户，规模小，竞争乏力、无序，内耗严重现象突出。这说明，参与国际竞争的农产品即使在生产上有比较优势，但若没有组织化程度高、市场开拓意识强、经营观念新、运行机制灵活的营销企业和其他组织的介入，农产品的国际比较优势就很难得到真正的发挥。在发达国家，农产品的销售大都有企业集团或跨国公司实行直销或连锁经营，或由营销组织组织销售。可以说，国际农产品的竞争，实质是大型的跨国农产品加工和销售企业间的竞争。

---

① 吴殿廷编．区域分析与规划高级教程．北京：高等教育出版社，2004：42.

五、知识易扩散下的聚类产业

在技术等资讯容易扩散（同时市场看好）的情况下，同类或者同质企业会较快形成，并出现路径依赖和产业集聚效应，使区域中的这些同类产业进一步极化发展，像磁铁般吸引其他资源向它积聚，最后形成区域的专业化生产和布局，由此导致技术的进一步分工，从而加速经济发展。

温州平阳县的萧江镇就是一例，该镇以盛产塑料编织袋闻名，塑编产品占全国市场的1/6，为全国最大的塑编产销基地，有“中国塑料编织第一镇”之誉。但萧江过去并无塑编生产，该行业在萧江始于1979年，引入者最初也不了解这一技术，只是在一个偶然的机会里，掌握到了南通一家生产编织袋的技术和营销等资讯，从而诞生了平阳县第一家塑编厂，这是技术扩散的第一步，当时使用的塑编工具是木制手拉织布机，技术简单，也不存在生产进入的资本壁垒，于是塑编在村中迅速普及并向外推广，据说当时几乎每家都有木织机。这是技术扩散的第二步，在技术扩散的同时技术也扎根了当地，形成了产业集聚，截至2001年，萧江镇有工业企业198家，其中从事塑编及与此相关的企业就有193家。同类企业高度集中于一个区域形成“产业岛”在温州是比较普遍的现象，可以说是“温州模式”最具特点的方面，与“编织城”类似的还有“鞋城”“拉链城”“五金之都”等。①

六、柔性产业形态

在知识经济时代，人力资本尤其是知识资本是决定性的生产要素，信息技术的发展大大降低了协作成本，小企业特别是知识型小企业的那种轻型化、柔性化乃至虚拟化的组织优势越来越明显。“小的就是好的”，1997年，美国的《未来学家》杂志指出，由于通信和交通的改善，世界各国更加紧密地联系在一起，小制造商也能为远距离的市场提供服务。

县域拥有一些大型企业支撑的产业固然很好，但就一般县域发展环境而言，首先发展小巧灵活的柔性产业，然后由小到大，也是比较适合区情的一条路子。实际上，大企业也是由从小发展起来的，比如微软等许多著名企业就是这样。小企业这种产业形态应变速度快，能够与时俱进，容易避开外部替代产品竞争，

---

① 赵立平主编．信用链——温州．萧江调研报告．复旦大学出版社，2003.

减轻产业形态转化滞后对县域经济发展的不利影响。

发展县域经济，一定要和发展中小企业结合在一起，一定要和发展当地有特色的劳动密集型的产业发展结合在一起，这样才能对农民的转移就业和增加收入带来很大的帮助。

浙江永康在2000年首次进入全国百强县，位居第70位，2001年跃居第46位。产业重心以五金牵引的第二产业为主，支撑五金工业的是小五金件、小家电、小工具及滑板车、保温杯等“小”字为特点的“散兵游勇”。这些小五金产品虽然并不显眼，但易以精工，有上百种产品是全国的“单打冠军”，其中电动工具成为继日本、德国之后的全球三强之一；包装钢桶、建筑用防滑条等产品占国内市场的90%以上；衡器产量占全国市场的2/3；防盗门占全国市场的1/3，成为全国最大的生产基地；滑板车日产15万辆，名列世界第一，出口总量占全国的90%以上；煤气灶炉头产品出口占全国的90%以上等等。有人形象地比喻，假设永康有一天突然不生产任何五金产品，那将很快引起100多种商品的全球性短缺，近千种五金产品价格会剧烈波动。

七、生态产业

县域生态农业，生态工业、生态服务业、生态林木业等对县域经济发展都有重要意义。

我国已经加入WTO，外国一些质优价廉的农产品不可避免地要进入我国市场，部分农产品供过于求的状况将会加剧，县域农业的发展将面临着更加严峻的环境。积极发展优质、专用、特色农产品，发展绿色食品、有机食品和无公害食品，才能不断提高市场占有率。

在县域生态产业中，应重视生态林木业的发展。林业既是生态产业，又是前景十分广阔的经济产业。我国林业资源的开发潜力很大。从土地看，山地约占国土面积的68%，沙地约占17%。全国有40亿亩林业用地，利用率仅为57%，另外还有8亿亩可治理沙地，两者合计相当耕地面积2.4倍。从林木种类看，我国有1000多种经济价值较高的树种，许多树种都可以形成新的产业。从市场潜力看，20世纪90年代以来，我国进口木浆、木浆纸、原木、锯材、胶合板等林产品呈快速增长趋势。1999年进口年用外汇约134亿美元。全力推进六大林业重点工程建设，带动农民增收。

在21世纪，我国林业要实施六大工程，即退耕还林工程、天然林资源保护工程、“三北”和长江中下游地区等重点防护林建设工程、环北京地区防沙治沙工程、野生动植物及自然保护区建设工程、重点地区速生丰产林基地建设工程。规划范围覆盖了全国97%以上的县，规划造林任务超过9亿亩，国家投入巨大。这六大工程不仅有助于改善我国的生态环境，同时也为解决农村剩余劳动力，加快林木制品原料和加工业发展，增加农民收入和节约外汇创造广阔的空间。1999年，我国森林资源开发利用对就业人数的贡献达到4217.6万人。专家预测，如果将我国的林地利用率提高到80%，可新增就业3000万人。加上8亿亩可治理沙地和2.2亿亩陡坡耕地退耕还林以及森林旅游、林果业、花卉业、中药材业、野生动物驯养繁殖业和林区资源的精深加工业，对就业贡献还会增加。

例如，浙江临安区的不少农民通过植树造林成了百万富翁，全市农民人均收入4568元。1999年竹业产值达7.5亿元，仅竹笋收入一项就有10个乡超千万元，87个村超百万元，6500个农户超万元。林果、花卉、林药、竹产业以及森林食品、森林旅游等产业的发展，不仅提高农民收入，还能增加财政收入，拉动内需，扩大就业。比如张家界森林公园一年旅游人数达650万人次。①

此外，为保护农村生态环境，大力发展沼气产业是必要和有益的。

八、多种所有制产业形态

坚持多种所有制并存，发挥民营企业、国家集体企业、三资企业等经济驱动力的作用，使之相互竞争、相互协作，取长补短。

（一）民营经济

国务院发展研究中心副主任陈锡文曾经总结出我国经济百强县的四点成功经验：他说，成功的县域都非常重视民营经济的发展。没有民营经济的发展，就没有县域经济的今天。越是实力强的县域经济，民营经济的比例就越高。浙江经济的最大特点就是民营经济表现强烈，萧山的民营经济占了98%以上。

我国民营经济发达的地方，民资民力充足。例如，诸城市目前城乡居民储蓄存款余额达57.6亿元，在这种情况下，政府应加以引导和利用。国家可放宽市场准入，让出一部分资源和市场大力发展民营经济，让农民按照市场需求和国家产业政策大力发展新型的乡镇企业和小城镇，尤其是发展农产品加工业，

---

① 发展县域经济增加农民收入——千方百计增加农民收入研讨会发言摘录．经济日报，2002-02-08.

对搞活县域经济意义重大。

（二）国家大中型企业

我国的资源配置，尤其是资金、人才、信息等稀缺资源配置越来越多地向县以上倾斜，县域很少有国家大中型企业。应采取更加灵活简便的政策，吸引各种资源向县以下流动。通过适当方式引导国家大中型企业布局于县域或者并购经营不善的企业，加强大型企业的辐射作用。

九、产业形态的组合——构建核心竞争力产业

县域的经济基础一般都较差，因此，在发展中不宜走过去那种“大而全”、“小而全”的老路。各行各业分散力量齐步走，不如集中优势培育核心竞争力产业。

培植县域核心竞争力产业是产业形态的组合过程，通过产业形态的组合构成一个相互支持的核心产业动力系统，作为县域整体竞争力的强劲基础。

县域核心竞争力产业首先表现为若干地方特色产业，其次这些特色产业又融合了上述知识、外向、关联、聚类、柔性、生态、多种所有制等一种或多种产业形态的特征。这样的核心竞争力产业在资源利用、产品开发、技术创新、市场开拓及服务中与其他县域相比具有更大的竞争优势，不易被其他县所模仿、学习和超过。

核心竞争力产业的构建需要融合多种产业形态在实践中是显而易见的。

实例 枣强县的核心竞争力产业

“枣强三件宝，玻璃钢、皮毛、大红枣。”这是河北省枣强县审视自身比较优势，在新千年驱动发展县域经济的“三驾马车”。枣强的玻璃钢、皮毛等传统产业，早在七八十年代就曾为枣强创造过辉煌。其乡镇企业发展的“三力合一”机制，在全省甚至全国都产生了影响。但到 90 年代末，支撑枣强经济的乡镇企业五大产业大都步入困境，财政状况捉襟见肘。

如何再造优势产业活力，发展全县经济枣强的选择是：确定玻璃钢、皮毛、大红枣等特色农业发展定位，整合资源使之向三大优势产业集中，通过资本 + 科技改造传统产业，以此拉动枣强经济驶入发展的快车道。

一是通过产业园区的行业集聚效应，使传统产业走出作坊式的阴影。玻璃钢民营科技园和大营皮毛工业园仅一年时间就初具规模。至 2002 年，玻璃钢民

营科技园已完成投资2亿元，建成面积2.1平方公里，进区企业25家，被列为全省十大民营科技园之一；大营皮毛工业园已投入资金上亿元，进区企业26家，并有西班牙、意大利、韩国等外商进区投资办厂。两大园区年创产值15亿元，利税达亿元，已成为拉动全县经济发展的两大产业群。

二是通过“借脑工程”改造传统产业，以高科技为内涵拉动产业升级，实现专业化、现代化生产。近年来，玻璃钢、皮毛等传统产业与北京、上海、石家庄、西安等地100多所大专院校、科研单位建立了研发合作关系，瞄准世界先进技术，加快新技术、新工艺、新材料的引进、推广和创新。玻璃钢业先后有40多种产品获省部级科技进步奖和全国行业评比金奖、银奖，18种产品填补了国家空白，8项产品获国家专利。河北省玻璃钢科技研究所、省玻璃钢复合材料生产力促进中心落户该县；皮毛实现了由加工原料向加工成品、由实用型向时装型、普通型向装饰型的转变，皮毛业的科技含量和附加值高了，产品开始畅销到欧美、东南亚、日本、韩国等20多个国家和地区。

三是向民间资本“淘金”。产业要做大做强，其发展的瓶颈是资金。枣强的办法是，不找财政找市场，向民间资本“淘金”。枣强县商品经济起步较早，几大传统产业曾造就了许多能人、富人，民间积淀有雄厚的资本。县委、县政府把激发民间投入、启动民间资本作为乡镇企业二次创业的动力源，靠个体民营经济的大发展带动几大产业的起飞。①

又如，甘肃特色农业虽然有一定起色，对县域经济发展也起到了一定的作用，但核心竞争力产业的特征并不明显。原因是特色农业发展尚难以克服区位、信息、市场劣势等主要障碍，优质特色农产品的区域布局也不明显，一些地区由于认识不足，在农业结构调整方面依然存在盲目性和雷同性，致使优质特色农产品区域布局不清晰，造成优势不优，特色不显。②

---

① 刘惠兰．河北枣强县整合资源向优势产业集中“三驾马车”拉动县域经济提速．经济日报，2002-10-08.

② 徐英花．县域经济与特色农业．甘肃农业，2004.1

第二节　县域经济发展的产业形态问题

一、产业形态雷同

先看县域农业。目前突出的问题是传统“小而全”的农业格局难以改变，县域间产业结构、产品结构趋同，质量档次不高，导致部分农产品供过于求，市场价格下跌，农民收入下降。

再看乡镇企业和县属国有及集体企业等中小企业。这些企业同样存在小、散、低和产品结构趋同的严重现象。企业设备老化、人员过剩、产品粗糙，不可避免地出现低层次的过度竞争。随着我国短缺经济的结束，市场对外开放程度的不断提高，县域企业不仅面临城市企业的竞争，也面临国外企业的压力。

二、低端价值链形态

甘肃县域经济的特色农业还有一个问题就是它的特色农业链条不完备，产－加－销衔接不紧，农副产品多以直接产品和初级加工产品走向市场，深度开发、加工不够，价格低廉，严重影响了支柱产业的转化增值。①

三、产业的关联性不足

主要表现在两个方面，一是县域内产业与县域外特别是大中城市的产业关联性不足，一是县域内产业的关联性不足。江苏一些发达县市的产业不少是“错位发展”，即与大城市的产业形成互补关系。

四、产业的竞争力不强

我国县域里没有多少国有经济，更没有多少国有大中型企业。有的那几个金融、电信、电力、烟草像样一点的，都是垂直管理，再好和县里面没有关系。拿走这几个国家垄断性行业以外，县里其实没有多少经济。县域经济的主体是农业、乡镇企业和县属国有及集体企业等中小企业，这些企业的发展状况并

---

① 徐英花．县域经济与特色农业．甘肃农业，2004.1

不好。

同时，近来的经济支持的重点大都是在国有经济，县域中小企业可享受的国家优惠政策和直接支持很少，在竞争中经常处于不利的地位。由于得不到多少自身以外发展的资源，相当一部分地区的县域经济没有新的经济增长点。

五、不可持续的产业形态

这方面的表现很多。比如，不顾生态环境盲目发展或引进项目，特别是发达地区转移过来的低效益、夕阳型污染企业；新建项目不考虑对其他产业的影响等等。

甘肃省两当县域内毁林挖金一例:①

根据中央电视台焦点访谈消息，近四五年来，陕西214地质勘探队在甘肃省两当县长江流域水土重点防治区内非法开采金矿，大规模滥伐原始林木，给当地生态环境造成了严重破坏。

据报道，214地质勘探队的这个金矿没有采矿证和采伐证，该矿提炼工艺非常原始，矿渣随意抛弃，污染严重。这样的采矿点多达8处，被毁的原始森林多达数千亩。大片的山林被人为地剥落出来，露出了岩石和泥沙，泥土顺着山水就这样流向了下游，当地山民捕来的一些小河里的野生小鱼，身上长了很多小红斑，这是由于废渣直接推到河里，污染了河水造成的，以前没有，从214来以后才有的，这些水人不敢饮用，但河水经勉县、汉江终究流进长江了。

被破坏的原始森林属于长江流域水土保持重点防治区，所在的位置是甘肃省市南部的秦岭山脉的腹地，是国家投入巨资千方百计要进行保护的。在缺雨少水的西部地区要看到原始森林是相当困难的，这片林地躲过了无数的天灾，今天却没有躲过某些人的贪欲。根据记者的采访，214地质勘探队的这个金矿每年的纯利润也不过10来万元，为了这区区的利润，数千亩的原始森林就被无情的伐掉了。

地质勘探队本应该是勘探矿产资源的，在长江中上游的水土保持区，大肆开采金矿，砍伐森林已经违反了我国的相关法律。

面对非法采矿造成的惊人破坏，当地林场、土地管理局等部门工作人员表

---

① 中央电视台《焦点访谈》. 挖了黑金 毁了森林. 2004－10－12 央视国际（2004年10月12日18：22）

示对此并不知情。

甘肃省陇林实验局云坪林场场长能发现谁家的牲畜贪吃了树叶，却发现不了长达数年的非法采矿伐林，这本来是已经很奇怪了。然而记者找到了两当县县政府反映情况时，更奇怪的事情发生了。县政府上下熟视无睹、漠然处置，让人怀疑这背后到底有什么秘密。希望有关部门多考虑一下国家和子孙后代的利益，切实负起监管的责任。

第三节　县域经济发展对产业形态的影响机理

一、影响流程图示

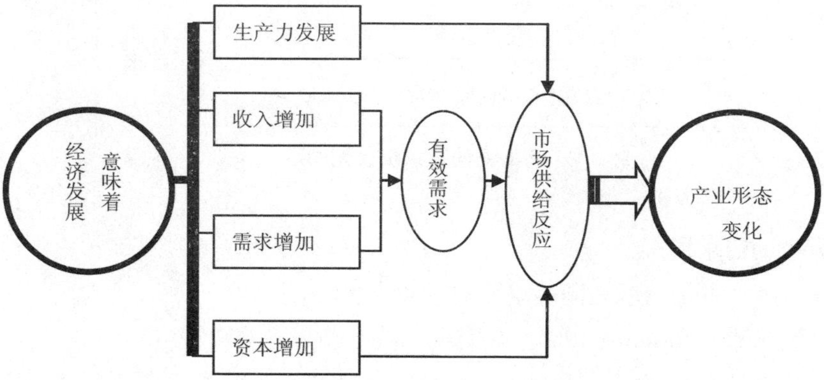

二、源自实践的若干理论分析

(一）需求层次论

随着经济发展水平的提高，人的需求也在不断提高，并呈现出多样化的特征。恩格斯把人的需求分为基本需求、享乐需求、发展需求，马斯洛的需求层次论把人的需求分为生理、安全、归属感、自尊和受尊敬、自我实现五个需求层次。

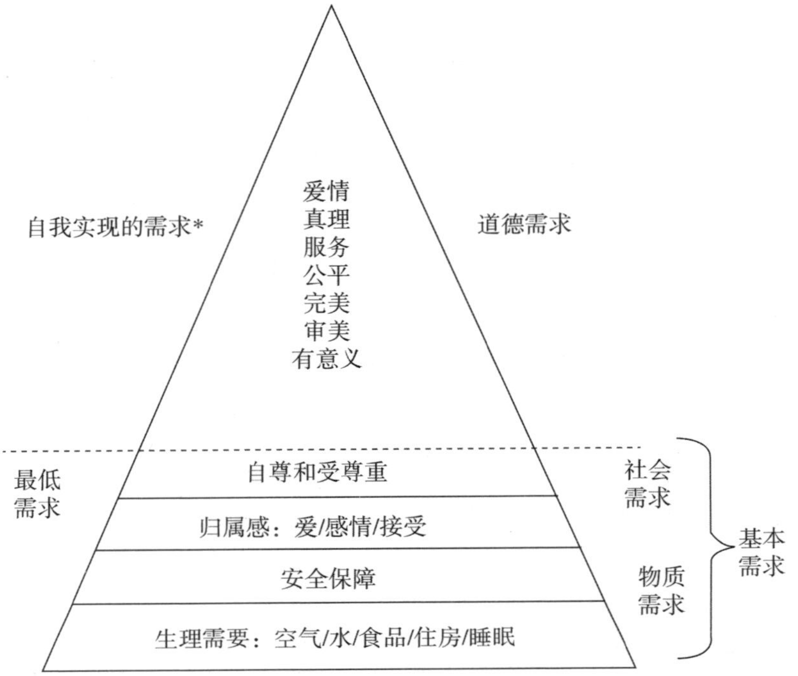

马斯洛的需求层次论图示

人类的需求层次

* 自我实现的需求是同等重要的（非层次的）

资料来源：Maslow，1968。转引自（英）伊恩·莫法特 ①

从现实情况来看，发达地区与欠发达地区的产业形态是有差异的，这突出地表现在一些消费指向的产业上，这是经济发展水平和需求层次差异影响的结果。例如，根据张叶等人的研究，在浙江杭州、宁波等发达地区，人们的消费水平比较高，在满足基本需求以后，有能力消费需求层次更高的产品，如医药、文化乃至电脑、手机等高科技产品。因此，这些区域集中了浙江的教育、文化、科技、制药等产业，而在经济发展水平相对较低的浙西南，有限的消费能力就不能带动这类产业的发展。②

---

① （英）伊恩．莫法特，由宋国君译．可持续发展——原则、分析和政策．经济科学出版社，2002：38.

② 张叶等．浙江产业空间的结构变动．社会科学文献出版社，2003：61.

（二）加速原理

加速原理①是法国经济学家阿夫塔里昂（A. Aftalion）在 1913 年提出的，此后，美国经济学家克拉克（J. M. Clark）在 1917 年和英国经济学家哈罗德在 1936 年又分别有过论述。凯恩斯在《通论》中，只分析了投资的乘数作用，而忽略了收入变化对投资的影响，西方经济学家认为，应当用加速原理来补充乘数理论的不足，才能充分估计乘数的作用，才能解释收入的周期波动。美国经济学家汉森和萨缪尔森提出的“汉森－萨缪尔森模型”，就是将二者结合起来解释资本主义周期波动的一种理论。

加速原理与加速数。

加速原理是根据现代化大生产大量应用固定资产的技术特点，用来说明收入或消费变动与投资变动之间关系的理论。随着收入的增加，带来消费的增加刺激了产品的需求，则势必要求增加投资以适应扩大了的需求，所以，加速原理所研究的投资是引致投资。加速原理的基本观点在于，投资是收入的函数，收入或产量的增加将会引起投资的加速度增加。也就是说投资的增加比收入或消费增加的速度要快。

资本－产量比率是指生产一单位产品所需要的几单位资本 t，即资本与产量之比。为使经济分析简化，一般都设定在相当长时间内这个比率不变。

如果用 K 表示资本量，Y 表示产量，K 表示资本－产量比率，则或 K ＝kY。

加速数也叫加速系数，是指增加代单位产量所需要增加的资本量，即资本增量与产量增量之比。

如果用 v 表示加速数，It 或 ΔK 表示总投资的改变量即本期净投资，Yt 表示本期收入，Yt－1 表示上期收入，ΔY 表示本期比上期收入增加量，其间关系可写成：

$$V=\frac{I_t}{Y_t-Y_{t-1}} \text{或} V=\frac{\Delta K}{\Delta Y}=\frac{It}{\Delta Y},\ I_t=V\ (Y_t-Y_{t-1})$$

这表明投资并不是绝对收入量的函数，而是收入变化的函数。

（1）投资水平决定收入或产量的变化，投资的变动决定于收入或产量的变化的变化，即投资的变动决定于年销售额或产量的变动率，而不决定于年销售量或产量的绝对变化量。虽然年销售量仍增加，但只要增长率下降，也会导致

① 许纯祯等．西方经济学．高等教育出版社，1999：215－217.

投资水平的下降。在刚刚开始时，销售量稍有增长就要引起投资的较大幅度的变化。

（2）投资的变动率大于收入或产量的变动率。表中第三年，销售额增加10%，总投资却增加100%。加速的含义缘于此。

（3）要想保持投资水平不降低，收入或产量必须继续增长。假如，收入或产量的增长率减慢，投资也会大幅度下降。这意味着，即使收入或产量的绝对量并未下降，而只是相对地降低了增长速度，也可能会引起经济衰退。

（4）加速的双重含义，当收入或产量增加时，投资的增长是加速度的；但当收入或产量停止增长或减少时，投资的减少也是加速度的。

（5）收入或产量变动决定投资的变动，必须建立在生产设备及资源都充分利用而没有闲置的前提下。如果社会经济中企业开工不足，设备利用率低，即使收入增长，企业只要动用闲置设备就行了，也不用购置新设备。

加速原理是西方学者对凯恩斯乘数理论的补充，是一个分析工具。乘数说明投资增加引起收入成倍增加，而没注意收入变动反过来对投资变动的加速作用。加速原理在一定程度上反映了现代大生产中固定资本比重较大的技术特点，有一定实际意义。但是，加速原理关于产量变动同投资有严格的固定关系。

（三）恩格尔定律

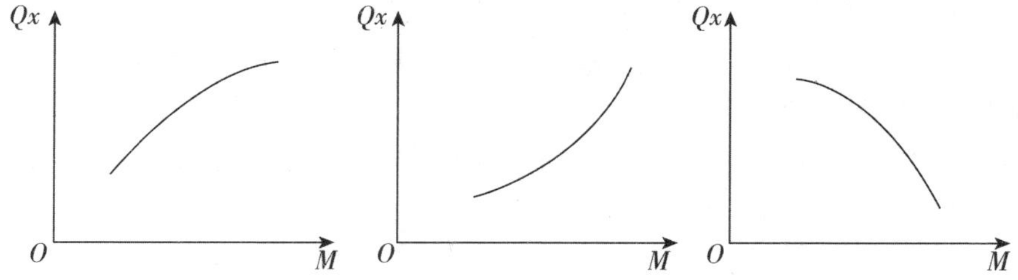

（a）收入弹性<1　（b）收入弹性>1　（c）收入弹性为负

图3－11　恩格尔曲线的三种情况

图（c）反映的是恩格尔曲线的特殊形态，也是著名的分析工具，它主要反映食物消费随收入变化而变化的基本规律。图中的恩格尔曲线自左上方向右下方倾斜，斜率为负，反映的是收入弹性为负的低档消费品的情况。恩格尔根据统计资料的研究发现了一个家庭消费规律，该规律后来称之为“恩格尔定律”（Engel's Law）。恩格尔定律的基本内容是：一个家庭越穷，家庭收入或家庭总支出中用于购买食物的支出一所占的比例就越大；随着家庭收入的增加，食物开支所占的比重会越来越小。[①] 恩格尔定律也可以用恩格尔系数来表示，后者是根据恩格尔定律而得出的比例数，公式表示为：

$$恩格尔系数 = \frac{食物支出}{总支出}$$

恩格尔系数的取值为大于0和小于1，该系数越是接近于1，表示该家庭越穷；越是接近于0，表示该家庭越富。恩格尔定律和恩格尔系数既可以反映一个家庭、地区或国家的生活水平和富裕程度，又可以反映其消费结构变动的趋势，是进行生活水平和消费结构比较研究的一个重要指标。后来一些西方经济学家根据经验统计资料提出，不仅食物支出方面存在着上述递减情况，衣服等生活必要支出也存在着类似的情况。

（四）霍夫曼定理

霍夫曼定理是霍夫曼在1931年提出的，该理论揭示了一个国家或区域的工业化进程中工业结构演变的规律。他运用近20个国家的工业结构变化的时间序列资料，重点分析制造业中消费资料工业和资本资料工业的比例关系，这个比例被称之为“霍夫曼比例”。

霍夫曼比例 = 消费资料工业的净产值/资本资料工业的净产值

所谓“霍夫曼定理”就是在工业化的进程中，霍夫曼比例是不断下降的。霍夫曼把工业化进程分成四个阶段。在工业化进行的第一阶段，消费资料工业的生产在制造业中占主导地位，资本资料工业的生产不发达，这时，霍夫曼比例为5（±1）。在工业化进程的第二阶段，与消费资料工业相比，资本资料工业得到较快的发展，但在规模上资本资料工业仍比消费资料工业小得多，这时，霍夫曼比例为2.5（±1）。在工业化进程的第三阶段，消费资料和资本资料工业的规模达到大体相等的状况，这时，霍夫曼比例是1（±0.5）。在工业化进程的第四阶段，资本资料工业的规模大于消费资料工业的规模。

（五）配第—克拉克规律

不管产业在区域空间中如何分布，对于一个发展着的区域而言，产业向高度化发展是一个总的趋势。这是因为，产业结构的总体变动遵循配第—克拉克规律。

---

① 许纯祯等．西方经济学．高等教育出版社，1999：62.

配第—克拉克规律是科林·克拉克于1940年在威廉·配第关于国民收入与劳动力流动之间关系学说的基础上提出的，它揭示了产业结构变动与经济发展的关系。其基本观点是随着经济发展，人均国民收入水平提高，劳动力首先从第一次产业向第二次产业移动。当人均国民收入水平进一步提高时，劳动力就会向第三次产业移动。这样，劳动力在产业之间的分布状况是，第一次产业减少，第二和第三次产业将增加——这意味着产业形态会向高层次和多样化转移。造成这种变化的原因是在经济发展中各产业之间存在的收入相对差异，劳动力总是倾向于流向高收入的产业。

根据上述观点，可以进一步推导出，一个区域的人均国民收入水平越高，则农业劳动力在全部劳动力中的比重相对越小，而第二和第三次产业的劳动力比重越大。反之，一个区域的人均国民收入水平低，则农业劳动力所占比重相对越大，第二和第三次产业的劳动力比重相对越小。

（六）库茨涅兹法则

库兹涅茨在配第—克拉克定理的基础上，从国民收入和劳动力在产业间的分布方面，对产业结构变化进行了进一步的研究。他把产业类型分成农业部门、工业部门和服务部门。其中，农业部门包括农业、林业、渔业；工业部门包括矿业、制造业、建筑业、电力、煤气、供水、运输、邮电等；服务部门包括商业、银行、保险、不动产业、政府机关、国防及其他服务业。通过对各国国民收入和劳动力在产业间分布结构的变化进行统计分析，他得出以下结论：

第一，随着时间的推移，农业部门的国民收入在整个国民收入中的比重（国民收入的相对比重）和农业劳动力在全部劳动力中的比重（劳动力的相对比重）均处于不断下降之中。

第二，工业部门的国民收入比重大体上是上升的，但是，工业部门劳动力的相对比重，则大体不变或略有上升。

第三，服务部门的劳动力相对比重基本上都是上升的，然而，其国民收入的相对比重却未必与劳动力的相对比重一样同步上升，综合地看，大体不变或略有上升。

库兹涅茨认为产业结构发生变化的动因是各产业部门在经济发展中所出现的相对收入的差异。产业之间的相对国民收入等于其国民收入的相对比重与劳动力的相对比重之比。于是，他进一步指出，第一次产业的相对国民收入在大多数国家都低于1，第二次和第三次产业的相对国民收入大于1。在第二次产业的国民收入相对比重普遍上升的同时，其劳动力的相对比重的变化则因不同国家工业化水平的不同而存在差异，综合起来看变化不大。第三次产业的相对国民收入一般表现为下降趋势。但劳动力的相对比重是上升的。

三、经济现象背后的启示

县域经济发展对县域产业形态产生影响的根源在于随着生产力水平的提高，人们的需求也在不断升级，这些不断增长的需求在资源足以提供的条件下必然导致更多产业形态的出现，这里讲的资源条件在本文中还包括空间资源。从这一事实中我们所得到的启示是，顺应规律，创造第二、第三产业发展的空间和环境。有的县经济发展了，但缺少这些产业的空间载体，县城的孵化能力不强，本应出现更多的第二、第三产业没有出现。

第四节 经济发展对产业形态产生影响的两种可能情况

一、产业继续良性发展

这应该说是社会发展的主流。例如，改革开放二十余年来，我国的经济发展取得了举世瞩目的成就，经济社会生活出现了翻天覆地的变化。农业生产力迅速提高，农村乡镇企业异军突起，工业从无到有，基本上形成了独立的完整体系。第三产业也逐步发展起来。生产的技术水平、管理水平、服务水平等都得到了提高。人们的物质文化生活变得丰富多彩。这些都表明我国的产业在不断沿着良性的道路发展。

二、产业出现不良倾向

这虽然是末流，但也不可忽视。从历史上看，一个社会发展到鼎盛时期后，也可能会逐渐走向衰落，这时不良风气日增，奢侈浪费倾向突现，这些不良现象会表现在产业形态之上，如果发展到极端，社会可能就会面临崩溃直至改朝换代。因此，对于一些不良产业形态和社会风气，政府应该通过税收等途径加以限制，这种税也称为庇古税。庇古税是福利经济学的创始人庇古提出来的，这种税是针对诸如烟草、酿酒、毒品、赌博等对社会产生不良影响的行业征收的，因为庇古认为这些产业的社会边际纯产值要小于私人（行业）边际纯产值，所以应当加以限制。边际私人纯产值和边际社会纯产值是庇古提出的两个概念。边际私人纯产值是指增加一个单位的投资后，投资者收入所增加的值，边际社会纯产值是指投资者所得到的边际私人纯产值之外，再加上因这种生产而使社会其他人可能得到的利益或损失。庇古认为，当边际私人纯产值等于边际社会纯产值以及社会边际纯产值在一切部门都相等时，社会资源达到最佳配置。然而边际私人纯产值与边际社会纯产值会有许多不一致的情况，例如，科技发明带给社会的利益超过科学家本人之所获，这意味着边际社会纯产值大于边际私人纯产值；反之，酿酒对酒商有利，但酿酒对饮者有害，且给社会带来其他损失，这就意味着边际社会纯产值小于边际私人纯产值，对这些产业应予以控制。

庇古的理论触及了社会应该如何选择产业的问题，对我们很有启示。诚然，经济发展以后，一些人（特别的富人）可能会面临不知如何花钱的问题，于是，为迎合这部分人的需要，一些低俗甚至不健康的产业会悄然兴起——这些情况应该引起政府关注，欧美国家在发达以后鼓励文艺体育活动等健康行业的发展是值得我们借鉴的。

例如，温州发展起来以后，农村的资金用途就存在一种值得注意的偏向：大量资金没有用于扩大再生产，也没有用于正常的生活消费，而是用于封建迷信活动。农村商品经济的发展在带来物质文明的同时，并没有自发地伴随不健康的精神消费的消失。因此，在发展商品经济的同时，有领导、有组织地反对封建迷信活动，加强精神文明建设，仍然是一件十分重要的工作。①

① 伍新木主编，方惠明等编．县经济概论．中共中央党校出版社，1988：382.

第四章

产业的空间组织与县域经济发展

第一节　县域产业的一般空间组织形态

非农产业的空间组织形态对县域经济发展影响较大，布局失误有可能会产生许多后遗症，因此，非农产业的空间组织是本章研究的重点。农业的空间形态由于具有自然属性，而且在此前提下变更农作物种类一般不会对土地构成破坏，至于土地上究竟应该种植什么（亦即布局什么），应由所在土地的自然属性和社会需求而定，政府不必也不应加以干预，因此探讨农业的空间形态就本文而言意义不是很大。尽管如此，这里仍需指出的是，农业经营方式的空间组织形态特别是细碎化问题仍值得我们探讨。

一、农业经营方式的一般空间组织形态

（一）分散化

小农耕作的高度分散化是我国农业经营方式在空间组织形态上最突出的特点。这是由我国的国情决定的，在一定时期有其存在的合理性。与美国不同，我国农民众多，农村剩余劳动力极其庞大，短期内无法为城镇所吸纳，他们滞留在为数不多的耕地上，形成上亿个以农户为单位的小规模经营组织。

（二）区域专业化、规模化

区域规模化、生产专业化是我国农业经营方式在空间组织形态上的一个亮点，这就是农业适度规模经营。

农业适度规模经营是生产力发展的产物，目前主要发生在我国经济发达地区，其诱发原因是这些地区在农村经济体制改革中第二、第三产业获得了迅速

的发展，由于农村非农化程度的提高，人们逐渐对耕种土地失去兴趣，出现土地转包、土地耕作粗放甚至撂荒的现象，影响了农业生产的稳定和发展。因而迫切需要对农村土地关系进行重新调整，将零碎分散的耕地集中到种田大户或集体农场手中进行集约化经营，从而推进农业的现代化。

1990 年，邓小平同志论述了关于农业“两个飞跃”的思想，① 为中国农业的未来描绘了宏伟蓝图。其中第二个飞跃就是适应科学种田和生产社会化的需要，发展适度规模经营，发展集体经济。

第一次飞跃的成就是巨大的，但同时也造就了上亿个农户，使人均耕地面积本来就很小的中国农村更显得土地经营规模狭小而分散。这不利于科学种田和现代化要素的高效利用，不利于取得农业经营中的规模经济效应，同时众多分散的农户不易融入社会化大市场，既加大市场风险，也增加了社会化服务的难度和成本。特别是当发达地区的劳动力从收入相对较低的农业生产转到二、三产业之后，土地便出现转包或者粗放经营甚至抛荒等现象，影响了农业的进一步发展。因而适度地把土地集中到种田能手进行集约生产，发展规模经营也就是必然的了。但正如邓小平同志所说，第二次飞跃是一个“很长的过程”，因为农业适度规模经营需要具备成熟的条件。主要是：1. 农村非农产业要较为发达，并吸纳了大部分农村剩余劳动力。在发达地区，60% ~70% 的劳动力转移到二、三产业时，农业适度规模经营的形成条件便基本具备。2. 农业经营规模扩大后所必需的生产要素投入，包括生产资料和较高素质的农民。3. 具有一定的农业社会化服务体系。4. 农民不仅要放弃恋土意识，且要获得一定的社会保障以消除后顾之忧。显然，这些条件不是短期内便产生的。

邓小平同志论第二次飞跃时，还提到发展集体经济。人们的一般理解是，在他的讲话中，集体经济与规模经营应属不同性质的两个概念。首先，农业适度规模经营本质上是生产要素的合理配置问题，它与家庭联产承包责任制并不矛盾。它的经营主体既可以是农户也可以是集体联营。其次，发展集体经济并不意味着重复过去的“归大堆”和“大锅饭”，而是新形式下实现集体经济以促成农民的共同富裕。

分散化的小农耕作目前虽然普遍适应我国的基本国情，并且会长时期存在着，但这不能说是值得倡导的，相反，它是应该努力加以改变的。这是因为，

① 邓小平．邓小平文选：第 3 卷．人民出版社，1993：355.

高度分散化的小农耕作实际上意味着我国的整体生产力水平还不够强大，非农产业还不够充分发展，农村剩余劳动力还未能完全被消化以至于不得不滞留在耕地上，因此，小农耕作只能说是现阶段的一种无奈选择。

高度分散化的小农耕作有诸多不利之处：例如，务农收入低，不利于使用现代耕作技术等。

下面用图示来简要比较两种方式的差别，为便于分析，令 A、B、C、D 和 a、b、c、d 一词多义。假设县域耕地划为 16 块，分别由 16 户耕种，如右图。县域为市场提供 A/a、B/b、C/b、D/d 四种作物，数量分别为 A、B、C、D，其中 A =4a、B =4b、C =4c、D =4d 。

第一种情况，县域耕地由 16 户耕种，为确保假设的作物量供给，每四户会生产同一作物，其中每户产量相同，县域总产量为 4（a + b + c + d） = A + B + C + D，作物的分布如右图。

第二种情况，由于生产力发展，非农就业机会增多，县域已经转移出 15 户劳动力，县域耕地由未转移的一户农民进行专业化集中经营，这时作物的分布如左图。

从左图中可以看出，生产规模化、专业化使作物的分布更加集中——便于集中管理和应用现代技术，农户的收入也大幅度提高。

A	B
C	D

1 户农民耕种时的作物布局

a	b	a	b
c	d	c	d
a	b	a	b
c	d	c	d

16 户农民耕种时的作物布局

实际上，农业生产并不是没有利益，如果农业成果只为少数人所有，这部分人的利益也是大的——这种生产方式就是农业适度规模经营。但条件必须是把农村剩余劳动力转移到二、三产业。例如，改革初期的苍南县 13 个家庭小农场，人均产粮6000多斤，商品率为74.46%。人均收入近千元，户均收入5800多元，高出当地一倍至几倍，改变了农业劳动收入低于工业劳动收入的状况。由此看来，农业扩大经营规模开办小农场的方式是解决农村商品经济发达地区农业萎缩和抛荒问题的途径之一。①

二、非农产业的一般空间组织形态

（一）分散于村庄

改革开放以来，中国农村工业实际上沿着分散化、小规模、数量式的扩张模式发展，“家家点火，村村冒烟”，这个特征在农村工业化初期最为明显。据1992年的调查，在我国2097万家乡镇企业中，有1900多万家分散在自然村里，占92%，7%的企业设在建制镇，只有1%的企业建在县城里。② 尽管农村工业在二十几年的改革中获得了蓬勃发展，但其分散化的空间形态并未因而有多大改变。

以江阴市为例。江阴市位于长江下游、无锡市域北部，距南京、上海两大城市各150km。该市工业经济发达，乡镇企业繁荣，在2003年的经济百强县中居于首位，目前第一、第二、第三产业增加值在国内生产总值中的构成为4.51∶59.37∶36.12，已处于工业化中期阶段。

目前江阴市产业以纺织、机电冶金、轻工业、化学工业为主，工业由于其社区属性而根植于本土本乡，呈现出遍地开花的分散特点。产业空间布局的总体特征是：北部强于南部，外围强于中心；沿江开发形成热点，乡镇工业园区建设遍地开花、密如繁星；小巨人规模化扩张，个别村成为重要的极点；交通线成为工业街，形成了明显的产业密集区与小城镇连绵区。

目前江阴采取“一镇一园”的工业区建设措施虽然使绝对分散的局面有所改变，但工业对村依赖降低的同时，对乡镇的依赖强化，而且，部分“超级村庄”成为突出的产业布局点。“超级村庄”是江阴市发达的村镇工业催生的，以华西村为代表，超级村庄虽不靠近城市和建制镇，但经济实力强大，生活水平高，非农产业发达，公益事业发展迅速，在许多方面与城镇相似甚至优于城镇。

---

① 伍新木主编，方惠明等编．县经济概论．中共中央党校出版社，1988：382.

② 李仁元．乡镇企业发展成效显著，结构与布局调整力度有待加强．中国统计年鉴，1993.

2000年江阴18个农村现代化示范村的主营业务收入全部超过1.5亿元，8个村工业增加值过亿元，其中6个村主营业务收入超过10亿元。华西村主营业务收入达34.9亿元，三房巷村主营业务收入达22亿元。它们既是一个基层社区单元，又是一个强大的公司实体，公司的运作与当地社区网络有机融合，形成典型的新产业区（new industrial district），成为相对独立的空间布局点。

浙江产业群也是我国“离土不离乡”的农村工业化模式之下的产物。尽管大多数产业群以一些专业镇或相邻的专业村为基础，但从这些地域内部来看，同样呈现“村村点火，家家冒烟”的分散布局的特点。①

（二）交通经济带

1. 沿河经济带

在一些河网密集的地区，产业沿河分布形成航道经济带。

2. 马路经济带（一般公路经济带）

这里仅举几例。

福建永春县沿省道三郊线两侧延伸拓展的永春万亩工业园区。

在欠发达地区，这种情况同样存在，比如西藏东南部的昌都地区。该区面积10.86万平方公里，约占西藏自治区的9%，城镇化水平低，1999年共有24个镇，规模小，2000年全地区总人口57.3万人，占全自治区的23%强。由于受地形、交通以及规划欠缺等因素的影响，昌都地区的生产力布局处于自然集聚状态，城镇建设布局分散、功能不完善，规模不经济，建制镇布局基本与公路为主的交通网络适应，与资源分布位置接近，因此，城镇的地域分工基本上是一种与工业布局、资源位置、交通干线之间初级形式的自然组合。现有建制镇已形成4条串珠状分布带的雏形：南部的嘎托—如美—旺达—田妥镇—邦达—白马，中部的莫洛—香堆—烟多—吉塘和孜托—硕督—边坝—草卡，北部的江达—卡诺—俄洛—昌都—桑多—类乌齐—丁青镇—尺牍。②

3. 高速公路经济带

高速公路是引导区域产业布局的一条重要空间轴线，对所过县域的产业布局产生重要影响。

---

① 朱华晟．浙江产业群——产业网络、成长轨迹与发展动力．浙江大学出版社，2003：52.

② 李利锋，郑度．昌都地区城镇发展战略探索．中国藏学，2003.01

例如，全长142.69公里的京津塘高速公路在天津段有100.85公里，所经武清、北辰、东丽、塘沽四个区县是天津的城乡接合部，原以农业为主，高速公路使这里发生了巨变。两年内批准设立的三资企业一千余家，沿线农业产值占国民生产总值的比例从原先的90%左右下降到40%（1993年）。乡镇企业的总产值从1990年的690181.5万元增长到1993年的1618200万元，增长了134.46%，年增长率达18%。京津塘高速公路沿线的出入口周围形成了电子、机电、新材料、生物、新能源等各具特色的9个高新技术产业园区及相应的城镇居民区。

沈大高速公路（沈阳—大连）也形成了一条经济发展轴，沿线所建经济开发区、高新技术开发区等占全省总数的一半。1990年全省共有6个县级市、413个建制镇，其中2个县级市和173个建制镇位于沈大高速公路沿线。到1993年，全省发展到14个县级市、526个建制镇，而高速公路沿线的县级市和建制镇分别达到了7个和227个。

沪嘉高速公路建成后，也大大改善了沿线乡镇的投资环境，从而使沿线土地价值从原先的每平方米仅5元左右增加到30－80美元，吸引了大量投资、发展了经济，产生了新兴的农村集镇，促进了向第二和第三产业转移．而在广深高速公路沿线除了个别地段外几乎已没有空地，城镇和乡村基本上融为一体。

产业沿高速公路布局在国外也是普遍现象。凯文·林奇曾有过这样的描述，多数用户，以前在城市和城镇的中心，现在沿地区的高速公路延伸出去，形成了所谓的“商业带”。这是北美城市的一个典型特点。商业、机构、服务，办公、工业和仓库全部都集中于此。这里的地价便宜，对于土生土长的顾客来说易于使用。商业带来了拥挤的交通和恶劣的环境，这是公共城市中一个常见的特点，它们受到普遍的谴责。①凯文．林奇把这种产业分布称为线形中心。例如，加拿大一条贯穿安大略省和魁北克省的高速公路长1100余公里，在修建这条公路前，安大略省的工业主要分布在多伦多南部。1962年该高速公路建成之后，工业布局逐渐向北延伸，形成了以高速公路为轴线的工业走廊，集中了全加拿大70%以上的工业，包括食品饮料、汽车及其零部件、钢铁、纸浆及造纸、纺织服装、电子、通讯、飞机、造船、木材加工、化工、军工等几十个工业门类，相应地促进了高速公路沿线商业、文化设施的发展和中小城镇的发展，使之成

---

① （美）凯文·林奇，由林庆怡等译．城市形态，华夏出版社，2001：270.

为全加拿大城市化水平最高的地区。该高速公路因此被称为“加拿大的主要街道”。① 在日本，坂神等几条高速公路的14座立交桥投入营运5年后新建工厂9000余家同时使原来的小城镇逐步发展成工业城市。

（三）分布于乡镇、县城

乡镇、县城是县域的中心，一般来说，这里汇集了大量的非农产业。由于非农产业不仅向县城集聚，也向乡镇集中，且县域内乡镇较多，因此，非农产业在空间上依然呈现出分散的特征。

以上海郊区为例，小城镇数量多、规模小、布局散的问题十分严重。在“工业向园区集中”的政策导向下基本形成了“一镇一点”或“一镇多点”的格局，各乡各镇都办工业区，使得乡镇工业布局总体上显得比较分散。②

第二节 优化县域经济发展的产业空间组织

一、产业集聚与县域经济发展

产业集聚现象虽早已有之，但其概念在经济学界中提出还是20世纪90年代的事情。产业集聚（industrial cluster）是产业发展演化过程中的一种地理现象，即某个领域内相互关联（互补、竞争）的企业与机构在一定的地域内集中连片，形成上、中、下游结构完整（从原料供应到销售渠道甚至最终用户），外围支持产业体系健全，具有灵活机动等特性的有机体系，成为区域经济发展的主要动力的现象。③

但现实中的产业集聚现象远比上述概念描述的要复杂得多。本文把产业集聚现象分成一般产业集聚、关联性产业集聚、柔性产业集聚、产业集群、核心竞争力产业集群五类，含义不同，作用依次递进。

（一）一般产业集聚

指各种产业在一定的区域内集中布局，这些产业之间可能相互关联，但更

---

① 赵学彬，肖彬．浅谈高速公路沿线产业布局发展小城镇的作用，小城镇建设．2003.8

② 邹兵．小城镇的制度变迁与政策分析．中国建筑工业出版社，2003：238.

③ 郑勇军等．解读“市场大省”——浙江专业市场现象研究．浙江大学出版社，2002：133.

多的是没有什么联系或联系很少。一般产业集聚现象在县域中最普遍。县域所谓“大而全”“小而全”的产业集聚就是其形态之一。例如，县城或者乡镇中的产业五花八门，有的相互关联，有的没有什么联系，比如，电子元件的加工与精细化工的生产在工艺上各不相同，业务上也没有什么来往，但可能存在于同一区域。又如，我国不少县域中的工业园区缺乏特色，属于归大堆，园内有的企业互不相干。在马路经济带上，一般产业集聚的形态更为明显。

一般产业集聚是最低层次的一种集聚，一般不宜作为主要的布局方式。特别是集聚体内如果产业过多过全，相互没有联系或者联系很少，区域产业就没有特色。尽管如此，与分散布局比较，县域中一般产业集聚仍然有利于经济发展。

首先，它可以避免农村土地被细碎分割，保护我国有限的耕地资源，有利于农业的适度规模经营。

其次，减少污染的扩散。

再次，如果产业门类适度，产业集聚区可以取得范围经济。范围经济（economy of scope）分为内部范围经济与外部范围。如果同一企业内部能够在生产两种或两种以上的产品时引起每种产品的平均成本降低，实现生产中的收益递增，那么，经济学就称此时存在范围经济。比如，在某一服装生产厂，既可以生产衬衫，又可以生产西服，而且这两种产品同时可以获得可观的市场效益。外部范围经济可以看作是某一行业或区域的内部范围经济。大量的专业化企业集中在某一区域，它们通过频繁的交易和交流，有效地传递新的知识和各种市场信息，从而更有利于区域内企业生产与经营多样化的产品，使企业在与其他企业的合作中实现范围经济，这种范围经济对于企业来讲是外部的，所以称外部范围经济。①

最后，共享基础设施等公共产品的外部规模经济。苏联在20世纪60～70年代开发东部和南部区域，采取集中布局原则，确定区域内合理的结构体系成组地布局工业，取得了显著的经济效益。“对新建企业来说，基建投资平均可节约8%～15%；对改建企业来说，可节约3%～5%；用地需要量可减少10%～12%；工业生产职工人数可减少4%～5%；交通运输和工程管线长度可减

---

① 盖文启．创新网络——区域经济发展新思维．北京大学出版社，2002：82.

少5%”①。

在农村工业化过程中，企业分散布局会带来两个问题，一是基础设施投资严重不足，一是基础设施利用率低，浪费较大。这是因为基础设施等公共产品的供给有着很高的规模要求，工业分散使有限的财政难以支撑基础设施建设，即使能够建成，也很浪费。

因此，产业的集聚能顺应基础设施等公共产品的投资需求，不仅大大提高基础设施等公共产品的利用率，也使政府的集中性投资成为可能。

实践证明，产业区实行统一规划，统一开发，统筹安排区内生产、交通、生活和基础设施，可以避免重复建设，浪费土地和资金。② 当然，统一规划建设必须要具备条件，不能开而不发，让开发区晒太阳。

（二）关联性产业集聚——特色产业园

1. 概念

当代最负盛名的经济学家保罗·克鲁格曼把产业集聚现象看成是相似或相关产业在某一特定地区的集中，本文界定的关联性产业集聚就使用克鲁格曼的观点。这里讲的产业集聚有两类，一类是集聚的产业相同或相似，如电子一条街、服装一条街。一类是集聚的产业之间在生产、商务等方面有前向、后向等联系，形成紧密的产业链。一般而言，关联性产业集聚比一般产业集聚更能促进经济的发展。

时下人们所讲的特色产业园（区）一般都有关联性产业集聚的特征。下面是意大利和我国浙江特色产业区。③

意大利	浙江
·比耶拉：毛纺织	·温州市区：皮鞋、服装、眼镜、打火
·普拉托：毛纺织	·义乌：日用小商品
·都灵：自动化设备	·绍兴：轻纺、化纤
·皮亚琴察：自动化设备	·永康：五金
·帕尔马：食品	·海宁：皮革、服装
·蒙特别鲁那：滑雪靴	·余姚：轻工模具

① 姚士谋等．中国城市群．中国科学技术大学出版社，2001：272.

② 陈烈等．南海市社会经济发展研究与规划．广东省地图出版社，1993：213.

③ 王缉慈等．创新的空间 企业集群与区域发展．北京大学出版社，2001：269.

·卡斯泰尔戈弗列多：照明设备	·鄞县：服装 ·奉化：服饰
·卡尔皮：木工机械、针织品	·柳市：低压电器
·摩德那：针织品	·慈溪：鱼钩，长毛绒
·萨斯索罗：瓷砖	·永嘉：纽扣、泵阀，路桥：日用小商品
·卡拉拉：石制品	·嵊州：领带
·阿雷佐：珠宝	·金乡：标牌、包装
·瓦伦扎：珠宝	·大唐：袜业 ·瓯海：阀门
·博罗尼亚：包装机械	·瑞安：汽车和摩托车配件、理发用品
·布赖恩扎：家具	·台州：精细化工、摩托车

2. 作用

克鲁格曼认为产业集聚现象是在开放条件下决定美国产业竞争力的关键因素所在，一旦产业集聚现象形成，就会产生产业竞争力的“自我强化”效应。

（1）促进专业化分工

产业集聚往往伴随着细致的劳动分工并带来分工收益。如以生产徽章闻名的苍南县金乡镇，其铝质徽章的生产就有设计、熔铝、写字、刻模、晒板、打锤、钻孔、镀黄、点漆、制针、打号码、装配以及包装等十几道工序，每道工序都有专门的企业承接，形成发达的专业化分工。

产业集聚通过绝对优势、比较优势、要素禀赋或规模经济促进专业化产业区的形成，同时带动关联性、依附性产业以及基础设施等产业的出现，通过劳动分工，提高生产率，降低了生产成本，提高区域的竞争力。

（2）提供良好的生产和消费环境

产业集聚区形成的产业网络能够提供便利的生产和消费环境，可以降低交易费用，产生外部规模经济，给企业带来额外的网络效益。①

在产业集聚区中，随着同类企业集聚规模的增大，产生了一些分散生产所没有的外部规模经济。外部规模经济这个概念来自外部经济概念，后者是马歇尔在解释规模报酬递增现象时采用的一个概念；它主要是指规模经济的外在正效用。趋利的企业之所以选择集聚环境，主要是为了获取产业集聚的正外部规模经济效应。

① 刘斌．产业集聚竞争优势的经济分析．中国发展出版社，2004：124.

① 劳资合作

产业集聚不仅向社会发出某地产业活动活跃的信息，而且为劳资双方相互搜寻提供了便利的场所，从而降低双方搜寻的成本，这对县域经济的发展是有利的。因为农村非农产业主要集中在资本和技术进入壁垒较低的劳动密集型行业，不仅一般劳动力需求量很大，而且随着竞争压力的加大，各类技术和管理人才也很抢手。在温州柳市镇，1986 年就有从上海、杭州等城市流入的技术人员和退休老工人 500 多名。在柳市镇后市街大桥边自发形成的“人市”，每天平均有 100 ~ 200 人，最多时有 500 多人，拎着提包，背着铺盖，等候受雇。与此同时，随着劳动力市场的生成，有利于进一步减少劳动力市场交易费用的各类中介服务机构也不断发展起来。如柳市镇一农民开办的私人“劳务介绍所”，两个月内就为 1100 多人介绍了工作。被介绍的人除了来自永嘉、瑞安等周边县市以外，有的还来自丽水、安徽、四川等较远的地区。①

② 搜寻市场信息

市场信息对企业发展的重要性是不言而喻的，对比较封闭的农村来说，市场信息更显珍贵。而产业集聚能为企业提供一个低成本甚至免费的市场信息网络。一方面，产业集聚区会引来大量买者，带来大量关于商品供求、成本、价格、技术、质量款式和品种等市场信息，使企业可以在较短的时间内了解市场行情的变动，节省了出外搜寻市场信息的费用。另一方面，由于保密的困难，产业集聚使企业能够分享到其他企业的信息渠道。

信息需求量的巨大也催生各种官方或非官方的信息服务机构的出现。温州柳市镇有的农民定期地收集市场上各种不同规格型号的电器产品样本，拍成照片，编印《产品样本》和《产品价目表》出售；以塑料制品产业为特色的台州市路桥区专门建立了塑料制品信息库，向区内企业提供市场上各种塑料制品新品种的信息。这些信息网络形成的信息流动渠道可以减少供应商和顾客信息交流和搜寻的成本。

③ 资金融通

产业集聚区还推动民间金融市场的壮大。一方面，产业集聚区的发展促进了当地居民收入水平的提高，为直接借款等民间集资提供资金来源；另一方面，

① 郑勇军等．解读“市场大省”——浙江专业市场现象研究．浙江大学出版社，2002：134 - 135.

产业集聚区的分工关系使企业之间形成复杂的债务链。这种债务关系一般每半年或一年结算一次，成为企业融通资金的一个重要来源。

民间金融市场对融资渠道狭窄的农村企业具有重要的意义，是大多数私营企业获取流动资金甚至固定投资用资金的重要途径。如乐清柳市企业所需的流动资金，有近50%是通过民间金融市场借入的。专业化产业区的形成，使企业在资金短缺条件下快速发展成为可能。

④ 学习与创新的环境——知识溢出和近距离竞争

专家研究发现，人的知识包括显性知识和隐性知识，其中大多数隐性知识都是通过非正式交流方式获得的，这部分知识占了一个人知识总量的40%左右。国内外的许多专家通过对专业化产业区的案例研究后发现，建立在血缘、地缘和业缘基础上的产业集聚区内部企业之间的技术、经营管理经验和市场信息等方面的非正式知识交流，以及企业集群所产生的近距离竞争效应，是产业集聚区企业创新的两大重要的动力源。

产业集聚所产生的知识溢出是产业集聚区成为创新空间的重要原因。马歇尔指出，在产业集聚区，“行业的秘密不再成为秘密，而似乎是公开的，孩子们不知不觉地学到了许多秘密，优良的工作受到正确的赏识，机械上以及制造方法和企业的一般组织上的发明和改良之成绩，得到了迅速的研究”①。创新活跃的原因就在于产业集聚区能使人们在开放式环境容易相互学习、交流、模仿。

产业集聚区还能降低企业的研发成本。譬如在一个有100家企业群集的专业化产业区内，如果其中有50家企业每年开发一项新产品，专业化产业区整体将表现出每年50项的产品创新，而平均每个企业为此而承担的产品创新成本仅为1/2项产品开发成本。

⑤ 企业信用

产业网络促进企业之间的相互联系和信任，减少机会主义倾向，降低合约的执行和监督成本，形成良好的市场交易环境。

⑥ 互助协作

产业集聚会促进区域内的互助协作，产生诸如业务中的转包行为、生产工艺的互补协作、企业之间的销售和采购联盟、共同进行研发创新等等，这种协作可以节省企业以市场方式运行的交易费用，还能降低企业之间运输成本。在

① 马歇尔．经济学原理．商务印书馆，1964：281.

产业网络中产生的社会网络是企业衍生、发展的重要支持力量，成为技术网络、交易网络正常运转的土壤。

⑦ 居民的消费

例如，电子一条街、服装一条街等等可以有效促进同行的竞争和服务水平提高，可以使居民容易找到所需要的商品，降低交易费用、方便居民的消费。

（3）区域发展的极乘数效应

产业集聚能产生区域发展的乘数效应。

如前所述，关联性产业形态对经济增长有重大影响，并形成关联性产业的结构乘数效应。显然，这种乘数效应也呈现出距离衰减规律，当关联性产业在某一特定区域集聚形成增长极时，产生乘数效应的速度会加快，强度会增加。这时的乘数效应称为极乘数效应。

（三）柔性产业集聚

柔性产业集聚就是产业形态及其产业空间组织的柔性集聚，它表现为产业形态及其产业空间组织的易变性和灵活性，这是区域产业及其空间组织高级化的表现。它可以克服刚性产业集聚的许多缺点，例如，在刚性产业集聚区，传统的大规模生产企业就存在产品更新不易、厂址搬迁困难的问题，这些问题在柔性产业集聚区就比较容易解决。

柔性产业集聚以灵活生产多品种小数量的中小企业为其集聚体。同刚性生产方式（大批量生产方式）相比，柔性专业化生产方式具有小规模生产、产品更新速度快、网络经济（Economies of Network）、速度经济（Economies of Speed）网络效应（Network Effect）等明显的特征，它可以使企业迅速地降低成本、增加收益和提高聚集效应。这些益处已渐渐成为企业进行区位选择的关键因素。

20 世纪 90 年代以来，柔性专业化生产方式日益受到人们的重视，新的思想也不断出现。例如，产生于 1990 年“企业业务流程再造”（Business Process Re-engineering，简称 BPR）就是一种创新的企业组织思想。

这一思想由美国学者哈默、钱皮在《再造企业——工商管理革命宣言》（1993 年）等书中作了系统阐述，它是一次管理革命，矛头直指亚当·斯密的劳动分工理论，并取分工理论直接起作用的领域——业务流程作为革命的突破口。BPR 的核心思想是以客户为中心，实现业务流程的多样化。它强调以“流程导向”替代原有的“职能导向”，在设计业务流程时，区分不同的客户群体以及不同的场合，设计出不同的流程版本，以实现柔性生产和定制生产，使企业能在动态中适应竞争加剧的多变环境。

（四）产业集群

产业集群是县域中各产业集聚区的空间群体组合。不同的组合方式对县域经济的影响是不一样的，比较理想的集群方式一般应是：集群的中心突出，集群具有范围经济，产业集聚区集群网络相互协调。

1. 集群中心的突显

城市是集群的中心，巴顿在《城市经济学》（*Urban Economics: Theory and Policy*）一书中将城市的产业集聚效益分为十类①：（1）居民和工业的集中扩大本地潜在的市场规模，产生市场经济；（2）大规模的本地市场能减少实际生产费用；（3）在提供某些公共服务事业之前，需要有个人口限度标准；（4）某种工业在地理上的集中有助于促进一些辅助性工业的建立，以满足其进口需要，也为成品推销与运输提供方便；（5）熟练劳动力的汇聚和适于当地发展所需的职业安置制度；（6）有才能的经营家与企业家的聚集起来；（7）大城市的金融与商业机构条件更为优越；（8）城市集中能经常提供范围更广的设施；（9）工商业者更乐于集中，因为他们可以面对面地打交道；（10）地理集中刺激企业改革。

但是在我国，依靠大中城市发挥集群中心的作用是不够的，因为大中城市无论具备多大的优势，也不可能吸纳农村剩余的全部劳动力和人口，不可能吸纳为数众多的乡镇中小企业，因此，推进农村城市化意义深远。

农村城市化首先就是推进县城的城市化，而不是遍地开花，因为县城一般就是县域的集群中心。遍地开花只会使农村城不像城，村不像村，这样的老路不要再走。县城的城市化可以用“以园引城”的方式推进，以园区的建设带动城市发展，即产业园区的设计和布局要依托县城，逐渐展开，避免园区过多而分散。通过产业园区这一载体引导乡镇中小企业向县城或者少数中心镇集聚，同时推动农村人口的集中，有利于扩大集群中心对第三产业的规模需求，促进第三产业的发展——第三产业是前景广阔的产业，第三产业的充分发展并且与第一、第二产业紧密结合，是县域经济繁荣发展的长远目标所在。

县城作为集群中心不仅可以保护耕地免遭分散企业的零碎分割，而且作为

① 陈友华等．城市规划概论．上海科学技术文献出版社，2000：76.

强大的经济增长极，它将具有辐射和带动周边地区发展的作用。

2. 集群的范围经济

范围经济不仅存在于企业或产业集聚区，也存在于区域产业集群。区域产业集群的范围经济主要指区域通过发展适度多样化的产业集聚区而获得的范围经济。适度多样化的产业集聚区是产业形态的多样化在空间集聚上的表现。

比如，浙江的块状经济就是多样化的产业集聚区，它们共同构成浙江的产业集群，形成众多的特色经济集聚体。根据浙江区域特色经济发展研究课题组1998年在全省范围内进行调查后的不完全统计，在浙江省被调查的“各县（市、区）中，产值超过1亿元的特色产业群共有306个，其中10亿~50亿元的有91个，50亿~100亿元的有13个，100亿元以上的有4个。①

区域的主导产业如果过于单一，缺乏多样性，不仅制约区域的发展，从长远来看，也会有隐患。以我国资源型城市为例。新中国成立后我国形成了390多个矿业城市，目前有20%处于成长期，68%处于成熟期，12%处于衰落期。②这些资源型城市普遍存在资源枯竭、包袱沉重、产业及其所有制形式单一的发展矛盾。由于这些地方对单一的资源型产业高度依赖，使整个区域的经济发展受到了重大牵制，区域一旦失去资源依托，就会出现“多米诺骨牌效应”，往往矿富企荣，矿竭城衰。因此我国的资源型城市都面临经济转型这一难题，转型的实质是逐步减少对资源性产业的依赖，培育和发展非资源性产业作为接替产业，实现产业多元化，这是资源型城市保持发展后劲的根本途径。从国际经验来看，不管是德国的鲁尔工业区还是其他地方，制定政策鼓励扶持中小企业的发展是各国成功的做法之一。如英国政府制定了《企业扩张计划》，为中小企业提供资本和技术咨询。在金融政策上增加对中小企业的开业贷款额。在产业衰退地区，小企业每创造一个就业机会，就给予3000英镑的投资补贴。③

山东省枣庄市素以“煤城”著称，直至20世纪90年代中期，采矿业及其初加工业所占工业总产值的比重还在40%以上。近几年，枣庄市围绕再造资源型城市新优势这个主题，走出了一条资源型城市经济可持续发展的新路子，引起了人们的关注。枣庄的做法是：除了依托原有的煤炭和水泥两大支柱产业外，

---

① 浙江区域特色经济发展研究课题组．浙江区域特色经济发展情况调查与建议浙江经济，1998.5（24~27）

② 白青峰，高子发．白银：破解资源型城市经济转型难题．经济日报，2003.11.23（2）

③ 薛小和．资源型城市结构转型的国际经验．经济日报，2003.05.22（2）

也超越资源限制，把利用高新技术和先进适用技术改造提升传统产业作为结构调整的重要手段，在调整中培植新优势，从而改变单一的资源型产业结构。他们把造纸、机械制造、啤酒酿造作为替代产业重点发展，初步发展了生物技术与制药、机电一体化、电子信息等高新技术产业。为了改变所有制形式的单一，枣庄还加快科技型民营经济园区的建设，吸引社会资本创业，市中区工业园区在仅半年时间里，就引进了福田轮胎、高压钢编管、精细橡胶粉等31个工业项目，合同金额4.4亿元。华闻纸业、益康集团、莺歌食品、恒久集团等一批规模型、科技型、外向型骨干企业也迅猛发展起来。①

从县域来看，发展适度多样化的产业集聚区就是营造适度多样化的特色经济集聚体。

3. 相互配合的集群网络

县域的产业集群由多样化的产业集聚区组成，这些多样化的产业集聚区之间需要相互的配合与协调，如果产业集群缺乏某一产业的支撑，应大力发展之。

一般来说，发达县域的产业集群由专业化的关联性工业集聚区（主导产业）、完善的基础设施（辅助产业，如水、电、路网等）以及良好的服务产业特别是专业化市场等等组成。这里主要谈专业市场在产业集群中的配合作用。

我国专业市场起步最早，发达程度最高的地方是浙江。到2001年底，浙江共有各类商品交易市场4278个，每1万人就有一个市场。年成交额4652亿元。市场平均成交额超亿元，其中，超亿元市场有465个，超10亿元市场有78个，超百亿元市场有6个。浙江已连续11年创市场成交额、超亿元市场数、单个市场成交额三项全国第一，被誉为“市场大省”。②

浙江等地的实践表明，专业市场对专业化生产的发展和区际分工的形成产生了至关重要的作用。

首先，专业市场是较之企业自产自销或集贸市场更为经济的交易方式。当供需规模小而分散的时候，企业独立购销是不经济的，在这个过程中获得的信息也是不完整的。而专业市场本身不仅是商品和信息的集聚中心，其外部还有大量的商店和各种商品交易会作为销售网络末梢伸展到城乡各地。因此，对成

① 王昭栋，谢文哲．再造资源型城市发展新优势．经济日报，2001.12.08（1）

② 郑勇军等．解读“市场大省”——浙江专业市场现象研究．浙江大学出版社：2002：1（绪论）．

千上万个小规模企业来说，借助专业市场，企业可以分享专业市场巨大的商品流和信息流，并大大降低企业的交易成本。其次，专业市场促进了产品市场规模的扩大，刺激了生产，从而深化生产的专业化分工，强化产业的空间集聚。再次，专业市场使本地区的特色产品得到更便利的销售，降低了本地企业的交易费用，有助于地区比较优势的充分发挥。最后，专业市场作为一种贸易活动的空间集聚现象，也会产生流通的规模效应，即加入经营的人越多，交易效率就越高，则市场交易也就越兴盛。专业市场与专业化产业区之间相互依存，相互促进，产生“共生共荣”效应。

（五）核心竞争力产业集群

当今世界的经济发展或者国际竞争第一要靠科技，第二要靠区域经济的形成和发展，因此产业布局在我国未来的发展规划中是非常重要的一个问题。①县域经济的崛起就是要通过产业布局来促成县域中的产业集群，特别是具有核心竞争力的产业集群。

核心竞争力的产业集群一般是由县域龙头企业牵引的产业集群。发达县域中的龙头企业一般都有若干个，而不是一个。

河北隆尧县的华龙食品集团有限公司就是一个龙头企业。这个由九位农民创办的股份制民营企业始建于1994年3月，在短短七年内，从一个占地1.15公顷，资产18万元，职工280人的小企业一跃成为集方便面、面粉、饼业、包装、彩印、调味品、运输于一体的现代化企业集团，产销量跃居全国同行业前三位，总资产达30亿元，年处理小麦近百万吨。华龙的崛起，不仅有效解决了隆尧县和周边县市几十万农户的卖粉难问题，还带动了畜牧养殖屠宰、蔬菜种植、造纸、彩印、运输、餐饮服务等相关产业发展。可以说，没有华龙的带动，就没有隆尧县食品加工业的兴起。

山东诸城近年来工业经济的快速发展也主要得益于大项目的带动和支撑。诸城市坚持企业为主体、园区为载体、政府部门为媒体的“三体”招商思路，搞好产业规划和项目引导，引进了一批大项目、好项目。仅2003年以来，全市共引进投资过千万元的大项目120多个，其中过亿元的29个。②

在发展形式上，县域核心竞争力的产业集群战略既强调龙头企业（大型企

① 杨伟民．未来产业布局的战略构想．市场经济研究，2004.3

② 邹庆忠．对搞好县域工业经济的几点思考．理论学刊，2004.1

业）在区域发展中的牵引地位，也非常重视中小企业在区域发展中的作用，甚至认为中小企业相对于大企业更具有地方“根植”性而不易发生区位移植，是区域经济发展的中坚力量。只有立足于中小企业，才更有利于区域产业分工网络的发展，避免区域经济发展中出现产业集聚区的专业化生产和区域经济相脱离的“二元”经济结构。①

企业的大型化和小型化，是当今世界企业发展中两大趋势，小企业特别是以研究开发为核心的创新性小企业数量激增是一个经济区域充满活力的体现，美国过去十余年经济的高速增长，或者说是新经济的发展与5000余家小型高科技企业所起到的关键作用是分不开的，在美国，现在大约有70%以上的技术创新是由小企业实现的。

（六）关于产业的合理集聚

并非任何类型的集聚都会给区域经济带来利益，所以，产业的集聚应讲求合理性。合理的产业集聚包括两个方面：一是集聚的产业之间应能够和谐共处；一是集聚的产业要适度。

例如，把水泥厂布置在旅游风景区，必然造成矛盾。把一些相互没有经济联系，指向又不同的产业硬拼在一起，就会争夺有利区位因素，这些都是不合理的集聚。

又如，集聚过度也会造成集聚不经济。集聚不经济是指当集聚规模超过了一定的限度而发生的聚集经济效益减少，丧失，以及因集聚而带来的外部环境对经济活动的负面影响。无论什么地区，在特定时期及特定经济技术条件下，可能达到的集聚规模总有一定限度，超过了这个限度，就会由集聚经济转化为集聚不经济，导致生产成本上升、利润下降，从而产生分散力。②

即使把经济上、生产上有密切联系的企业布局在一起，若集聚过度也会造成不经济。如：

（1）过度集聚会造成地区间生产力布局不均衡，影响地区间经济的协调发展。在自由市场经济条件下，集聚一旦形成，就会形成集聚累积效应，加剧生产力在地区分布的极化效应，从宏观角度看，这种极化效应是不利于地区整体经济发展。

---

① 陈秀山等．区域经济理论．商务印书馆，2003：304.

② 张金锁．区域经济学．天津大学出版社，1998：50.

（2）过度集聚规模超过地区的承受能力（物力、运力、基础设施能力），会导致经济膨胀病，阻碍地区经济的进一步发展。一个地区经济的承受能力受下列因素的制约：①地区优势的利用界限。地区主导产业是建立在地区优势因素的基础上，而地区的优势因素都有最大的可利用程度，如地区的水利、水电、矿产资源等；②地区不利因素的制约。任何地区都有自己的劣势因素，如运力、劳动力、融资条件等，由于一项或几项短缺因素，都会限制地区产业集聚的规模，而且使地区的优势因素不能充分发挥；③其他限制因素。如城市规模的限制，环境污染的限制等。

在我国一些经济发达区域，城市过分集中，工业企业过分饱和，土地负载量超过常规，往往会出现各种“城市病”。这时，为避免集聚不经济，一些企业会从原来的集聚区向外围移动、流出，出现产业活动的扩散现象，结果是集镇经济和乡村经济因“涓滴效应”而得到发展。①

二、区域协调布局

（一）县域与大中城市等区域的协调

1. 李斯特关于分工与联合的思想

地域分工理论强调一个“分”，由此必然导致企业和区域间的联合。“分”与“合”是相辅相成的。正如李斯特所强调，分工要是没有联合，在生产上能产生的推动作用就很小。没有总体的协同性就不会产生高效率。李斯特关于分工必须与联合结合起来，总体大于各个孤立部分简单加总的思想，对区域分工与联合也是适用的。特别是现代经济已发展为一种非常复杂的实行专业化协作的经济，各个部门、企业、地区之间，都不能没有分工，也不能没有联合。商品经济要求发展横向联合，形成统一的市场和四通八达的经济网络。横向联合，就是各区域、各领域之间的互相开放，彼此之间以各种生产要素互相投入，互相服务、互相依存、协调行动。②

2. 跨域产业的布局与协调

县域产业关联不必人为地限定在本地区之内，市场竞争将促使更多的企业实现跨国和跨地区经营，最终必然是企业之间强强联手、优势互补。因此，县

---

① 朱舜．县域经济学通论．中国行政区域经济研究，人民出版社，2001：24.

② 张金锁．区域经济学．天津大学出版社，1998：213－214.

域产业布局应考虑县域之间、县域与大中城市之间甚至县域与国际社会之间的联合与统筹。

(1) 互补产业的布局

互补产业的布局是指县域产业之间的错位布局与协调发展，例如永康不去刻意提高第三产业的比重，而是把产业重心放在以小五金为主的第二产业上，第三产业方面的需求则主要通过周边县市协调配合。

经济学研究的关键问题是如何对待和解决资源的稀缺性，因此，在互补产业的布局中，以下的策略应该是最高明的（应用这一策略最娴熟的当推日本）：充分发挥本地之人力资源（特别是能用于高技术的生产或商务活动的智力部分），而完全或几乎完全利用外地尤其是国外的自然资源或商品进行产业布局，甚至将资本输出实施产业外移（一种飞地——空间外移形式），这样做的目的是既可获利，又无损本地宝贵的资源，且耗费的人力资源有百益而无一害——耗费越多，人越聪明，人越聪明则越能保护自己。当然，这一策略能实现的前提条件是必须要有自由贸易的环境。

(2) 企业集团模式的布局

县域在产业布局中可以考虑让企业与域外大型企业组成各种形式的企业集团。企业集团是现代企业高度发展的产物，是适应市场经济发展而产生的独特的企业组织形态，它在空间上表现为区域产业之间的协调布局与运作。

企业集团有以下的比较优势：一是深度分工与合作优势。由于企业集团自身资源相对充分，因此在生产制造、技术研发、产品营销、资本筹集、人员调配等诸多方面实现了深度分工与合作，并由此创造了较一般企业更优越的规模经济，从而在其国内市场，乃至全球市场中占据了至关重要的地位；二是综合战略优势。表现为企业多元化经营和分散风险等方面。由于企业集团的业务往往涉及多个产业领域、多个区域甚至多国市场，使得其经营活动的组织过程具有较一般企业更加宽广的调节余地，从而能够比较有效地分散来自某一个地区、某一个市场或者某一项业务的风险，具有较强的市场适应能力。此外，企业集团还有组织扩张与规模经济以及共享无形资产等优势。①

① 席西民等．企业集团发展模式与运行机制比较．机械工业出版社，2003：197.

（3）信息时代的产业网络形态

我们正处在信息化的时代，纵横交错的互联网把各地区的经济联结成一个网络经济体。这个网络经济体具有一种经济性，原因主要是：首先，网络资源是共享的，信息、知识等共同的软性生产要素可以快速地从一种生产过程中转用到另一种生产过程中，所花费用比较低廉甚至不费分文。随着信息化程度的提高，软性生产要素在生产过程中投入的比重增大，在网络中转用的经济性就明显增加。其次，互联网能够使网络经济体降低采购成本，减少库存，降低营销成本，创造新的需求。①

当信息化发展到信息网络化阶段时，众多的市场主体通过信息网络互相联结，建立起一种新型的竞争协同关系，就可以创造出既不同于规模经济，又不同于范围经济的新的经济效应，这就是“联结经济性”。②

对于较为闭塞的县域，互联网将可大幅度改变其信息不足、市场遥远等缺点，为其产业布局添加快速更新的影响因素。互联网的特点决定了网络没有区位差异，因而企业在网上运行，就没有网络上的位置差异，这使得企业特别是高技术企业和信息、网络类企业只要有信息技术条件的支撑，就可大大减弱对区位的依赖程度，并使得企业通过网络虚拟方式进行联合成为可能。

（二）县域内的城乡协调

县域内的城乡协调就是城乡之间的统筹：把城市与农村融为一体，放在一个平台上整体推进。

国务院发展研究中心副主任陈锡文认为我国经济百强县的成功经验之一是：大部分百强县市的经济发展都是“繁荣的城镇 + 富裕的农村”，二元结构不明显，城市居民和农民人均收入保持在1.5：1左右。③

像上海这样城市化程度较高的地区，其郊区目前正呈现“三个集中”的布局趋势，他们积极采取措施，推动农业向规模经营集中，工业向园区集中，农民居住向城镇集中，目的就是培育新的增长极，进一步打破城乡分割的二元结构，引导要素资源向郊区倾斜，形成合理的产业布局，加快工业化、城市化、现代化进程。

---

① 苏重基．现代企业区位选择与布局．西南财经大学出版社，2003：76.

② 陈湛匀．改变世界的网络经济．上海人民出版社，2000：18.

③ 钟宏信．从中国百强县排名看我国县域经济的发展．山东经济战略研究，2004.1－2

第三节　县域产业发展中的空间组织问题

一、普遍分散化

改革开放以来，虽然我国农村经济取得了长足的发展，但产业活动在空间上也普遍呈现过于分散的现象。不仅农业经营分解在千家万户，而且非农产业更是“遍地开花、满天星斗”。所谓“村村点火、户户冒烟”指的就是这种情况。下面主要论述非农产业的分散化所带来的不利影响。

1. 占用耕地过多，土地被细碎分割、利用率低、耕地告急，加剧了人地矛盾，与保护耕地这一基本国策相抵触。例如，江阴产业布局就存在分散、无序、失衡、低效等问题，生态空间与农业空间被工业与城镇空间日益蚕食，区域空间资源的可持续利用问题突出。

2. 企业“小而全”，集聚经济不显著，专业化生产难以形成，不利于劳动地域分工，不利于企业间技术经济协作。例如，浙江分散化的产业空间格局越来越不适应产业群进一步发展的需要，各地产业群普遍存在的问题是组织化水平低，企业间的分工协作度不高。①

3. 县域中心城镇建设和经济发展相对缓慢，中心城镇集聚能力差，城市化滞后于工业化，第三产业发展不足，不利于吸纳农村剩余劳动力，不利于带动周边经济社会发展。据20世纪90年代后期的调查，我国农村工业用地交错配置，比例严重失调。在工业化素质较低的地方，乡镇企业分散布局的不良状况达到：80%在村落，12%在集镇，7%在县以下的建制镇，1%在县以上城镇。②这样的布局不仅使企业享受不到集中带来的利益，也减缓了城市化进程。

4. 增加基础设施费用。根据对上海原川沙县六团乡工业小区的调查，与分散相比，实行集中配置可节省用地5%～10%，节约基础设施建设费用15%。③

5. 环境污染严重、资源消耗过度。一方面，农村工业受条件限制，一般主

① 刘亭．特色工业园区与乡镇企业的“二次创业”．浙江经济，2000.09：4～6

② 胡欣．中国经济地理．立信会计出版社，2001：215－216.

③ 杨万钟．21世纪上海产业布局模型．地理学报，1997.3

要集中在造纸、食品、编织、化工、建材、采矿等污染相对比较严重的行业，在生产工艺、监测技术和废料处理等方面落后的情况下，农村工业的经营又比较粗放，因此带来的污染明显高于城市。另一方面，分布过于分散的农村工业不仅加剧了资源浪费与污染蔓延，也影响了生态投资效益，使污染集中处理难度大，造成污染面扩大，影响了经济社会的可持续发展。20 世纪 90 年代前期在淮河流域就发生了空前严重的污染事件。

6. 农村剩余劳动力离土不离乡，兼业现象普遍。

尽管农村很多地方建立了工业园区，为企业之间、企业及其配套服务机构之间加强联系提供了有利的空间。但工业园区同样存在小、多、散的问题，因而未能从根本上改变我国非农产业分散的状况。

二、马路经济现象突出

（一）农村中普遍存在的马路经济带

马路经济带是我国农村非农产业分布的又一重要特征。经济活动沿马路延伸过长，会产生以下问题：

1. 交通堵塞、有安全隐患。

2. 不利于城镇集聚。

3. 不利于生产基础设施和服务设施的配套建设。

4. 往往因布局分散而占地过多和难以治理“三废”。

经济活动沿路网延伸，在国内外都比较普遍，下面几幅图反映的就是马路经济带现象。

广西东兰县马路经济带 2018 年 7 月　拍照：陈东强

广西宾阳县新桥镇至县城的昆仑大道马路经济带 2018 年 7 月　拍照：陈东强

（二）例证：硅谷与128公路产业带的地理布局差异及其影响

硅谷与128公路地区是美国乃至世界上最主要的两个高技术产业集聚区，以其在硬件、软件和网络开发领域的竞争优势领先全球。硅谷和128公路地区虽然开发相近的技术，但发展模式迥然不同。

硅谷是以地区网络为基础的工业体系。在硅谷，公司不是大而全，而是专业化。他们通过灵活的竞争与合作共同学习，并调整相互的需求，因而不同公司生产的部件能够相容。美国1997年的《商业周刊》曾指出，多元的公司及工作族群，为硅谷创造了远比底特律或128公路更为复杂而多样化的经济组合。硅谷这种开放型的生产方式促进了企业快速的革新。

与此相反，128公路带属于让实验和学习局限在个别企业的工业体系。128公路带的公司大而全，自成体系，是分散的自给自足的组织结构。由于企业内部孤立地改进技术，企业配件互不通用，这种封闭的生产方式妨碍了它的适应性。

专门对硅谷现象进行长期研究的美国加州大学伯克利分校的安纳利·萨克森宁教授指出，从硅谷和128公路带不同的工业体系中可以看到，硅谷模式更为灵活，技术上也更有生气，而“两个区域的地理特性反映并强化了这两种相异的工业体系。”①

128公路地区是指以环绕波士顿市周围的128公路两旁的带状地区，地处美国东海岸马萨诸塞州的一个小角上，长90公里，距市区16公里，包括马萨诸塞州4个县：米德尔塞克斯、塞福克、诺福克和埃塞克斯，气候比较寒冷。而硅谷地区是指沿着美国加利福尼亚州旧金山海湾，北起旧金山附近帕洛阿尔托，南至加州第三大城市圣何塞（San Jose）市，长80公里，宽16公里的整整一个湾区地带，101号高速公路穿越加利福尼亚州四个县：圣克拉拉、圣马特奥、阿拉梅达和圣克鲁斯，这里气候温暖，四季如春。

硅谷的东部是旧金山海岸的一条狭长地带，西部是圣克鲁斯山的丘陵。这种半岛形成的天然界限缩短了公司之间的距离，促进了它们之间频繁的非正式交流，从而保证了该地区的快速发展。而马萨诸塞州的高技术公司则广泛分布于128公路的两侧，并逐步扩散到外围地带和州际公路495号，被森林、湖泊和

① （美）安纳利·萨克森宁．地区优势：硅谷和128公路地区的文化与竞争．上海远东出版社，1999：66.

高速公路分隔开，过于分散，不利于公司之间的交流与合作。

（三）从马路经济到以路引城①

改革开放以来，随着农村第二第三产业的发展及剩余劳动力的转移，农村城市化的步伐不断加快。在这一过程中，往往出现产业沿公路延伸布局的现象，农村小城镇在空间上普遍表现为沿公路无序延伸的带状格局，“马路经济”现象突出。对此应该怎么看？探讨这一问题对农村城镇的可持续发展乃至小康社会的全面建设都具有现实而深远的意义。

作者认为，通过设计“虚拟路网”来“以路引城”，可以改变马路经济带无序蔓延的现象。

1. 相关研究情况和本书的议题

马路经济在我国尤其是农村地区比较普遍。所谓“马路经济”，就是路修到哪里，房子盖到哪里，市场就办到哪里②。更确切地说，是经济活动就延伸到哪里。虽然马路经济现象在我国农村比较普遍，但对马路经济作专题研究的并不多。以《中国学术期刊网》为例，迄今为止，马路经济一词在收录文献全文中出现的文章为183篇，在关键词中出现的文章只有5篇。分析涉及马路经济的文献，可以看到许多文章仅略为提到马路经济现象，且着墨点主要在于描述马路经济现象，对其成因的分析不多；同时已有文献对马路经济普遍持批评态度。如何看待马路经济，如何在农村地区实现二、三产业的良好布局，走好农村地区可持续的城镇化道路，这是本文所关注的焦点。笔者认为，尽管我国农村地区伴随马路经济现象存在一些问题，例如存在脏、乱、挤的情况，有违章建筑、违章经营的问题等等，且不少地方为此也相应地进行了控制，例如江苏省昆山市就规定，工业项目不进园区，搞“马路经济”的坚决不批地③。但马路经济的形成有其客观的背景，它是一个自然的社会经济现象，其存在说明它具有一定的合理性，有某些因素甚至是规律性的因素在起作用，而规律性的东西是可以为我们所利用的。如果马路经济在存在和发展过程中出现弊端，那么可以通过改变其形成因素的作用方式予以解决。为此，文章分析了马路经济的成因，研究个体在既定环境下的经济行为特征，认为在形成马路经济的诸多因

---

① 陈东强．从马路经济到以路引城．城市问题，2004.05

② 姜长云，蓝海涛．当前小城镇发展的状况、问题与对策思路．中国农村经济，2003（1）

③ 张子臣，叶春波．加强土地执法，推动经济发展———江苏昆山市创建土地执法模范市的启示．经济日报，2002（08－09）

素中，路是相当重要的一个方面，并由此提出了以路引城的规划概念，以期通过公共政策（城市规划尤其是虚拟交通规划）与个体行为的有机结合，促进农村城镇的可持续发展。

2. 马路经济是一个自然的经济现象

（1）人们的经济行为趋向于交通便利的地方

自古以来，不管是水运、还是陆路，大凡交通便利的地方一般也都是商贸发达、经济繁荣之处，这是人们从事经济活动时在空间上的一般集聚规律。今天在经济大潮中为人所熟知的一个道理就是“要致富先修路”。因为路通会带来人流，人流集聚则人气旺，人气旺则需求旺，需求旺则商机多。交通便利往往会带来相对的人气旺和商机多的结果。麦克哈格曾描述在其整个童年和青年时期家乡苏格兰的两条道路景观，一条是从他家出发最后到达格拉斯哥的畅通道路，“人们在这里通过造船实现他们的理想并把它看作是种骄傲。沿这条路是无穷尽的连续不断的四至六层的低标准住房，曾经是红色的沙石建筑，现在成了黑色的了。屋顶上冒着燃煤散发的灰绿色的硫磺烟雾。十英里长的街面上布满了小商店和小酒店”①。改革之前，我国农村的某些地区例如20世纪70年代末的浙江农村就自发地形成一些“马路市场”。当时这些市场属于非法黑市，被当作“投机倒把”的场所处置。尽管如此，这些市场非但无法取缔，几年之后反而发展成为具有一定规模的专业市场②。改革开放以后，随着农村经济的发展，马路经济带在各地逐渐兴起，成为农村小城镇空间布局的一个特色。例如，浙江全省965个建制镇中，城镇人口规模在1万人以下的占80%以上，其中城镇人口规模在5000人以下的占53%。外地人到浙江得出的突出印象一是马路经济，二是城镇农村一个样③。这些小城镇在整体上呈现沿国道、省道星罗棋布，首尾相连的空间形态，其工业布局的典型形式是在城镇边缘沿对外交通线形成分散发展、连片蔓延的工业点（片），在这里，“十里工业长廊”的散乱场面比比皆是。如宁波市北部329国道沿线城镇有18座，占北部区城镇总数的42%，平均城镇间距仅3公里。在广东的许多地方也盛行马路经济，如深圳市龙岗区平湖镇，各村建设尤其是工业用地过分集中于交通干线两侧④。在笔者的家乡

① ［美］麦克哈格．设计结合自然．芮经纬，译．北京：中国建筑工业出版社，1992.
② 郑勇军等．解读“市场大省”——浙江专业市场现象研究．浙江大学出版社，2002.
③ 陈前虎．浙江小城镇工业用地形态结构演化研究．城市规划汇刊，2000（6）
④ 徐颂．珠江三角洲城市化进程的内在矛盾分析．城乡建设，2003（3）

广西宾阳的县城至新桥和新宾等镇的马路经济带也已形成。以上的这些经济活动在空间布局上的重要特征就是沿路发展，这说明路在产业布局中会起到一种引导作用，对人们的经济行为具有很强的吸引力。

（2）农村体制改革的大背景促成了马路经济的形成和发展

1978 年以来，我国农村经济经历了几次大的变革。首先是推行和普及家庭联产承包责任制，这一改革赋予了农民生产经营自主权，大大提高了农民的积极性，其直接结果是带来了农业生产率的高速增长和农产品供给情况的全面好转，提高了农民的收入，推动了国民经济的增长。1978 - 1984 年粮食年产从 3 亿吨上升到 4 亿多吨；棉花从 217 万吨上升到 626 万吨；油料从 522 万吨上升到 1191 万吨。农民收入的实际年增长率达到 15.1%，成为历史上农民收入增长最快的时期。1983 年开始，我国农村展开了第二次大变革。农民获许从事第二、第三产业，这为农民进入非农产业寻求新的获利机会提供了更多的经济自由和更大的行为空间，在农业比较利益低、农业边际收入递减和农业劳动力严重过剩的压力下，农民积极进入二、三产业，从而促使农村经济结构发生了巨大的变化。1984 年，中共中央下发了关于开创社队企业新局面的通知，社队企业正式更名为乡镇企业。以此为契机，乡镇企业多轮驱动，多业并举，进入快速增长的时期。在农村经济活跃的情况下，农村二、三产业是如何布局的，又如何影响小城镇的形态呢？从政府角度看，由于存在体制下的利益机制和政府管理职能不尽完善的问题，在小城镇政府财力不足和财力功能不完备的前提下，政府以收费和预算外财政作为弥补财政不足的主要手段。为得到预算外收入，并免缴上级财政，政府按照短期收益把级差地租较高的土地向外出租，忽视了长期的建设规划，这就是沿海经济发达地区“马路城市”（马路经济）形成的体制原因①。从农民角度看，我国农村土地虽然属于农村集体所有，但包产到户的土地经营方式使许多农民实际上视土地为己有，因而农民往往将其个体、私营经济的落脚点选在马路旁边那些被认为是自家田地的土地上，不管是良田还是沃土，从而使得无组织的自发性建设较普遍，出现“遍地开花”尤其是沿马路蔓延的发展形态，逐渐形成马路经济。

（3）引导性城镇规划的缺乏使马路经济得以自然发展

一种看法是，由于城镇缺乏规划和控制，使农村的土地利用出现了无序和

① 关锐捷．中国农村改革二十年．河北科学技术出版社，1998.

混乱，导致了马路经济的形成。这个看法有一定道理，但不够周密。准确地说，是由于规划滞后或缺乏引导性的城镇规划和控制，使马路经济得以自然形成。确实，目前在许多地方，小城镇建设中出现的“马路经济”多因小城镇建设无规划或规划缺乏长远考虑、不与社会经济发展相协调所致。这种状况在全国各地的农村均可看到，这也是中国城市化进程中存在的主要问题之一。但有了城镇规划，不等于就没有马路经济。这是因为，有不少城镇规划的方案就是沿马路发展的。例如，改革开放以来，受市场经济的冲击，宁夏的一些小城镇就提出了发展“马路经济”的设想，在规划布局上大多沿袭旧习惯沿公路发展，出现了一条马路越拉越长，相同小楼比邻而建的现象。在笔者的家乡，地方政府所规划的开发区也都选在县城至新桥和新宾等镇的马路边上。在笔者曾参加过的一个研究项目———汕头市潮南区（实际上仍是农村地区）可持续发展总体战略研究暨总体规划中，尽管我们提出了加强集聚、突显中心的战略构想，但实际的规划方案依然是在既定的交通干线例如 324 国道上做文章。规划方案所提出的一条经济发展轴线就是沿 324 国道建设陈店、司马浦、两英、峡山、胪岗等镇级工业区，形成工业产业带，做大做强现有的纺织服装、精细化工、丝花和文化用品等产业———这些方案仍然没有离开马路经济带的格局。显然，不管是农民个体还是规划部门或者政府，他们在布局二、三产业时，眼光主要是放在既定的交通干线上。这说明，路在二、三产业的布局中确实起到相当重要的引导作用。然而遗憾的是，在一个具体的区域当中，往往只有较为单一的交通干线而缺乏一种具有规划标准的网络型交通系统或更多的交叉路口，这种情况在农村的许多地方我们都可以观察到。这也正是农村普遍存在马路经济现象的重要原因。因为在这种单一的交通背景下，人们尤其是农民的经济活动在选择落脚点时是很受区位条件局限的：偏离交通干线就意味着经济收益降低。例如，马路经济带上与马路垂直的方向很少有岔道，房屋密密麻麻连贯沿马路建设，即使有一些岔道，也大都是自发形成的，宽窄不一、长短不等、左拐右弯甚至环境恶劣，这种岔道在经济的区位优势上显然无法与马路干线相比，从而导致人们的经济活动自然地沿马路延伸方向发展。这在某种程度上也说明，我们的城镇规划还没有很好地设计网络型交通系统或更多的与马路垂直的交叉路来引导二、三产业的布局，从而改变带状的马路经济发展格局。假定马路经济确实像人们所认为的那样存在某些问题，如用地不集约，集聚效益低下，土地资源浪费，影响交通，城镇布局分散且功能组织混乱，加大城镇基础设施建设的难度，加大环境治理的困难，影响城镇环境的整体外观以及越来越不适应世界经济一体化及区域发展集团化趋势等等，从上文的分析可以看出，使马路经济得以形成并出现诸多问题的原因，就是规划滞后或缺乏引导性的城镇规划（尤其是交通规划）和控制。

3. 从马路经济到以路引城

作为农村客观存在的现象，马路经济是在既定的环境下形成的，其产生有必然的一面，不仅需要分析其存在的问题，更应深入探索其规律。在马路经济形成的过程中，路起到了相当重要的作用。不言而喻，路是人造出来的，通常有路就会有人，路人增多了就可能产生各种需求并出现交易现象（除非人为加以限制），交易现象增多了往往也就渐渐形成市镇。而市镇的形态如何，关键因素就在于区域最初存在什么道路结构。这一规律在马路经济的形成中表现得很明显。要改变马路经济的形态，使人居环境、产业布局聚散适宜，各得其所，入手处就在于以路引城：预先设计好路的形态，以路的结构来培植城镇，充分发挥路网在城镇空间布局中的引导作用，并且在城镇形成和发展中始终强化路网优先的设计理念。从这个角度而言，路的设计是相当重要的，且具有前瞻性和多目的性。麦克哈格在 20 世纪 60 年代就曾指出，公路的路线应当作为一项多目标而不是单一目标的设施来考虑，两点之间距离最短的路线不是最好的，在便宜土地上距离最短的路线也不是最好的，最好的路线应是社会效益最大而社会损失最小的路线。他强调公路在创造新价值中的作用，认为公路在适当的地点创造新的经济价值，同时又能提供满意的景观是可能的，例如临近交叉口的土地利用建设密度会更高和更具有生产价值。他指出，州际公路应产生新的生产用地，保护和增强现有的土地利用，促进城市更新、大城市地区与区域的发展以及工业、商业、居住、娱乐、公共健康、环境保护与美化等一系列公共目标和私人目标的实现①。本文提出用以引导和培植城镇的路网结构，指的是依托原来的城镇或单线公路向外网络型扩展以引导经济活动和住宅建设的布局形态，并不需立刻或同时构建，其主要目的也不在于连接两个遥远的地方。同时，这些路网只是设计意图，换言之，是虚拟的路网规划。这些设计意图中的道路只要宽窄适宜、整齐划一、有利于集聚就可，一般不必列出具体的建设时间——这样的考虑主要在于节约建设成本和避免可能的浪费。但在实际操作中，

---

① ［美］麦克哈格．设计结合自然．芮经纬，译．北京：中国建筑工业出版社，1992.

这些预先规划的“虚拟”路网将起到引导和规范作用，即任何建筑和经济活动都不应占去这些“虚拟”规划的路网。随着时间的推移和社会经济的发展，可以预测，这些路网和叉道口会在条件成熟时具有与马路主干线相抗衡的经济区位优势而成为马路带上的“断裂点”，根据康维斯的“裂点理论”，这些“断裂点”会逐渐吸引各种经济活动，从而产生经济要素的集聚，并进而发展成为市镇，达到以路引城的目的。

总之，县域产业活动沿公路蔓延是县域空间无序使用的突出现象，应促使它走向集约发展的模式。①

三、区域之间缺乏协调布局

（一）产业空间组织宏观失衡

改革开放以后，我国产业布局从过去的平衡发展模式转向倾斜发展模式，取得了举世瞩目的成就，但同时也强化了中国区域经济发展的不平衡格局。例如，经济总量空间分布不平衡加剧。从1980年到1991年，东部地区社会总产值占全国的比重由52.9%上升到58.5%，而中部地区却由31.4%下降到26.6%，西部地区由15.7%下降到14.0%。在“七五”时期，东部地区工业总产值占全国的比重由60.3%增加到62.7%，而中部地区却由26.9%下降到25.4%，西部地区由12.8%下降到11.9%。②

（二）区域之间分工不明、缺乏特色

县域产业形态甚至空间组织形式的比较雷同，这种雷同使区域产业之间的分工不明，普遍缺乏“地方特色”。所谓“地方特色”，狭义地来说，就是“一个地方的场所感”。地方特色就是使人能区别地方与地方的差异，能唤起对一个地方的记忆，这个地方可以是生动的、独特的，至少是有特别之处、有自己特点的。③ 一个地方没有特色，就很难产生区域品牌和引人入胜的区域形象。

（三）区域经济的关联度低

首先，城乡之间的经济关联度低。我国二元经济结构比较显著，非农产业分布不平衡：大中城市比较集中，广大农村地区发展不足，城市工业与农村经

① 张京祥，崔功豪．新时期县域规划的规划理念．城市规划，2000.09

② 刘再兴等．中国生产力总体布局研究．中国物价出版社，1995：55－56.

③ （美）凯文．林奇．城市形态．林庆怡等，译．华夏出版社，2001：93.

济相关因素少。

例如，在我国的西部地区，比较而言，资金密集型的大中型企业数量多，而适应较低生产力发展水平的中小型企业和乡镇企业少，在大型工业企业多集中在大中城市和交通线附近的同时，广大农村及小城镇工业欠发达。由于没有建立起布局合理的工业分工体系，城市辐射能力差，与周围地区的经济关联度、融通度低，工业的专业化协作水平不足。①

其次，县域之间的经济关联度不够。

最后，国家大中型工程项目的“飞地式”布局与当地经济缺乏关联。

例如，“三线”地区的建设项目就属于“飞地式”或“嵌入式”产业布局。由于尖端项目当时有国防方面的考虑，因此，布局在“三线”地区的企业普遍“靠山、分散、隐蔽、进洞”，缺乏与外部沟通的条件和与之相协调的周边发展环境，所嵌入地区并存着先进与落后两种生产方式。同时，许多项目往往是将东部沿海地区的整个企业连同人员和设备一起“植入”西部地区（主要是民族地区），形成了生产力布局的“蛙跳”现象。许多建设项目都由外来队伍开发建设，当地少数民族由于种种原因没有参与，为本地提供的就业少。例如，青海在“三线”建设时期迁入职工 5 万人，包括家属约 12 万人；宁夏同时期迁入 29 个大中型工矿企业，共迁入职工 19715 人；贵州同时期随迁职工约 10 万人，等等。

因此，尽管“三线”地区的企业有比较先进的设备和水平较高的科技人员，但与地方经济基本没有联系，新技术、需求和价值观念等难以扩散到周围地区，以至于出现建设不配套、生产成本高、外部生产协作条件差等许多问题，不仅产业单调，产品链短，产业间出现技术脱节和断层，而且企业缺乏应有的吸引和扩散功能，生产能力难以充分发挥。1975 年，“三线”地区工业固定资产原值占全国工业固定资产原值的 35%，而工业产值在全国工业总产值中仅占 25%。西南地区的机械工业，每个职工平均拥有的固定资产在全国居第一位，而按每万元固定资产计算的产值和劳动生产率在全国却是倒数第一位。②

这样一来，不仅企业的职工队伍不稳，而且当地群众享受不到益处，有时还会产生抵触情绪，不利于经济发展。

---

① 周兴维．战略重心的西移．民族出版社，2001：88－89.

② 汪海波．中华人民共和国工业经济史（1949.10—1998）．山西经济出版社，1998.

（四）布局顾此失彼、缺乏磨合

产业布局缺乏系统思维和高瞻远瞩的目光，将会带来巨大的损失。山西昔阳县过去搞的“西水东调”工程就是一个典型例子，引起了全国的普遍注意。

西水东调工程从 1975 年动工，1980 年 4 月停建。工程的“西水”，就是从昔阳县境西边，把西向流入黄河水系的潇河水，通过一系列工程措施，在昔阳与寿阳交界处，“东调”向海河水系。这样，可流经昔阳的五个公社，发展七万四千二百亩水地，改善一万五千八百亩灌溉面积，共计九万亩耕地。

该工程有几个特点：

一是资源利用极不合理，顾此失彼。原来潇河下游的榆次、清徐、太原市南郊、太谷等县、市，早就自流灌溉着三十三万亩耕地，都有完整现成的干、支、斗、农、毛渠系配套设施，防旱用水尚感不足。昔阳基本上属于海河水系，境内有松溪河等水流穿插纵横数百里，本流域的水并未充分利用，却不统筹照顾上下游对水源利用的历史和现实，又从西面截调潇河水。昔阳有郭庄、杨家坡、水峪、南郝峪和秦山五个中、小型县办水库，多年来由于工程不配套，有的设计施工有问题，修成就是病库，收益微小。对现有工程弃置不顾，又搞西水东调，这样，就昔阳来说虽然兴了水利，但下游却遭到损失。① 在昔阳粮食增产的同时，被抢走水的县里却出现粮食幅度减产。从整个山西省来看一增一减，相互抵消，等于白花了巨额投资，劳而无获，劳民伤财。②

二是规模庞大，施工艰难。工程需建一座容量近六千万立方米的龙门口（枢纽）水库，八十多里长的干渠，中间再修建一座关山（旁引）水库，开凿 33 华里长的沾岭山引水隧洞（是当时铁路、公路和水道隧洞中最长者），全程用石料水泥浆砌。干渠全部要盘山开挖，穿山越沟，还有大量隧洞、渡槽、倒虹工程。从动工起，投入的人力先后有本县各社队的民工、阳泉矿务局煤矿工人、工程兵一个支队指战员、省水利建设工程局的工人，以及全县机关厂矿企事业的干部、工人和教师，共计一万多人，每日平均约有五千人。到 1979 年年底，四、五年时间内，投工数已近 500 万个，而完成工程量却只有 38. 3% 。

三是浪费巨大，劳民伤财。根据设计，工程共需投资 9200 多万元，按新增和改善灌溉面积全部平均计算，每亩成本高达一千多元，这个数字还不包括配

---

① 陈思，张进兴．昔阳“西水东调”工程缓建．人民日报，1980. 06. 15. 01

② 林德金．实用省市地县现代规划理论政策方法模型案例．光明日报出版社，1988：3.

套工程。主体工程投工成本大部还没计算在内。而在山西省，建设一亩水浇地的平均成本，过去是93元，“文化大革命”期间，每亩也只有200多元。工程停建后结算，花费的投资5100万。如果将5100万元用于解决群众生活或发展生产事业，可以基本解决100多万群众缺水吃的问题；可以使山西省现有80多个老灌渠配套，增加灌溉105万亩耕地的效益；可以改造晋北和晋中一带平原上300万亩盐碱易涝地，以改造后每亩增产粮食300斤计算，可增产9亿斤，比“西水东调”工程计划增产的粮食目标多30多倍。昔阳人民既出工，又贴粮，既流汗，又流血（在施工中，共死残195人）。到头来，只是千百万人的一场无效劳动而已。①

第四节　县域经济发展影响产业空间组织的客观必然性

经济发展与产业布局是相互联系但又不同质的实体，可以形成相互作用的关系。产业布局是经济发展的基础，经济发展也影响着产业布局，产业空间组织受经济发展水平制约，必须与经济发展的要求相适应。

就产业空间组织而言，产业空间组织一旦形成，便具有稳定性，在较长时期内产业的方位是基本保持不变的（特别是非农产业），因为任何变动都会花费成本，并可能带来其他损失。但即使产业空间组织不变，经济仍然会继续发展，这是因为经济发展不仅以产业空间组织衡量，更以产业形态、GDP、价值、物品、服务、社会关系等指标衡量。因此，与经济发展速度相比，产业空间组织明显具有滞后性。② 比如一个居民点建立起来后再要搬迁，困难是很多的，不能设想，一夜之间产业空间组织会发生巨大的改变。

但产业空间组织毕竟是人为的行动，当人们的意识发生变化，当人们的能力获得提高（这正是经济发展的必然结果），那么，产业空间组织就可能改变——尽管这是一个较长的过程。因此，经济发展影响产业空间组织具有必然性，这种必然性体现在以下几个方面。

---

① 许仲英．山西省委和“西水东调”工程．人民日报，1980.10.24.02

② 魏清泉．区域规划原理和方法．中山大学出版社，1994：155.

一、生产力的发展

经济发展意味着生产力发展水平的提高，经济体具有了足够的财力、物力、人力，从而有能力跨越时空转移产业和改变产业形态。这时，如果当地政策改变或者其他原因，经济体就会采取相应的行动改变产业的空间格局——新的布局形态又会出现，并持续稳定一段时期。

产业的空间运动受着经济发展阶段或发展水平的重要影响。在工业化早期阶段，制造业活动以在城市集聚为主，而在工业化的中后期阶段或后工业化时期，制造业活动的地方化就变得更加重要。就经济发展某一阶段而言，欠发达地区比发达地区具有更强烈的城市化经济效应，而前者比后者具有更弱的地方化经济效应。①

二、经济利益的驱动

司马迁在《史记》中曾这样描述，“天下熙熙，皆为利来；天下攘攘，皆为利往”。② 上自千乘之王，下自编户之民莫不如此。

西方主流经济学理论从根本上说也是建立在以下两个观察结果之上的：明显可以带来收益的机会，绝不会无人利用；事物是相互联系的（things add up）。或者如克鲁格曼有时说的那样，20 美金的钞票不会长时间躺在光天化日之下，一次销售也是一次购买。③ 一般人都具有的这种获取经济利益的倾向在西方经济学称为经济人倾向。

因此，当一个区域的经济发展起来后，由区域产业集聚形成的外部经济与外部不经济这两种力量会影响经济人的行为，从而引导产业的空间运动。

三、社会意识的作用

（一）公众意识

经济发展后，人们的观念将发生变化。例如，对生活质量和社会环境的要求提高，公众的这些意愿会影响产业在空间上的重新组合。从发达地区先污染

---

① 朱英明．产业集聚论．经济科学出版社，2003：70.

② （汉）司马迁．史记 卷一百二十九 货殖列传．中国友谊出版公司，1994：615.

③ （美）保罗．克鲁格曼．发展、地理学与经济理论．蔡荣，译．北京大学出版社中国人民大学出版社，2000：79.

后治理、富裕起来后把污染企业往外搬迁中可以看到这一点。

（二）经济主体的视野和行为

经济发展后，经济往来和人们的交往频繁，从而使信息流动速度加快，各种信息量增加。信息会影响经济主体的行为，使其做出不同的区位选择，从而促使产业空间组织发生变化。

20 世纪 60 年代后期，美国数量地理学者普赖德（A. pred）详细研究了行为因素对工业企业区位的影响，他发展了史密斯（D. M. Smith）的空间成本曲线和赢利边际理论，认为许多工厂企业并非建立在最优区位，这主要是行为因素决定的，他发现企业区位取向与企业掌握的信息量以及运用信息的能力密切相关，从而创立了著名的行为矩阵。①

下图是普赖德创立了行为矩阵模型：

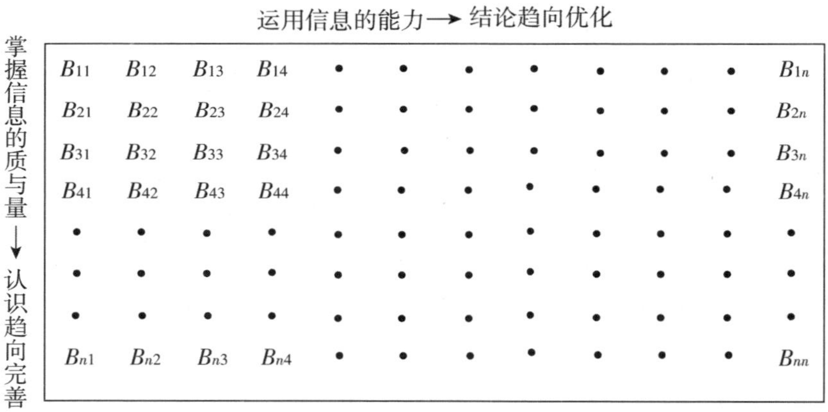

矩阵的纵轴代表信息的数量与质量，横轴代表运用信息的能力。不同决策者的决策结果处于矩阵中的不同位置，愈接近右下角表明决策者拥有的信息数量愈多，信息质量愈高，运用信息的能力愈强，决策结果愈有接近最佳区位的可能性；反之亦然。

普赖德还讨论了行为矩阵与工业区位选择的关系（如下图）：

图中表示 13 个企业在三个获利边界区的选点。如果以利润区的半径绕最佳点旋转，即 Ma 或 Mb 绕 Ol、Mc 或 Md 绕 O2、Me 或 Mf 绕 O3 分别旋转，就形成

① 杨吾扬．区位论原理．甘肃人民出版社，1989：31.

三个直径不同的圆形获利边界区。但是，由于受交通运输条件、人口分布以及其他环境条件的影响，获利边界区将发生变形。如果再把 13 个企业与最能说明企业所掌握的信息情况和运用信息能力的行为矩阵连接起来，那么图中 13 个企业没有一个企业布局在最佳区位点上，而且其中 3 个企业还在获利边界区之外。从图中可看出，掌握信息数量多、质量高，运用信息能力强的企业在矩阵方格的右下角，如 Ol 区内的 2 个企业。而掌握信息数量少、质量低，运用信息能力差的企业则在行为矩阵的左上角，如 O2 区在获利边界区之外的 3 个企业。

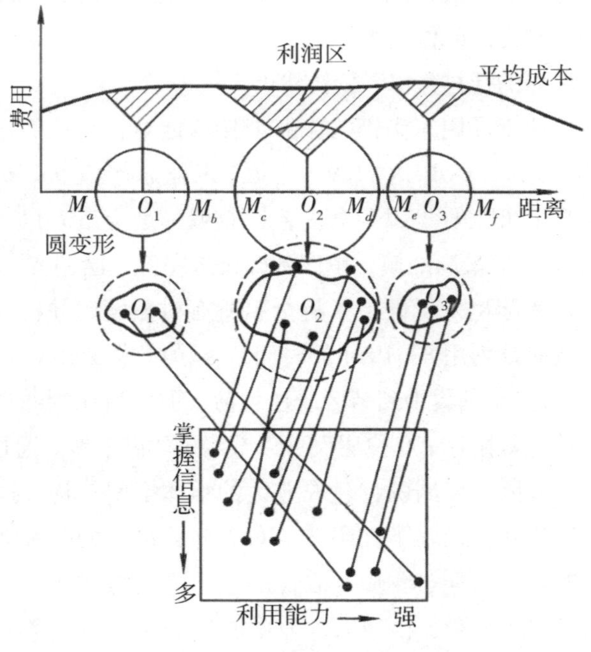

行为矩阵与工业区位选择

普赖德认为，行为矩阵不是一成不变的，随着时间的推移，决策者掌握和运用信息的能力有所提高，这样就会出现新的行为矩阵。同时，企业所在的环境也会变化并制约着信息的有效性和可用性，使个人运用信息的能力受到影响。因此，决策者只有在理想状态或者偶然情况下，才能选择到最佳区位点。①

① 王恩涌等．人文地理学．高等教育出版社，2000：282－283.

第五节 影响的途径和方式

在影响产业空间组织的诸多因素中，也包含了经济发展对产业空间组织的影响途径和方式。简要地说，这些途径和方式主要有：市场主体的经济利益驱动、区域历史和制度结构的惯性、社会文化意识和个体的行为倾向，国家的立法和制度变迁、政府的发展设想和规划行为、自然规律的反作用、发达区域与欠发达区域及其相互之间的作用等等。

例：经济发展后的迁村并田、依镇建市

江阴市新桥镇位于江阴东南部与张家港接壤之处，全镇面积 20 平方公里，2000 年人口 2.28 万人，GDP 达 11.91 亿元，工业总产值 56.96 亿元，拥有阳光、三毛两个大型上市企业集团和众多乡镇企业，是全市人口与面积最小、人均 GDP 和人均工业产值最高的镇，镇区基础设施完善，已拥有一家四星级酒店。新桥镇政府从该镇实际出发，做出了将全镇所有村撤销、并村入镇的决策，并已经逐步实施。政府计划用 8—10 年的时间，在镇区建设 150 万平方米的住房，将全镇 6000 多户人口全部集中到镇区居住生活，旧的村庄则通过土地整理进行现代农业开发。估计每搬迁 100 户居民可以节约 300 亩土地。通过集中，全镇形成集镇建设区、工业园区、周围特色农业区的整体空间结构。这种在镇一级区域高度集中的发展模式，代表了江阴产业布局与城市化的一种新的模式，具有一定的典型性与时代性。通过集中，农民的生产生活方式将发生重大变化，小城镇的功能也必然发生变化，由原来农业中心地的集散与服务中心变为具有现代化城市功能的“农村都市”，实现真正的农村城市化。不过必须指出的是，新桥模式虽然具有典型性与先导性，但在江阴并不具有普遍性。其他镇有的面积较大，高度集中矛盾复杂，有的镇面积小但同时经济实力弱，贸然实施高度集中会背上沉重的经济与社会包袱。因此，在江阴的空间布局模式中，相对集中应该是最主要的方式。①

---

① 王兴平．乡镇企业主导的区域产业空间研究——以江苏省江阴市为例．经济地理，2003. 05

第六节　经济发展影响下的产业空间组织变动

按照弗里德曼的核心－边缘理论，区域经济增长的同时，必然伴随产业的空间运动，这种运动在工业化的不同阶段呈现出不同的特征，与此相应，产业空间组织形态基本上可以分为四种：离散形、集聚形、扩散形、均衡形，如图：①

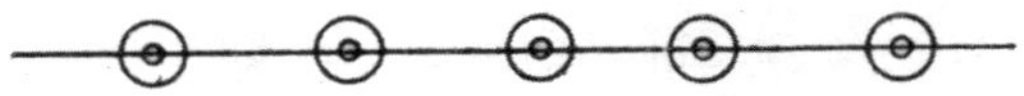

工业化前阶段

工业化初期阶段

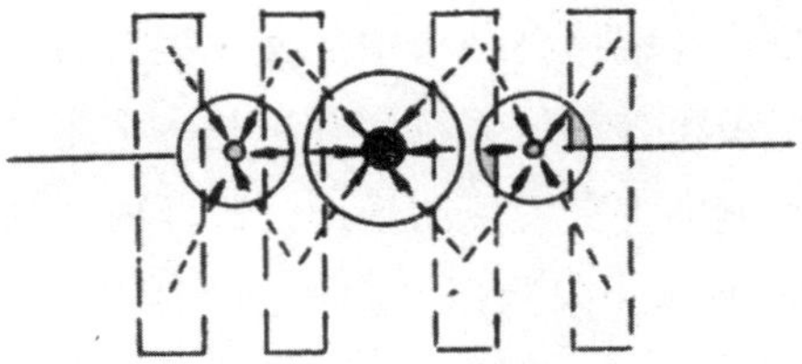

工业化成熟阶段

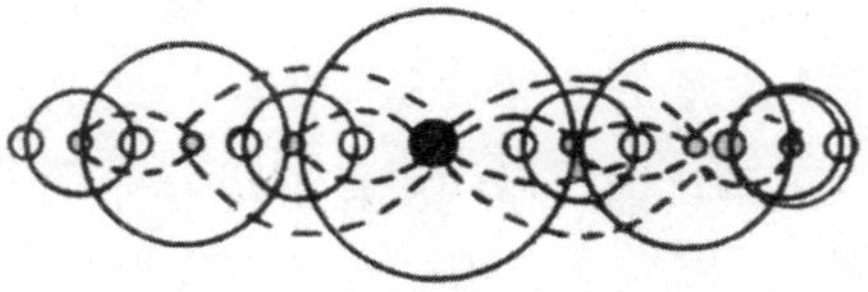

大量消费阶段

下面基本按照这一框架描述经济发展影响下的产业空间组织变动。

① 魏清泉．区域规划原理和方法．中山大学出版社，1994：191.

一、区域产业相对独立

在工业化前阶段，区域经济以农业为主，各地经济发展水平都很低，差异也不大，相互之间经济联系少。例如，我国古代以农为本，老子曰：“至治之极……民各甘其食，美其服，安其俗，乐其业，至老死不相往来。”①

二、区域产业集聚

在工业化初期阶段，随着社会分工的深化和商品交换日频，在某些条件优越的地方，出现城市这一区域经济中心。这个阶段的工业产值在经济中的比重一般在10% ~25%之间。由于中心不断吸引边缘区域的生产要素，区域发展不平衡进一步扩大。

中心为什么会吸引边缘区域的生产要素呢？主要有以下几种解释：

（一）路径依赖

区域产业的竞争力和市场份额、区域资本、储蓄率和经济增长率等对产业的空间运动都会产生影响，形成规模报酬递增和“路径依赖”。

区域发展过程中的路径依赖不仅与生产体系和人文、自然基础设施中的投资有关，而且也与根植于区域社会结构中的文化因素有关。区域发展的历史表明，区域经济发展的累积和自我加强特征并不是一成不变的。曾经成功的产业集聚区由于各种原因可能失去其发展的活力，曾经成功的发展因素（机构、规范、价值和技能）也可能作为限制因素起作用，阻碍区域进入新的发展阶段。著名的例证是瑞士的Jura地区。长期以来，该地区在机械表的生产中保持着世界领先地位，但当数字革命席卷该产业时，该地区发现自己被其技能和制度的遗传结构所禁闭，失去了原来的优势。然而，有趣的是，该地区随后设法打破这种禁闭，重新保持手表生产的全球性竞争地位。这说明，通过替代或补偿过时的资源、基础设施和机构，仍可以确定区域沿着既定路径进一步发展。Scott（1995）应用“分歧点”的概念来表示区域经济发展历过程中至关重要的转折时刻。②

县域应该吸引外部资金尤其是国家投资。

---

① （汉）司马迁．史记 卷一百二十九 货殖列传．中国友谊出版公司，1994：614.

② 朱英明．产业集聚论．经济科学出版社，2003：50.

（二）循环积累因果关系原理

循环积累因果关系原理（Circular and Cumulative Causation）早在阿林·扬（Allyn Young，1928）的文章里就出现，① 但以瑞典社会学家缪尔达尔（Myrdal）在1957年所做的阐述最为著名。② 缪尔达尔认为，不管是什么原因，一旦一种新的工业布局于一个地区，就会发生连锁效应，从而进一步吸引新的工业。

（三）增长极的“回流效应”

增长极对于区域经济发展的积极影响有两个方面：一是极化中心本身的经济增长；二是极化中心对周围地区的影响。其中的一个影响是增长极产生向心力和吸引力，使周围区域的劳动力、资金、技术等要素转移到核心地区，从而加大了核心地区与周围区域的经济发展差距，这一过程称之为“回流效应”。“回流效应”产生的原因是资源要素总是希望获取和追逐更高的报酬，以至于从不发达区域流向发达地区。

三、区域产业扩散

增长极对周围地区的另一方面影响是核心地区产生扩散作用，通过产品、资本、技术、人才、信息的流动，对周围区域起促进、带动作用，这一过程称为“涓滴效应”或“波及效果”。经济发展的实践表明，回流效应总是大于扩散效应，并且使一些可以促进增长的要素在不发达区域失效，两厢比较，发达区域因此而愈是发达，不发达区域因此而愈是不发达。③

在工业化成熟阶段，工业产值在经济中的比重在25%～50%之间，中心在区域中起支配作用，但边缘区域内部这时也出现规模较小的经济中心。

四、区域产业组团

在大量消费阶段（后工业化阶段），工业产值比重开始下降，边缘区域里的次中心逐步发展成与区域中心相似的规模，整个区域形成有关联的大规模城市化地区。

---

① （美）保罗．克鲁格曼．发展、地理学与经济理论．蔡荣，译．北京大学出版社，中国人民大学出版社，2000：28.

② Myrdal，*Economic Theory and Underdeveloped Regions*，London：Duckworth. 1957

③ 周兴维．战略重心的西移．民族出版社，2001：75.

五、产业的雁行形态

雁行形态是经济发展影响产业空间运动的又一情形。它是指随着区域比较优势（生产成本、要素禀赋、要素相对价格）的变化，后起国家的某些特定产业经过从发达国家引进、进口替代（国内生产）、出口、成熟和再进口五个阶段，形成国内产业演进和国际产业转移的过程。由于这个过程的模型如同飞翔的大雁，因此称为产业的雁行形态，如图所示：①

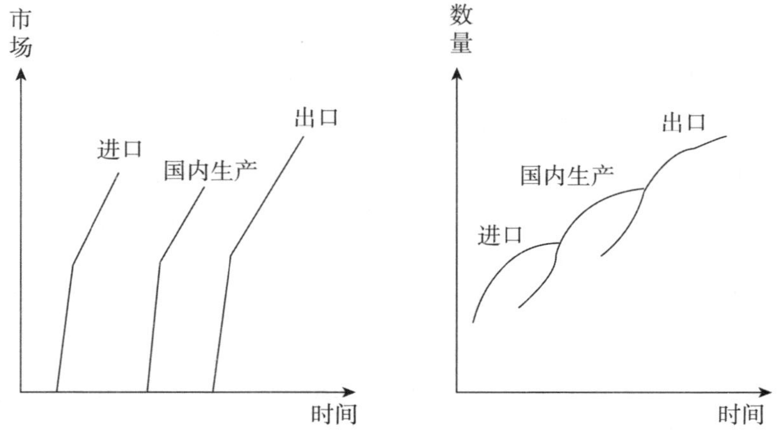

产业发展的雁行形态

产业发展的雁行形态是由日本经济学家赤松在研究日本棉纺织工业发展史的基础上提出的，后经赤松本人及小岛清、山泽逸平等一些学者的深化、拓展，形成享誉颇高的“雁行形态发展理论”。

这一理论解释了劳动地域分工与产业结构演进的关系，揭示了后起国家产业高级化的过程。在这一过程中，发达国家或地区充当“雁头”，而后起国家和地区要想把幼小产业发展成为具有竞争力的出口产业，则应遵循产业发展的雁行模式，通过政府的扶持和保护，承接发达国家或地区转移出来的产业。

20 世纪 60 ~ 70 年代，日本、西德等国的产业结构转向集成电路、精密机械、精细化工、家用电器和汽车等耗能低、耗材少、附加值高的技术密集型产业，同时把一部分劳动密集型产品的生产转移到“亚洲四小龙”等新兴工业化

① 魏清泉．区域规划原理和方法．中山大学出版社，1994：124.

国家和地区，确实也使这些地方获得了工业化的机会。①

但由于在产业的雁行转移中，发达国家或地区作为“雁头”显然会获得更大的利益，因此，“雁行形态发展理论”引起了普遍的关注和争议，甚至遭到“后发优势”和跨越式发展观点的强烈反对。

因此，尽管产业发展存在雁行的现象，但后起国家和地区不必甚至不应都遵循雁行发展模式。实际上，从美国、日本的产业发展史来看，它们在工业化初期虽然都曾接受过英国的产业和技术，但并没有就此形成依赖于英国的产业转移来推动本国产业演进的雁行转移模式，而是更加注重产业开发升级能力的提高和对引入产业的改造和升级，形成非雁行转移的结构演进路线。② 正如美国经济史学家哈罗德·福克纳（H. U. Faulkner）所描写的那样，从英国工业革命结束到19世纪初，是美国工业化初级阶段，由于大规模移民以及购买机器、发展制造业需要有相应的产品和生铁，美国产业的形成和发展在很大程度上无法摆脱对英国的依赖。但是，当使用机器的制造业巩固地建立起来以后，美国的发明家就热心地去运用欧洲工程师的方法，对机器进行了改进，使它们适合于美国的情况。美国第一架成功的动力织布机是波士顿商人罗威尔制造的，他曾经在1810～1812年去伦敦仔细研究过纺织机，从而设计和制造了一架新的纺纱机和一架动力织布机，并于1814年在瓦特罕姆将其安装起来，首次在世界上使纺纱和织布的过程在一个工厂里同时进行。③

我国区域经济发展很不平衡，在发达地区，某些夕阳产业可能会由于竞争压力等原因而转移到落后地区，同样会出现所谓雁行现象。

六、产业跃迁

这里借用量子力学中的一个重要概念——跃迁。所谓量子跃迁，指的是原子能量不管通过什么方式发生改变，它只能使原子从一个定态跃迁到另一个定态；并且原子从一个定态跃迁到另一个定态而发射或吸收辐射时，辐射的频率是一定的。原子一般处于基态，要想产生辐射跃迁，必须从外界吸收能量由低能级跃至高能级。④

---

① 钱俊生等．可持续发展科技读本．中共中央党校出版社，2003：57.
② 周冯琦．中国产业结构调整的关键因素．上海人民出版社，2003：39.
③ （美）福克纳．美国经济史：上卷．商务印书局，1964：323.
④ 周恒为等．玻尔理论中几个问题的讨论．伊犁师范学院学报，2001.02

跃迁概念来源于丹麦物理学家、诺贝尔奖奖金获得者玻尔的氢原子假设模型。1913 年，玻尔在他的“伟大三部曲”《论原子构造和分子构造》中，大胆而巧妙地把卢瑟福的原子模型和普朗克的量子理论结合起来，阐述了他的原子结构理论：①

（1）电子只能在一些特定的圆轨道上绕核运行，在这些轨道上，电子的角动量是 h/2p 的整数倍。

（2）电子在上述特定轨道上运行时，不发射也不吸收能量，因此是稳定的。

（3）当电子从一个具有较高能量 E_1 的轨道跃迁到具有低能量 E_2 的轨道时，就要发射出辐射，辐射的频率 n 满足如下关系：$hn = E_1 - E_2$；反过来如果电子从 E_2 跃迁到 E_1，那就是辐射的吸收过程。

玻尔理论的核心是量子跃迁，它生动而逼真地勾画了一个动态的原子结构轮廓，揭示了微观世界的一个普遍规律。

量子力学诞生以来，那些令人震惊的概念逐渐地渗透到人们的思想中，并在很多领域显示出它的广泛适用性。现在已有人将那难以捉摸的跃迁概念应用于宇宙论，且极有生命力。② 1943 年，奥地利物理学家、诺贝尔奖奖金获得者薛定谔作了“生命是什么?”的著名讲演，将跃迁等物理概念加以推广和拓展。他说，生命有其热力学基础，可以移植“熵”的概念，在生命体系中也有“量子跃迁”现象，这些观点促进了生物学发生着根本性变革——引发和推动了生物物理学的创立和日趋完善。③

这些都显示出量子力学对复杂世界的强大解释力，正如玻尔所说：“在量子论中客体和测量仪器之间的不可控制的相互作用迫使我们放弃因果描述”，④ 海森堡测的不准原理也印证了这一观点。不过，正如海森堡断言：“我担心，恐怕还要一个世纪，所有这些新的科学资料及其实际的、政治的、伦理学的以及哲学的结果才能得到实际上的深刻理解。”⑤

在经济领域中，产业的空间运动有时也表现出“跃迁”的性质。例如，经

① 王立．伟大的科学家玻尔．通化师范学院学报，2002. 05

② 侯宪春等．量子力学若干基本概念近年来的变化．佳木斯大学学报（自然科学版），第 18 卷第 2 期 2000 年 6 月

③ 程民治．物理概念在生物学中的发展．安徽农业技术师范学院学报，1996. 10（3）

④ 卢鹤绂．哥本哈根学派量子论考析．复旦大学出版社，1984：56.

⑤ 海森堡．严密自然科学基础近年来的变化．王福山等，译．上海译文出版社，1978：202.

济发展后，产业在地区之间的跃迁。出现产业跃迁的可能情况有：

1. 跨国企业集团设立分部。

2. 填补区域缺口。

所谓“缺口”是指实现区域经济发展目标所必需的各种资源量与区域内可提供的资源量之间的缺口。缺口理论（Gay Theory）最早是由发展经济学家钱纳里在分析外国对东道国援助的影响时提出的。对一个有资源缺口的地区，通过区际（包括国际）分工与区际经济技术协作（包括商品贸易、技术贸易、资本流动等），能够填补区域的这些缺口，以促进区域经济发展目标的实现。在这一“填补”行为中，主要有“国外直接投资”和“技术贸易”。

3. 政治或社会环境因素影响下的跃迁，如公众压力下的搬迁。

4. 居于发展目的的跃迁。

5. 居于企业家行为偏好的跃迁。

七、产业联结

产业联结是指随着经济全球化尤其是信息技术的高度发展，产业在空间上呈现出全球化的网络联结形态。

20世纪下半叶以来，经济全球化的趋势越来越明显：生产经营、金融投资等活动已突破本国界限，在全球范围内进行了资源配置，各国的经贸往来越来越频繁，一国的经济变化也越来越多地受到国际形势的影响。虽然世界经济离一体化还相当遥远（一体化比全球化的要求要严格，一体化是指各国在经济、金融等方面实现趋同），但其距离正在逐步缩短。

例如，由于信息技术迅猛地席卷全球以及通信技术的高度发达，产业已开始通过网络联结成一个虚拟实在的整体。20世纪90年代后期发达国家出现的虚拟企业就表明了这一趋势：企业之间的合作关系由传统的长期、固定合作（如合资企业、跨国公司等）转向分散的、互利的合作，一旦合作目的达到，合作关系便可解除。这是一种暂时的、空间跨度很大的网络化产业组织形式，大大突破了传统意义上的企业规模与地域边界。①

① 曹昱等．小型企业：美国新经济的助推器．上海财经大学出版社，2003：31.

第五章

产业布局与县域经济发展的互动机制

第一节　关于机制

在县域发展的实践中，我们可以明显地观察得到：有些县域的产业布局能很好地促进县域经济的发展，有的却不能甚至产生负面影响；或者是县域的经济发展了，却未能很好地调整产业布局和改善产业布局的质量。例如，在珠三角的一些县域，经济很发达，却相当缺乏治污企业。这说明，在县域产业布局与县域经济发展的相互作用中存在某些重要的影响因素，这些因素所涉及的就是两者互动的机制问题。

机制的英文对应单词是 mechanism①，始用于机械工程学，指机器的构造和工作原理，中文译作机制。机，指机器；制，即约束、控制。机制后来移植于生理学和医学，藉以类比有机体的构造、功能和相互关系，大型辞书《辞海》给出的机制解释也仅限于上述几个方面。② 但机制一词已广泛应用于经济学、社会学、管理学等等。我国改革开放以来使用频率较高的词汇之一就是机制，如“市场机制”“价格机制”“激励机制”“监督机制”等。它的广泛使用，说明它在社会发展中具有的重要作用。

从系统科学观点出发，机制是系统为维持其潜在功能并使之成为特定的显现功能而以一定的规则规范系统内各组成要素间的联系、调节系统与环境的关系

---

① Jess Stein et al, The Random House College Dictionary, Random House, Inc. , U. S. A. 1980 第 829 页

② 夏征农主编．辞海（缩印本）．上海辞书出版社，1990：1408.

的内在协调方式及其调节原理。包含以下基本特点：

1. 依存性，即任何机制都是系统的机制，系统是机制的载体，而任何系统都是具有一定机制的系统；

2. 自控性，即机制对系统要素运动有自动调节的作用。

3. 内在性，即机制的作用发生于系统的内部，是系统的“内力”，从辩证法上讲，机制是系统进化的内因，环境是系统进化的外因，

4. 规律性，即系统要素按机制的规范运动。

5. 多重性，即一个系统可同时具有多种机制，同一机制亦可以适用于不同系统。

6. 自然性，即机制本身属中性，无“进步”与“反动”之分。

7. 外依性，即环境影响系统机制作用的发挥，同样一种机制，因时空条件和其他外部条件的不同所起的作用也是不同的，有时甚至是截然不同的。

机制对系统功能发挥的作用可以有：

首先，行为导向。系统的机制建立后，就会以一种不以要素的意志为转移的驱动力量，规范要素按该机制的引导方向有序运动，从而保持着系统的整体有序性，使得系统的整体功能有别于各部分的功能并大于各部分功能之和。

其次，高效低耗。系统的功能是将输入转换为输出。低输入高输出是系统功能强的主要表征。良好的机制是一种低成本、高效率的转换器，使得系统内部运行的各个环节配合顺畅，协调一致，达到系统整体有序的宏观功效，从而将有限的输入（如科技投入）转移成最大的输出（如科研成果）。反之亦然。

再次，维系稳态。系统的机制按一定的规律对系统要素实行调节，使它们在相互作用的过程中有规可循，有矩可蹈，保持系统处于动态平衡。缺乏平衡机制的系统必然发生紊乱、动荡、骤变、间断等结构上的失衡，严重者会使系统的功能丧失殆尽。

第四，促进公正。此处的公正仅对社会系统而言，是指在社会系统保持整体有序的前提下，各要素在系统整体结构中处于能最大地发挥各自功能的位置，从而促进系统整体功能的最大化。例如，社会中有这样的现象：“说你行，你就行，不行也行；说不行，就不行，行也不行”，这是任人唯亲的结果，但公平竞争的用人机制就可以克服这个弊端。

最后，信息传递。众所周知，信息、物质和能量是构成系统的三大要素，信息是一切组织系统的一种普遍联系的方式。信息流的畅通是系统运行的重要

前提条件，信息流的任何阻塞，都会使系统无序，削弱系统的功能。系统的机制是信息的传递媒介，当系统要素发生不符合系统规律行为或环境状态发生变化时，系统通过机制捕获信息，并通过机制进行必要的调整。好的机制应是对信息反映灵敏、准确，使信息得以在系统内及系统与环境间畅通传递，增强系统的功能。

第二节　影响产业布局与县域经济发展的互动因素

影响产业布局与县域经济发展的因素很多，主要是：

一、既定的客观环境

（一）自然因素

1. 区位等地理因素

区位决定了县域所处的自然环境特征，在某一时段还决定了县域所拥有的交通、信息和一系列社会经济条件。因此，区位对县域产业布局与县域经济发展有直接的影响，特别是对农业的影响是决定性的。一般来说，区位优越的地方往往会得到较早的开发，产业布局会较早形成，经济较早起步。

地形、地质、地基、土壤、气候、水、空气、植被、生物以及空间宽窄等对产业布局和经济发展都有影响。

2. 资源

不管资源是在本县域内还是在县域之外，资源对于县域产业布局与县域经济发展都是不可或缺的因素，这是不言而喻的。

中国是人口众多而资源尤其是耕地资源的人均占有量很少的国家，粮食安全始终关系到国家稳定，国家鉴于此制订了严格的耕地保护政策，这决定了县域应该发展占地少的产业，并且尽量让产业在空间上集中，发达地区例如顺德目前即出现用地紧张的问题，汕头市潮南的情况也如此。

（二）国际国内发展环境

随着经济全球化的深入，国际的形势发展对县域产业布局与县域经济发展的影响加大。国家的政治环境和经济发展形势对县域的影响则更直接。

（三）经济社会基础

1. 经济基础

包括生产力发展水平、资本和财产的积累、基础设施的建设、市场环境的发育等方面。

其中，生产力发展水平是至关重要的因素。生产力水平由科学技术、管理等构成，它是第一生产力，深刻地影响着产业的布局和经济发展。马克思主义关于劳动地域分工理论认为："一个民族的生产力发展水平，最明显地表现在该民族分工的发展程度上。"① 这既包括部门、企业间和企业内部的分工，也包括"把一定生产部门固定在国家一定地区的地域分工。"②

2. 历史和文化积淀和社会发展现状

传统区位因素侧重于经济因素，最近研究表明，非经济因素的作用越来越大，尤其是文化、政策、政治的作用。

在发达地区，一般都有底蕴深厚的历史和文化积淀。例如，遍布海内外的浙江产业体现了浙江人吃苦耐劳，精明能干的精神，华丽的丝绸、典雅的服装、飘香的黄酒以及玩具、鞋帽、扇子、雨伞等产品则淋漓尽致地展现了浙江细腻典雅、小巧秀气和华丽含蓄等文化特质，浙江人对外来文化兼收并蓄的胸襟，又使其产业和产品得以适时改变。③ 在温州东阳县，之所以发展出规模较大的金属市场，与那里的许多人过去到外面修锁、补锅和制造铜铁器皿的传统有关。

我国农民的恋土情结还形成了一种地缘亲和力，这是乡村非农企业较易扎根本土的原因之一。亚当·斯密曾经描述过这样一个现象，每个人都在不断努力为他的资金寻找最为有利的投资途径。首先就是"竭力把自己的资金投入在尽可能离家近的地方，从而他也就尽可能地支持了本地的劳力，只要他总是能够从而获得普通的，或者说不太低于资金的普通利润。" ④

文化在历史中积淀，同时也在不断发展。萨塞尼安（Saxenian A）认为，区域文化不是静态的，而是动态的，它在社会相互作用中不断演变。萨塞尼安强调企业文化及区域文化在区位选择中的影响，他认为硅谷文化具有无时间限制及面对面交往的特征，这两种文化特征形成独特的地方文化，向区域外部不断

---

① 马克思．资本论：第一卷．人民出版社，1975：392.

② 马克思恩格斯选集：第一卷．人民出版社，1972：25.

③ 张叶等．浙江产业空间的结构变动．社会科学文献出版社，2003：59.

④ （英）亚当．斯密．国富论．谢祖钧等，译．中南大学出版社，2003：292.

地发挥很大的吸引力，成为重要区位影响因素。

县域人口数量和质量、性别、年龄、民族构成、宗教差异，社会的消费习惯和水平，社会网络的发育和信息沟通渠道、制度的建设和完备程度等都影响县域产业布局与经济发展。

（四）国家政策、法律和宏观调控

例如，国家的产业政策、开发计划、土地法、森林法、水资源法、环境保护法以及价格、税收调控措施等均会对产业布局和经济发展产生影响。

（五）竞争状况

市场环境必然会存在竞争。在一定的条件下，竞争的状况会改变产业的选择和布局。在经济全球化时代，“区位竞争（Location competition）”已成为重要的理论和现实问题。

二、可变的利益或者行为倾向

由于利益动机和行为倾向是人们头脑中的一种思想观念，而思想观念是易变的，因此，本文使用定语“可变的”描述人们的利益或者行为倾向，以区别上述影响产业布局与县域经济发展的客观环境。

（一）微观利益

在市场环境中，人们的行动一般具有经济人的特征。县域经济是由众多微观个体和企业的经济活动组成的，因此，县域产业布局与经济发展中存在众多微观的利益。

（二）宏观权益

1. 社会利益

社会利益主要体现为：有利于社会的整体利益。例如，和谐社会，有利于整体竞争力。例如，集群布局，有利于国家尖端技术和国防建设需要，有利于区域的信誉，等等。

微观个体和企业追逐利益的过程中，并不像某些西方经济学家说的那样，自由竞争能自动导向社会的福利。实际上，社会整体利益或社会其他群体不是无人顾及（公共产品）就是受到伤害。因此，社会利益需要得到维护，维护者一般是政府或者社会组织，也可能是个人。其中，政府是主角，手段有财政、税收等。

在市场经济国家，财政一般都是公共财政，即政府财政从总体上退出竞争领域的资源配置而主要配置公共产品，并对准公共产品实行混合供给，在竞争领域则主要由市场机制来配置。我国由于处于社会主义初级阶段，政府肩负着推动国民经济发展的重任，因此，财政被赋予发展的属性，是发展型公共财政。

发展型公共财政是指市场成为竞争领域资源配置的主体机制，财政在满足行政、国防、环境生态事业、基础教育和基础研究等纯公共需要的前提下，致力于或服务于经济结构、社会结构和政治结构的改善，致力于分配制度和分配状况的改善以及国民素质和文明程度的提高，推动共同富裕进程，它突出表现在财政对基础产业、高新技术产业和国民经济支柱产业的投入（我国财政今后仍然具有生产建设性特征就从这里产生），对产业结构及其区域布局的塑造和调节。①

由于市县的自然资源条件（较大规模的自然资源多为国有或省属），科技、人才条件及财政实力较差、较弱，市县财政一般难以支撑与市场风险相伴随的地方国有竞争性产业的运转。目前市县财政尤其是县财政之所以普遍比较困难，主要原因之一也正在于市县国有企业的大面积亏损，所以市县财政，尤其是县级财政，要完全退出竞争领域，而且尽可能退出基础工业和带有经营性的准公共产品的配置，建成服务型公共财政，将主要力量放在基础设施等公共产品之上，这方面的需求将会随着农村经济的发展和县域城市化水平的提高而不断增加。

2. 社会与自然利益的统一

在人类基本上主宰世界的情况下，非社会利益即自然利益主要是通过人们意识的提高来实现的。例如，人们感到不应该过分地掠夺和伤害自然，而是努力维护生态平衡和生物多样性，同时将这种思想付诸行动。人们之所以这样做，主要原因也是从自身的长远利益考虑，但也不排除来自许多人天然的良知和仁慈。比如，人们看到不法分子将针刺入熊胆定期抽取胆汁致使熊悲号哭叫、痛不欲生的情景会无比愤慨并要求制裁。

如何从宏观权益角度影响县域产业布局与县域经济发展是本文探讨的重点和核心。在本文看来，宏观权益远比微观利益重要，或者说，宏观产业布局比微观产业布局更有意义。这是因为，微观产业布局是在既定环境这一平台上进

---

① 地方财政职能研究课题组．论我国地方公共财政的层次性定位．浙江社会科学，2000. 04

行的，只要宏观权益维护好，微观产业布局采取什么形式都是次要的。而如果宏观权益没有维护好，微观利益必然是局部的，这不利于和谐社会的建设。

三、创新

创新本身具有动态性，也是一个可变的因素。创新的出现往往会形成新的产业布局，推动经济发展。

四、未知或潜在的因素

以上只是简要地概括影响产业布局与经济发展的主要方面，实际上还有其它因素没有提及。此外，一定还有一些尚不为人所知或潜在的因素在发生作用。自杜能以来，人们对区位因素的不断发现就是一个证据。随着经济的发展以及环境的变迁，出现新的影响因素是自然而然的事情。

第三节　产业布局与县域经济发展互动系统的要件

尽管影响产业布局与县域经济发展的因素很多，有的因素甚至尚难发现，但仍可从中分辨出主要的方面，这些主要方面构成了产业布局与县域经济发展互动系统的要件。

一、人力资源

人力资源也是一种资本，体现了人的能力所具有的经济价值，具有稀缺性和生产性的特点。诺贝尔经济学奖获得者、美国经济学家舒尔茨说：“人力资本是一种严格的经济学概念……它之所以是一种资本，是因为它是未来的收入或满足，或未来收入与满足的来源。”①

（一）创业者

县域产业布局与县域经济发展要形成互动，首先需要县域本土存在一批创业者。创业者是具有创业精神的人，而不是一般的人。从众多已经发展起来的地区看，这些地方之所以发展起来，与这些地方的人具有创业精神是分不开的。

---

① 李建民．人力资本通论．上海三联书店，1999：43.

他们四处谋生，奔走四方而不畏艰难险阻，他们富于创意和专业知识，怀着强烈事业心而不会因一时得意而停滞不前。

一般来说，来自本土创业者的事业更易于根植在县域里，所以要重视营造本土创业者产生的环境——当然，这需要一个较长的过程，因为长期以来，我国大多数县域中的农民普遍缺乏创业精神，要一时改变不容易。"安全和稳定的预期在某种程度上要超过冒险和投机的追求这也许是中国的一种特定的农村文化特征。"①

因此，除了寄希望于培植本土创业者外，还要把搜寻创业者的视野扩展到县域外。外部创业者的来源渠道很多，例如，吸引外来投资者，接收外来就业人员等，此外，把大学分部设在县域，本文认为也是造就县域创业者的一条好途径。

大学分部设在县域的意义有：

1. 县域作为欠发达地区通过走教育科研之路将可形成后发优势。

百年大计，教育为本。以教育和高科技推动欠发达地区的发展在世界上也有成功的范例。如美国的硅谷、波士顿 128 号公路、北卡罗来纳研究三角园区、佛罗里达、亚特兰大、橡树岭——诺克斯维尔等都如此。它们的发展都有一个共同点——除政府介入和融资市场外，背后还有面向市场的高效率大学和科研机构。单大波士顿就有 65 所大专院校，可谓名校荟萃。② 又如，苏联开发西伯利亚时也设过苏联科学院西伯利亚分院，建成了国内一流水平、国际上也享有盛誉的西伯利亚科学城，20 年间，科研人员从最初寥寥无几发展到 4 万余人，并培养了大量的学生和一线骨干。③

2. 我国高校和科研机构在选址上需要有新思维。

目前我国高校及科研院所集中在东部尤其是大城市中，颇令人费解，因为高校教育与科研与城市并无必然联系。例如，石油大学、农业大学在布局上不见得城市比油田、农村好，实际上效果可能会更差。据报载，最近山西农村出了些怪事，注重实际操作的乡土专家深受农民欢迎，而高校、科研机构的名专家备受冷落。④ 这说明我国高校和科研机构至少在选址上需要有新思维：根植

① 关锐捷．中国农村改革二十年．河北科学技术出版社，1998：148.

② 王文长等．西部特色经济开发．民族出版社，2001：101.

③ 编写组．他山之石——国外欠发达地区开发启示．中国林业出版社，2000：225－226.

④ 原碧霞．土专家受欢迎名专家遭冷落．经济日报，2002. 8. 6

最适合自身发展的土壤和社会经济发展最需要的地区，融入社会。① 只有这样，才能使我们的教育和科学研究更加紧密地与社会实践和社会的最基层结合在一起，避免教育和科学研究的空谈和无用，避免著作成果仅仅当作评职称的工具或学生拿文凭的手段。

由于我国县域正处于摆脱贫困和谋求大发展的重要时刻，因此，加强高校和科研机构与农村地区的密切接触是十分必要的。当然，把高校和科研机构都搬迁到农村去显然是不现实的，但是，在县域设立大学和科研院所分部或其他形式的合作方式应该是可行的。在运作上，分院与总部在教学条件、科研设施、工资待遇等一样甚至更好，在分院工作满一定年限可根据意愿调回总部。而总部今后进入一般情况下实行“欲进总部，必先进分院”政策，从而既确保分院有人才流入，又使新毕业的年轻人有锻炼机会。专业设置除保留总部特点外。应突出为县域经济社会发展服务。面向全国招生，学生入学成绩及毕业后待遇与总部也一样，只是学习地点不同。分院可设在县域特别是有旅游景区的地方，以便让外地专家、人才把工作、学习、旅游结合在一起。我们认为，设立分院较一些工程项目成本低、后续影响与效益大，且基本不存在市场风险，很值得考虑。

3. 把知识分子吸引到县域，造就创业大军。

我国大部分县域缺乏人才尤其是高层次人才，而从农村走出来的读书人绝大部分又不回去了，这固然与农村比较贫穷有关，但这不是唯一的原因。毕业生不熟悉农村的就业环境，不便于找工作恐怕也是他们更倾向于在就读的城市寻找机会的一个重要因素。

随着高校教育的大众化以及就业压力的增加，应该为毕业生创造更多的与农村接触的机会。可以想象，如果在县域设立大学或科研院所分部，那么，随着教育产业化的形成，科技企业的逐渐崛起，以及生活环境不断改善，必定会有相当数量的外省师生留下来，不仅农村的毕业生有部分会留下来，城市的毕业生有的也会留下来（在就读地容易获得信息、容易产生友谊和依恋感），成为县域发展的生力军——只要他们感到有发展的空间。

改革开放初期，靠投机或简单的劳动可能也可以发财，但随着形势的发展，

---

① 陈东强，黎鹏．国外开发欠发达地区的经验教训及其给广西与粤港澳地区经济合作的启示与思考．改革与战略，2002. 12

这种方式已逐渐行不通，知识在创业中的重要性已越来越明显。因此，把营造县域创业者的重心转向知识分子不失为明智之举。

（二）思想库

发展县域经济，特别是在初期，不仅需要政府的支持，更需要有一批专门谋划县域经济发展的智囊团支持，这种智囊团在国外也称“思想库”（Think Tank）。

“思想库”主要是指那些以政策研究为核心、以影响政府公共政策选择为目的、非营利的、独立的研究机构。世界发达国家都有一些十分著名的思想库，比如美国的兰德公司、英国的国际战略研究所、瑞典的斯德哥尔摩国际和平研究所、德国的基尔世界经济研究所等等。

美国是世界上思想库最为发达的国家，大大小小的各种思想库有数千家，其中影响较大的约有 300 余家。美国思想库从组织属性看可分官方、半官方以及民间和大学思想库，规模不等，多数为小型政策研究机构，一般只有 20 - 30 人。资金来自政府和民间两个渠道，大多是民间资助的，如布鲁金斯学会、传统基金会。从体制上说，美国思想库一般具有这些特点：独立性（独立法人研究实体）、非营利性（社会公共资产）、现实性（以影响政府决策为其最大目标）、政治性（有着强烈的利益和价值取向）。①

为了发展我国的县域经济（也包括其它区域经济），有必要建立和支持有中国特色的县域经济发展思想库，目前我国高校中的区域研究中心，规划设计研究院都具有思想库的一些特征，应该加以很好利用，此外，社会可为高校教师、科研单位甚至学生提供更多获得横向科研课题经费支持的环境。

（三）民意的表达

人力资源不限于拥有“高级知识”的人群，实际上知识和智慧更潜藏于人民当中，人民是历史的创造者，应当让人民的意志自由地表达出来。例如，中国农村经济体制改革实际上就是由人民发起的，邓小平同志曾指出，“农村搞家庭联产承包，这个发明权是农民的。② 农村改革中的好多东西，都是基层创造出来的，我们把它拿来加工提高作为全国的指导。”但这一改革并不一帆风顺，

---

① 王春法，张国春．美国思想库的运行机制及其启示．民主与科学，2004. 03

② 《邓小平文选》第 3 卷，人民出版社 1993 年版，第 382 页。

单家庭联产承包责任制即通常所说的包产到户就历经了三起三落的历史,① 在这一过程中，罪名很多，障碍重重，只是当邓小平同志重新确立解放思想、实事求是的思想路线后，包产到户才能在全国得到普遍推广。邓小平同志对包产到户的支持在方法上就是通过尊重群众首创精神、提倡敢闯敢试实现的。实践表明，群众的首创精神得到尊重，社会就能够取得长足的发展。中国农村经济体制改革就取得了举世瞩目的成就，它对中国农村乃至整个国民经济的影响是翻天覆地的。

二、科技创新特别是全质性科技创新

马克思认为，生产力中也包括科学，劳动生产力是随着科技进步而不断发展的②，经济学家熊彼特在《经济发展理论》一书中，用技术的变革来解释资本主义经济的基本特征和发展过程，这些都从原则上指出了科学技术在经济发展中的作用。③ 后来的经济学家对此做了深入论证，他们不仅研究了技术进步的原因、类型和经济结果，而且从数量上测算了技术进步对经济增长的贡献。例如，经济学家库兹涅茨、罗伯特·索洛（Robert Solow)、丹尼森（E·Denison)、肯德里克（J·W·Kendrick）等人通过大量的分析和计算都证明技术进步是经济增长的主要动力和源泉。索洛（Robert. M. Solow）等新古典增长理论家认为：在没有外力推动时，经济系统无法实现持续增长，只有当经济中存在外生的技术进步或外生的人口增长时，经济才能实现持续增长。

许多学者研究还表明，经济系统中的产业关联取决于产业之间的生产技术结构水平。例如，周振华认为，产业之间互相依赖所形成的结构关联，其基础是产业之间的生产技术联系（周振华 1995 年)；李京文认为，“使不同产业部门之间发生联系的内在因素是技术。换句话说，不同部门的内在关联要因是它们之间的技术联系”（李京文 1995)；罗肇鸿则从产业的前向与后向关联角度提出了技术关联是产业关联的核心因素（罗肇鸿 1998 年)。④

我国农村存在庞大的剩余劳动力，在有限的就业领域中，产业普遍雷同，相互之间恶性竞争，同时，产业的科技含量低，竞争力不强。因此，要形成县

① 关锐捷. 中国农村改革二十年. 河北科技出版社，1998.

② 马克思. 资本论：第 1 卷. 人民出版社，1975：664.

③ 张培刚，杨建文主编. 新发展经济学. 河南人民出版社，1999：237.

④ 周冯琦. 中国产业结构调整的关键因素. 上海人民出版社，2003：178－179.

域产业布局与县域经济的互动发展，必须要有科技创新特别是全质性科技创新。

全质性科技创新是指根据人类的新需求、结合现有科技在新领域开拓新行业的科技创新。其目标是使社会分工从纵向及横向深入发展，以容纳剩余劳动力，协调总体经济关系。例如，种植技术是解决人们的吃饭问题，纺织技术是解决人们的穿衣问题，这两种创新适应人们不同的需要，居于不同的地位，其形成的产品也分属不同行业，且相互不能代替，这种有着本质区别的创新笔者称它为全质性科技创新。①

与全质性科技创新对应的是非全质性科技创新。非全质性科技创新是指那些能改进某行业原有技术的科技创新，这类科技创新由于研究对象没有改变，虽然提高了技术水平，进一步满足了人们的需求，但这种需求的性质却没有改变。例如，不断提高的种植技术，虽然它表征着生产力的发展，但所生产的农产品并无本质的改变。又如汽车制造技术的改进，虽使人们感到更加舒适、快捷，但满足人们的却仍是初始那种基本需求，即最终产品仍是汽车。对非全质性科技创新来说，在社会对其需要量一定的情况下，它不仅起着排斥本企业职工的作用，也起着排斥处于竞争劣势的同行企业的职工。人们常说的“机器排斥工人”指的就是这种科技创新的结果。当然，尽管非全质性科技创新会给就业带来威胁，但它对社会的进步仍然是有益的。

由于全质性科技创新可以促使社会进一步分工，从而加强了人们之间相互依赖、相互依存的关系，使得每个行业均需具备一定数量的就业人员，在存在资源的条件下，各行业的创新彼此不会影响就业水平。全质性科技创新具有三个作用：

1. 依恃全新技术，形成不可替代的产品，大量吸纳剩余劳动力。2. 协调经济结构，避免因经济波动而引起的失业。如图所示：

（a）　　（b）　　（c）　　（d）

① 陈东强．科技进步与劳动就业问题．中国科技论坛，1997.2

图中显示的是经济资源分布状况：（a）表示资源在各个行业的均衡分布；（b）表示市场经济条件下资源在各个行业中的不均衡移动；（c）表示政府宏观调控后经济结构由失衡转为均衡，但社会分工程度没有改变；（d）表示通过政府引导，开展全质性科技创新，开拓新兴产业，使经济结构更趋复杂和协调，社会分工进一步深化，从而减缓了由（a）~（b）的经济波动。此时，由于社会分工增强与合理，一定数量的经济资源不可能过多地向某些行业倾斜，从而使经济结构相对均衡。这种减缓力的大小，取决于社会分工随人口增长的幅度与市场主体盲目扩张程度之比。

3. 由于人类的无限欲望（需求），使得科技创新无止境地进行，从而也为不断吸纳劳动力创造条件。

因此，大力推进全质性科技创新对于存在庞大剩余劳动力的农村具有特别意义。

三、专业化市场

专业化市场的作用在前面已有所论述，“浙江经验数市场”的口头禅已在中国广为流传。浙江从一个“资源小省”发展成为位居全国第四位的“经济大省”，最重要的驱动力是以超常规速度推进农村工业化，而浙江农村工业化的最大特点是农村工业化与专业市场相互依托、相互促进，形成了显著的专业化经济效应、规模经济效应和网络经济效应。甚至有人把“农村工业化+专业市场”概括为“浙江模式”。

常熟市发展的主要经验也是由民间力量建设专业市场。专业市场的兴建，极大地推动了虞山镇的建设和发展，使这个县级城市的辐射范围远远超出其行政界限。现在，该城市的常住人口已经超过20万，而每天从全国1000多个县市来的客商就达10多万之众，日资金流量约1.5亿元。常熟招商城作为全国最大的服装批发市场，成交额连续5年超百亿元。① 商贸业的发达还有力地带动了工业投资的增长，许多业主在该城市新规划的工业园区投资办厂。在这个过程中，政府及时地提供了必要的服务，如工商、税务、金融、社会治安等，同时大力改善基础设施状况，推动了当地城市的发展。

① 从常熟虞山镇看县城怎样凝聚人气财气. 新华日报，2001. 4. 24

在其他区域，很多农民最初的资本原始积累往往也来自市场，他们通过做生意赚钱，然后投资办厂，这种情况在我们所做的很多县域调查中都可以看到。

四、资本

资本是经济理论的核心问题。西方经济学关于资本的看法是：资本是一种生产要素，是商品经济发展到一定阶段的产物，在某种程度上，它是商品经济乃至市场经济正常运转的条件，能生产出满足人们需要的服务或效用。马克思在分析资本主义社会扩大再生产和经济增长时也指出："资本主义的商品生产——无论是社会地考察还是个别地考察——要求货币形式的资本或货币资本作为每一个新开办的企业的第一推动力和持续的动力。"① 这里讲的是资本的作用，不过在马克思主义者看来，除此之外，资本还体现着一种不平等的社会关系，是能带来剩余价值的脏东西。

尽管如此，西方经济学普遍认同资本的作用，著名的哈罗德—多马模型就指出资本形成规模对于工业化进展的重要意义。②

在工业化过程中，产业资本的积累途径在各个时期、各个国家是不尽相同的，有原始积累、银行信贷、财政税收等方式。③ 16 世纪至 18 世纪的主要资本主义国家，通过资本原始积累过程为资本主义工业的建立提供了必需的巨额货币资本和大批自由劳动者。④

我国县域的资本来源主要有民间积累、吸引外资、国家投资、资本市场等。在珠三角的县域发展中，外资发挥了重要的作用。在长三角的昆山市，跨国公司的资本扩散是其活力的重要来源。2001 年，昆山吸引外资就超过 100 亿美元，合同利用台资逾 50 亿美元，是国内台资最密集的地区之一，世界 500 强企业有 21 家前来投资，这里还建立了 300 多家电子资讯企业，成为国内重要的 IT 产业基地。⑤

我国农村曾经为工业化提供过大量的积累（通过工农业价格剪刀差等途

---

① 马克思．资本论：第 2 卷．人民出版社，1975：393.

② 哈罗德．动态经济学．商务印书馆，1980 第 2. 3 章
多马．经济增长理论．商务印书馆，1983 第 1. 3. 4 章

③ 刘伟主笔．工业化进程中的产业结构研究．中国人民大学出版社，1995：208.

④ 周冯琦．中国产业结构调整的关键因素．上海人民出版社，2003：126.

⑤ 昆山．为何活力四射．新华日报，2001. 5. 15

径），可以说，中国工业能有今天，离不开农民为此所付出的沉重代价。但是，当农村今天急需发展的时候，大部分地方却缺少资金。因此，作为反哺农业，城市工业支持农村是义不容辞的事情。在发达地区，这方面的工作也已进行。例如，上海郊区等地早在80年代中期，伴随着乡镇企业的快速发展，为了扶持农业加快副食品生产基地建设，就实行“以工补农”“以工补副”政策。即在乡镇企业利润中，于税前列支一定比例作为发展农副业生产专项资金。此外，还推行“以工建农”“以工奖农”“以工保农”“以工促农”“以工增智”等。不过从全国来说，工业反哺农业的力度还远远不够。

此外，国家对县域的信贷、投资也很少，今后政府应加强这方面的工作，并配套诸如高速公路、干线铁路等重大基础设施。

五、创业空间

这里用创业空间而不用创业园的概念，创业园只是指创业的地点，而创业空间不仅包含创业园，也涵盖所有的创业机会。例如，某些行业能不能进入？或者还能不能进入？等等。

根据全球创业观察（GEM）的调查，每100个中国人中有12.3人参与了创业活动，在37个全球创业观察参与国家和地区中，中国全员创业指数排名第九位，明显高于日本、新加坡和中国香港等亚洲发达国家和地区。现在，有高达36%的人期望在3年内创办企业，这一数字是香港的4倍、美国的2倍。这表明，目前我国正处于创业活动的高度活跃时期。①

中国科协全国科技工作者状况调查课题组最近公布了我国第一次科技工作者状况的调查报告，据中国科协的界定，科技工作者包括工程技术人员、卫生技术人员、农业技术人员、科学研究人员和教学人员5类专业技术人员。② 调查从2003年3月开始截至2004年8月，调查区域包括全国除香港、澳门和台湾以外的31个省、自治区、直辖市。报告显示，有84.6%的科技工作者希望创业，如下图所示：

---

① 曹昱等．小型企业：美国新经济的助推器．上海财经大学出版社，2003：1-5（总序）．

② 央视国际．根据《中国青年报》报道，2004年10月19日 09：38

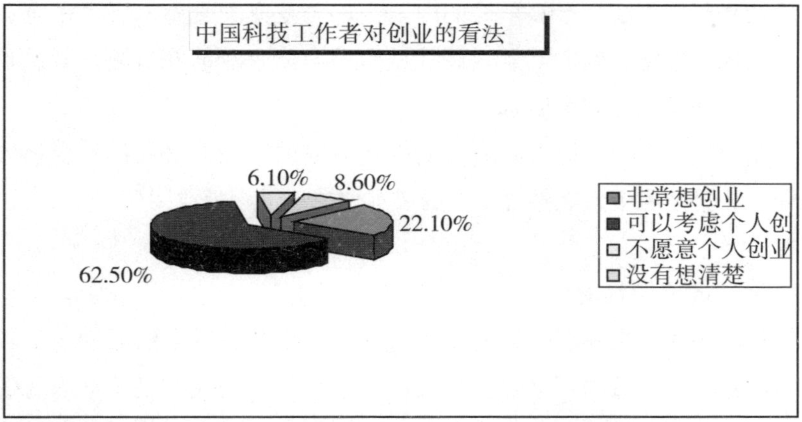

在我国的一些县域，民资民力是比较强大的，但由于各种原因所致，近20年来民营经济主要在制造业、餐饮业、建筑业、社会服务业、文化教育、农林牧渔业中有较大发展。资料表明，1997年，这六大行业分布的个体私营企业户数占其总户数的84%；1998年在制造业、批发零售贸易和餐饮业、社会服务业、农林牧渔业、交通运输仓储和邮电通讯业等行业个体私营企业的就业人员占其总数的95.6%。而在基础领域的相关数字基本上可以忽略不计。这种倾斜分布与我国产业进入壁垒相关，产业进入壁垒有以规模经济壁垒、必要资本堡垒、产品差别堡垒、绝对成本堡垒等形式存在的经济堡垒，还有以项目审批为主要形式的行政堡垒和有待进一步完善与健全的以强制性、权威性、合理性、公开性、公正性为特征的法规壁垒。上述局面导致了加工工业等竞争性行业的过度竞争，不利于城市化进程的推进。浙江温州市在小城镇和基础设施的建设方面较早进行了吸收民间资本的尝试。例如，20世纪80年代中期，温州瓯江大桥飞云江大桥、清江大桥、龙港大桥以及众所周知的龙港农民城等都是温州民间资本参与基础领域投资的创举。在浙江义乌、萧山、武义等市县，先后都出现了民间资本以股份制形式投资水库、水电站、公路、桥梁建设的势头。

因此，要把民资民力利用好，努力拓宽创业空间，放宽行业准入。

创业空间在地域上的依托就是创业园，但创业园不是遍地开花，而是应首先集中在县城。在发达地区县级城市的发展中，来自市场方面的最主要动力源包括：（1）中心城市甚至是跨国公司的扩散效应，例如资本扩散、产业转移和功能转换等。（2）民间资本的集聚。例如，昆山在实现跨越式的发展中，当地政府的决策和制度创新是至关重要的因素：首先是突破重点发展乡镇企业和小城镇建设的现有思路，确定重点发展县城和外向型企业的新战略；其次是设立自费经济技术开发区的制度创新。①

为了拓宽创业空间，地方政府改变以地生财的做法是必要的，应该先养鸡而后取卵，让企业或个人能够以更低的成本便捷地进入创业园。

六、区域网络和环境

区域的网络就好比一部机器的传动链条，对于区域要素的互动与运转具有举足轻重的作用。区域的网络包括基础设施网络（如交通网络、电信网络等）、企业与产业网络、物流网络、社会网络、创新网络等等。其中，基础设施是一个国家和地区经济发展的必要前提。国际经验证明了基础设施建设在工业化初期与中期的先导作用。英国地理学家 B. 豪伊尔认为，克服距离限制的代价是影响不发达国家进步的基本因素之一，而促进流动性的增加在任何地方都是社会经济发展计划的一个重要目标。② 西方经济学家认为，“在建设消费品工业之前，必须建立和支持主要的不可分的社会资本或基础设施的形成。”③

区域发展环境包括自然地理环境和人文地理环境。一个区域的发展环境好不好，可以从两个方面评价，第一是环境是否和谐，例如，自然与社会是否和谐？社会内部是否和谐？第二是环境是否活跃？仅有环境的和谐还不够，落后的、封闭的地区也可能是和谐的，但不一定适合现代经济发展的需要。良好的区域发展环境应该具有快速变动的特征，能够与区域外的要素和能量进行活跃的交流。

第四节　产业布局与县域经济发展是合力作用的结果——理论解释

县域（或者其他区域）产业布局以及县域经济发展是由上述所有因素的合力作用共同决定的，下面以系统运动的有关理论上说明。

---

① 徐琴．发达地区县级城市在城市化进程中的地位和作用．学海，2001.6

② 王延中等．基础设施与制造业发展关系研究．中国社会科学出版社，2002：3.

③ （美）吉拉德·M. 米耶等编．经济发展理论的十位大师．中国工人出版社，1990：206.

一、自然科学中的系统理论

（一）系统思维以前的机械决定论

它的理论体系以经典力学为基础，在认识论上又称牛顿模式或拉普拉斯决定论。它产生于16世纪，经伽利略、开普勒，特别是牛顿的辛勤工作而成，后在拉普拉斯的努力下，成为西欧三百多年来认识自然和社会的一种方法论。以牛顿经典力学为基础的机械决定论在哲学史和科学史上有着显赫的功绩，但也存在一些严重的缺陷，因而必然为辩证的、综合的、系统的思维方式所取代。其缺陷主要是：第一，机械单因论。譬如，牛顿就宣称："从运动的现象去研究自然界的力，再从这些力去验证其他现象……我希望我们可以用同样的推理，从机械的原理中推演出其余一切自然现象。"① 第二，还原简化。认为一切复杂的对象都可以分解为简单的部分，从简单的部分特性来求知事物的整体性质。笛卡儿提倡"难题分成尽可能多和必要的部分，以便把它最好地加以解决"。这种方法被切克兰德称为分析还原理论。② 第三，原因和结果单值对应。在原因与结果的关系上，机械决定论把二者看成是固定的相互对立的两极，只要给定初始条件（原因），其结果必然可以精确预测到。第四，否认偶然性。认为世界只有必然的、确定的存在，不存在偶然性和不确定性。第五，运动规律在时间上反演可逆。普里戈金在《人与自然的新对话》一书中指出："经典物理学或量子物理学把世界描绘成是可逆的、静态的。在这种描述中，没有什么进化而言，既没有向有序的进化，也没有向无序的进化。"在牛顿模式中"时间是一个后来添上去的概念。某一时刻，无论是现在、过去的还是未来的时刻，都被假定与另一时刻完全相同。行星无休止的圆周运动——的确像一个钟表，或一个简单机械那样——从原则上讲既可以走向过去也可以走向未来，而不会改变系统的基础。由于这个原因科学家把牛顿系统中的时间说成是可逆的。"③ 在机械决定论的影响下，科学、思想界形成了一种直线、孤立、静止、分解式的思维定式，严重地束缚着科学的发展。这种束缚首先为恩格斯冲破，他在社会历史科学领域清算了机械决定论。恩格斯说："在自然科学家那里，运动总是不言而喻地被

---

① （英）W·C·丹皮尔．科学史．商务印书馆，1995：248.

② 转引自魏宏森，曾国屏．系统论．清华大学出版社，1995：42.

③ 伊·普里戈金，伊·斯唐热．从混沌到有序．上海译文出版社，1987：28，16.

认为是和机械运动，和位置移动相等的。”“由于同样的误解，还产生了想把一切都归结为机械运动的狂热”。“这样就把其他运动形式的特殊性抹煞了。这决不是说，每一个高级的运动形式并非总是必然地与某个现实的机械的运动相联系；正如高级运动形式同时还产生其它运动形式一样……”①

（二）系统论的形成及其渊源

系统论作为哲学方法论于20世纪40年代由奥地利生物学家冯·贝塔朗菲提出之后，迅速被科学、思想界公认并被确立为一种全新的思维方式和方法论。但作为这一方法论精髓的系统思想却有深厚的历史渊源。中国的周易思想、阴阳五行说、道家思想、孙子兵法思想；西方的古希腊哲学、近代科学、德国古典哲学等都不同程度地存在着系统思想。② 然而对系统论贡献最大的是马克思和恩格斯。美籍奥地利理论生物学家贝塔朗菲（L. Von. Bertalanffy）在《一般系统论》里强调马克思的辩证法在系统概念形成中的作用。③ 美国学者麦奎里·安吉贝，波兰研究者希通卡都称马克思是现代系统思想的“先声”“始祖”。苏联学者指出：“构成马克思方法的唯物主义基础的绝不只是系统性的观念，但毫无疑问，系统性观念是作为重要的组成部分而被包括到马克思方法的唯物主义基础之中。”④ 马克思和恩格斯在其著作中多次使用过“系统”“有机系统”“系统发展为整体”的系统论专有概念，只是由于种种原因，他们没有专门对系统论原则进行过方法论的研究。但这并不能抹煞他们的社会历史理论中包含丰富的系统思想、原则和方法，他们是人类历史上第一个对世界上最复杂的系统——人类社会进行开创性、系统性研究的人。⑤

（三）系统论的基本观点

认为从无机物到有机物、从自然到社会、从物质到精神，宇宙一切自成系统，皆是系统。系统论研究问题、考察现象的逻辑起点是强调必须把研究对象作为系统。由自然科学兴起的系统方法也适用于研究人类社会历史。贝塔朗菲在讲一般系统论的普适性时指出，“社会现象必须作为‘系统’来考虑”⑥ 社会

---

① 恩格斯．自然辩证法．人民出版社，1971：225－226.

② 魏宏森，曾国屏．系统论．清华大学出版社，1995：6－69.

③ 冯·贝塔朗菲．一般系统论．社会科学文献出版社，1987：8.

④ B·Π·库兹明．马克思的理论和方法论中的系统性原则．社会科学文献出版社，1988：181.

⑤ 冯毓云．社会发展的“合力作用”理论与系统论．学习与探索，1998.02

⑥ 冯·贝塔朗菲．一般系统论．社会科学文献出版社，1987：5.

系统与自然系统相比，具有人为性、变易性、意识性、意志性等等，其构成要素及其结构更为复杂。

（四）系统科学的主要理论

① 一般系统论。由贝塔朗菲于20世纪20年代创始，有3个基本观点：

A. 系统观点：一切有机体都是一个整体（系统），系统是“相互作用的诸要素的复合体”，其性质取决于复合体内部特定的关系。

B. 动态观点：一切有机体本身都处于积极的运动状态。

C. 等级（层次）观点：各种有机体都按严格的等级组织起来。

一般系统论有着十分广泛的含义，是适用于一切系统的普遍原理。

② 信息论。由美国科学家申农于1948年提出，分狭义信息论与广义信息论。信息论把系统的有目的的运动抽象为一个信息变换过程，认为任何实践活动都可简化为多种流：人流、物流、财流、能流和信息流等，其中信息流起着支配作用。

③ 控制论。由美国数学家维纳在总结前人经验的基础上于1948年创立。维纳把控制论定义为“关于在动物和机器中控制和通讯的科学”。它研究如何调节与控制系统的一般规律。在实际应用中有最优控制理论，自适应、自学习和自组织系统理论，模糊理论，大系统理论等。

④ 系统工程学。产生于20世纪40年代，在20世纪60年代形成体系，理论基础是运筹学、信息论、控制论等，20世纪70年代后，其应用范围超出了传统工程的概念。系统工程学从系统的整体观念出发，通盘筹划，合理安排整体中的每一局部，以求得整体的最优规划、最优管理和最优控制，使每个局部都服从一个整体目标，做到人尽其才，物尽其用，以发挥整体优势，避免资源的损失和浪费。

⑤ 系统自组织理论。它是20世纪60年代以后发展起来的关于系统演化发展的一般性理论。自组织的含义是指系统在没有外部指令的条件下，其内部子系统之间能按照某种规则自动形成一定的结构和功能，它具有内在性和自主性。自组织的演化过程是开放系统中大量子系统集体的、自发的、自动的协同合作效应，是系统自身内部矛盾运动的结果。

⑥ 耗散结构论。比利时物理学家普里高津（I. Prigogine）于20世纪70年代提出“耗散结构”学说。耗散结构的概念是相对于平衡结构的概念提出来的。普里高津从热力学第二定律出发，通过研究非平衡态热力学指出：一个远离平

衡态的开放系统，在外界条件变化达到某一特定阈值时，量变可能引起质变，系统通过不断地与外界交换能量与物质，就可能从原来的无序状态转变为一种时间、空间或功能的有序状态，这种远离平衡态的、稳定的、有序的结构称之为“耗散结构（dissipative structure）”。耗散结构理论具有普遍科学方法论的性质，是科学、技术、经济、管理等领域用以解决一系列综合问题的方法论工具。

⑦ 协同学（synergetics）。创始人是德国著名理论物理学家赫尔曼·哈肯（Hermann Haken）。协同即协同作用之意，它强调在复杂大系统内，各子系统的协同行为产生出超越各要素自身的单独作用，从而形成整个系统的统一和联合作用。哈肯发展协同学的目的是“建立一种用统一观点去处理复杂系统的概念和方法”，“协同导致有序”是这一理论的高度概括。

⑧ 超循环理论。创立者是联邦德国生物物理化学家艾根。该理论与耗散结构理论、协同学的共同之处都是研究非平衡现象和系统自组织行为。艾根用超循环理论解释生物在化学进化阶段与生物学进化阶段的统一性和多样性协调问题以及蛋白质与核酸的相互关系问题。

⑨ 混沌理论（chaology）。现实世界既存在从无序到有序，也存在从有序到“无序”的演化，远离平衡系统的一种可能归宿是从通常意义上的有序结构状态转变成貌似无规则的混沌结构状态。现代科学对于混沌现象的探索可追溯到19世纪末彭加勒关于“三体”问题的研究。作为一门学科，混沌理论则发端于20世纪60年代初，主要标志有两个：一是数学家柯尔莫哥洛夫、阿诺德和莫什尔在关于哈密顿系统运动稳定性的工作中提出的KAM定理（被誉为牛顿力学发展史上最重大的突破）；一是气象学家洛仑兹在一类耗散系统动力学行为的数值分析中发现具有非平庸吸引子的第一个模型。这两项工作揭开了现代非线性研究的序幕。

伊农（1964年）、茹勒和泰肯斯（1971年）、李天岩和约克（1975年）、费根鲍姆（1978年）等在混沌现象的研究方面都有重要发现。从20世纪70年代中期起，混沌现象引起了数学、物理学等众多领域的广泛关注，并发展成一个空前活跃、成果累累的前沿科学。

⑩ 突变论。由法国数学家托姆于20世纪60年代末提出，目的是为描述现实世界特别是形态发生问题中的突变现象提供一种数学框架。托姆所讲的突变是指连续作用的原因所导致的不连续效果，突变理论就是为描述不连续现象而创立的一种新的数学理论，是非线性科学的重要组成部分。从系统演化角度看，

突变一般具有非常重要的建设性作用。①

二、恩格斯的社会发展合力论

关于社会发展和进步的动力问题，恩格斯在晚年提出了极为重要的“合力论”思想。在他看来，社会历史过程中的决定性因素归根到底是现实生活的生产和再生产，然后在这个基础上发生了经济、政治、思想等各种因素间的交互作用，进一步从这些因素的交互作用形成的许多特殊条件中产生出了许多不同的意志，而这许多不同的意志相互冲突就构成了一个总的“合力”。

从方法论的角度看，合力论与系统论都是系统的非线性思维方式，都是对以牛顿模式为代表的机械决定论、简单还原论的反叛。贝塔朗菲指出，我们被迫在一切知识领域中运用“整体”或“系统”概念来处理复杂性问题，这就意味着科学思维基本方向的转变。

“合力论”是对马克思主义唯物史观的重要补充，它的提出使唯物史观达到了结构严密、内涵精深的至高境界。

（一）关于唯物史观

19 世纪 40 ~ 50 年代，马克思和恩格斯创立了唯物史观，实现了社会历史观的伟大变革。从此，“过去在历史观和政治观方面占支配地位的那种混乱和随意性，被一种极其完整的严密的科学理论所代替”。②

唯物史观的创立以马克思、恩格斯的《德意志意识形态》和 1859 年马克思《政治经济学批判序言》这两部光辉著作为标志，在这两部光辉著作中唯物史观的基本原理得到比较系统的阐述。《德意志意识形态》阐明了物质生产是一切历史的基本条件，是人类社会发展的决定性因素，第一次揭示了生产力和生产关系的辩证关系。在《＜政治经济学批判＞序言》中，马克思表述了生产关系一定要适合生产力状况、上层建筑一定要适合经济基础的规律是全部人类历史发展的基础的思想。在这以后，马克思潜心研究政治经济学，将主要精力投入他的鸿篇巨制《资本论》的著述中。在《资本论》中，运用唯物史观和剩余价值理论，“他不是诉诸人性，而是像一个生理学家进行解剖一样，从资产阶级社会里最简单、最普通、最常见、最平凡的商品人手，揭示了资本主义社会的矛盾，

---

① 吴殿廷编．区域分析与规划高级教程．高等教育出版社，2004：5 – 10.

② 列宁选集．人民出版社，1995 年 6 月第二版 第 2 卷 第 311 页

令人信服地证明了它的必然灭亡”。

（二）恩格斯合力论对唯物史观的贡献

恩格斯对唯物史观的重大发展可以从两个时期进行考察。一是在19世纪70～80年代的一系列理论创作中。主要的展开与阐发是在1878年发表的《反杜林论》和1886年发表的《路德维希·费尔巴哈和德国古典哲学的终结》。恩格斯说，“我在这两部书里对历史唯物主义作了就我所知是目前最为详尽的阐述。”另外在《家庭、私有制和国家的起源》《论住宅问题》《论权威》等一系列著作也有论述。二是恩格斯在1890～1894年的《历史唯物主义通信》中，达到了这一理论体系的至高点。①

针对一些人将唯物史观视为“经济决定论”“经济唯物主义”的简单化、庸俗化倾向，恩格斯在晚年的一些通信中，对历史唯物主义的一些重要问题做了进一步阐发，他着重论述了经济基础与上层建筑的辩证关系以及政治上层建筑对经济基础的反作用，阐明了思想、观念的相对独立性。尤其是1890年9月，恩格斯在《致约·布洛赫》的信中深刻地阐发了历史发展合力论的重要思想。他指出：“我们自己创造着我们的历史，但是第一，我们是在十分确定的前提和条件下进行创造的。其中经济的前提和条件归根到底是决定性的。但是政治等等的前提和条件，甚至那些存在于人们头脑中的传统，也起着一定的作用，虽然不是决定性的作用。”“但是第二，历史是这样创造的：最终的结果总是从许多单个的意志的相互冲突中产生出来的，而其中的每一个意志，又是由于许多特殊的生活条件，才成为它所成为的那样。这样就有无数互相交错的力量，有无数个力的平行四边形，由此就产生出一个合力，即历史结果，而这个结果又可以看作一个作为整体的、不自觉地和不自主地起着作用的力量的产物。”②

他进一步分析说，因为任何一个人的愿望都会受到任何其他人的妨碍，因而最后出现的结果就是谁都没有希望过的事物，所以以往的历史总是像一种自然过程一样进行，而且实质上也是服从同一运动规律的。但是，各个人的意志——其中每一个都希望得到他的体质和外部的，归根到底是经济的（或是他个人的，或是一般社会性的），使他向往的东西——虽然都达不到自己的愿望，但是它们融合为一个总的平均数，一个总的合力，每个意志都对合力有所贡献，

① 李瑞琴．恩格斯对唯物史观的独特贡献．中国社会科学院研究生院学报，2004.01

② 马克思恩格斯选集：第4卷．人民出版社，1972：477－478.

因而是包括在这个合力里面的。

概而言之，恩格斯的合力论深刻地阐述了历史形成和发展是经济、政治、法律、哲学、宗教、社会心理、社会传统、个人自觉的目的、意志等因素综合作用的结果。这一理论虽已提出了一百多年，但现代复杂科学例如系统论、协同学、耗散结构理论、超循环理论等的兴起都证明了其深刻的科学性和超前的预见性。

三、人地关系理论

古人很早就意识到人与自然存在着密切的关系，并总结出许多至今仍然具有指导意义的规律或者学说。例如“天人合一”的思想对人们就产生了深远的影响。

在地理学领域，关于人地关系的思想和理论也很多。仅在近代，就有地理环境决定论、二元论、人地相关论（或然论、可能论）、适应论、人类生态理论、景观论、生产关系决定论、唯意志论、人地协调论等。我国学者关于人地关系的思想主要有人地关系地域系统理论、“人地关系优化”概念（陈传康、牛文元提出）等等。

（一）人地关系地域系统理论

由我国杰出地理学家吴传钧院士提出。吴传钧将人地关系的思想完整地引入到地理学中，提出和论证了人地关系地域系统是地理学特别是人文地理学理论研究的核心。这个思想对我国地理学的理论和实践具有重要的导向作用。①

吴传钧关于人地关系思想最早源于法国人地学派代表的“或然论”。“或然论”认为人地关系是相对的而不是绝对的，人类在利用资源方面有选择力，能改变和调节自然现象，并预见人类改变自然愈甚则两者的关系愈密切，具有朴素的辩证观点。

人地关系地域系统理论的主要内容是：

1. 人地关系系统是一种系统。

在人地关系地域系统中一共有四组变量：空间、时间、自然、人文，故从属性来说兼有自然和社会两种；从形态来说是开放的复杂巨系统；从实质来说

---

① 陆大道，郭来喜．地理学的研究核心——人地关系地域系统——论吴传钧院士的地理学思想与学术贡献．地理学报，1998. 02

是通过内部结构组合和功能机制的转换的动态过程；从研究的目的来说是通过结构调整和机制优化，使人地关系更加协调和谐，使人类社会的发展循着可持续的方向前进，所以吴传钧院士揭示的是完整的地理学科学方法论。①

2. 在地球表层人与自然的关系是相互影响与相互反馈的。人类有意识地通过生产改变生存的物质条件，从而也改变着自然，并形成了两者新的关系，这种关系是动态的，具有社会和历史特性的辩证关系。在投入产出过程中人地关系得到了充分的体现，投入产出是人地系统中最基本的双向作用过程。

3. 人地关系地域系统是以地球表层一定地域为基础的人地关系系统。

吴传钧在1979年广州第四次地理学会代表大会上指出地理学研究的特殊领域“是研究人地关系的地域系统”。他赞同钱学森院士关于运用系统理论研究人地关系巨系统及其结构与功能的倡议，进一步将系统论引入地理学研究当中，提出“人”和“地”这两方面的要素是按照一定的规律相互交织在一起的，交错构成的复杂开放的巨系统内具有一定的结构和功能机制，在空间上具有一定的地域范围，从而构成了一个人地关系的地域系统。这一论断，使地理学对人地关系的研究具体落实到地域。吴传钧认为，“地理环境是对应主体而言的，主体是人类社会。所谓地理环境有广狭两义，狭义的地理环境即自然综合体，广义的地理环境则指由岩石、土、水、大气和生物等无机和有机的自然要素和人类及其活动所派生的社会、政治、经济、文化、科技、艺术、风土习俗和道德观等物质或意识的人文要素，按照一定规律相互交织，紧密结合而构成的一个整体。它在空间上存在着地域差异，在时间上不断发展变化”。

4. 土地利用是人与自然相关的核心，是人类活动和自然环境的关系表现最为具体的景观。

5. 人地关系地域系统研究的中心目标是协调人地关系。

吴传钧指出，要从空间结构、时间过程、组织序变、整体效应、协同互补等方面去认识和寻求全球的、全国的或区域的人地关系系统的整体优化、综合平衡及有效调控的机理，为有效地进行区域开发和区域管理提供理论依据。

吴传钧认为，“人地关系是否协调抑或矛盾，不决定于地而决定于人”。因此“要主动地认识，并自觉地按照地的规律去利用和改变地，以达到更好地为

---

① 刘盛佳．吴传钧院士的人文地理思想与人地关系地域系统学说．地理科学进展，1998. 01

人类服务的目的，这就是人和地的客观关系"。吴传钧在庆祝中国地理学会成立85周年大会上向全国地理界建议：可持续发展问题研究应是我国地理学今后一个相当长阶段的主攻方向；协调人地关系，其目的就是要达到可持续发展。

吴传钧认为，"任何区域开发、区域规划和区域管理都必须以改善区域人地相互作用结构、开发人地相互作用潜力和加快人地相互作用在人地关系地域系统中的良性循环为目标，为有效进行区域开发与区域管理提供理论依据。"①

（二）1990年以来中国关于人地关系研究进展

主要表现为：第一、以全新视角研究人地关系。例如，从科学技术、历史学、哲学、利益驱动、天地相生、制度学等新视角认识人地关系的本质；深入分析人地系统的基本特征。第二、新型人地关系理论不断出现，并逐步形成理论体系。A. 人地系统协调共生与耦合优化理论。包括人地系统优化论、人地关系协同论、人地协调共生论、人地太极图论、人地差异协同论、人地协调阶段论。B. 人地系统危机冲突与错位异化理论。包括人地危机冲突论、人地关系错位论、人地关系异化论。C. 人地关系分形辩证与系统构型理论。包括人地关系分形论、人地关系辩证论、人地关系构型论。②

四、逻辑上的推演

以上概括了自然系统、社会系统、人地系统三个领域有关的理论成果，现在从这些理论出发简单明了地在逻辑上推演县域产业布局与经济活动是涉及人地关系的社会行为，是合力作用的结果。

假定上述理论是科学可信的，它们都是对现实世界进行实际观察思考后得出的客观描述（实证结果），那么，必然得出结论：

1. 系统存在于宇宙的每一个部分和角落。

2. 系统的诸要素是相互关联和相互影响的，诸要素相互影响的合力形成了新的系统形态。

3. 县域是宇宙中的一个子系统，这个系统既包含自然系统、社会系统，也包含人地相关的系统。

4. 因此，所有影响县域产业布局与县域经济发展的因素（包括已知的和未

---

① 吴传钧．论地理学的研究核心—人地关系地域系统．经济地理，1991. 11

② 方创琳．中国人地关系研究的新进展与展望．地理学报，2004年10月增刊

知的）形成一股合力催生了县域产业布局与县域经济发展的新形态。

以西方区位理论的发展简史为例，说明区域产业的空间布局是诸要素合力作用的结果（为了分析上的方便，这里不用县域一词）。

首先，西方学者在分析哪些因素影响区位时，一般都假设其他因素不起作用，这只是出于研究上的方便（比如，便于建模、能够突出重点等），实际上所假设的因素是起作用的。例如，韦伯假定不起作用的因素包括“实际因素”（政策、政治制度、民族、气候、技术发展差别等）和特殊因素（如制造过程中需要一定湿度的空气或一定纯度的水等等）以及普通因素中的地价、厂房、机器设备和其它固定资本的费用、利息等等。这些因素在区位的最后选定时实际上都在发生作用，区位的选择是各要素合力作用的结果。

其次，随着实践的深入和认识的提高，或者出于学术创新的需要（研究贵在创新），区位理论的假设前提逐渐被冲破，或者新的区位因素不断被发现和提出，而新因素的提出并不一定意味着旧的区位因素不起作用了。例如，区位选择因素分析从成本到市场、及至从成本—市场到企业家行为、宏观经济结构、资本主义发展历史、区域创新环境、地方制度与地方文化等等，只是说明新的区位因素不断被人们发现，并不是说旧的区位因素就一定不起作用了。实际的情形是，各种因素都在发生作用，只是不同时期、不同环境下各因素作用力的强弱可能会不同而已。此外，肯定还有很多因素至今没有被人们发现，但我们不能说它们不起作用，它们和所有已知的影响因素一起构成合力，决定着区位的最后选定。

以上论述了县域（可以扩展到任意区域）产业布局与县域经济发展最终是由诸要素合力影响和决定的，那么，人在合力中起什么作用呢?

本书认为，人类可以在合力中尽可能地施加影响，人类施加的影响不管是正面的还是反面的，也不管是强还是弱，这种力都是合力中一部分，人类的意志力调节能否奏效，既不取决于人，也不取决于自然，而是取决于社会、自然、社会与自然三者相互作用形成的合力。如果社会的意志力调节足够大，那么，合力会向人类这一边倾斜，人类获利变大；如果自然作用于人类的力大于人，则合力倾向于自然这一边，例如，火山、地震的发生，自然界对人类的惩罚等等。

那么，人类如何恰当地发挥其影响力才能既有利于社会又有利于自然？要解决这个问题，必须处理好人类之间以及人类与自然之间的关系，制度因而成为调节这些关系的关键手段。

第五节　制度是引导产业布局与县域经济发展的重要因素

一、引导县域合力的重要机制——如何确立和改善人的关系

产业布局与县域经济发展的互动机制属于动态的社会系统机制。构建这样的互动机制需要注意把握以下两个方面：一是互动系统的要件，一是如何确立和改善人的关系。其中关键在于如何确立和改善人的关系。原因主要是：

在区域的诸要素中，只有人是能动的，人是万物之灵，在某种程度上主导着世界。英国经济学家哈比森说，资本与自然资源都是被动的生产要素，只有人才是积累资本。

从历史到现实，我们都可以看到，大到一个地区，小到一个单位，来了不同的人，往往就会有大为不同的发展结果，这正说明人在其中的主导地位。

美国的西部在“西进运动”以前，那里的资源基本上是沉寂的，“西进运动”以后，那里发生了翻天覆地的变化，在美国历史上产生了深远的影响。巴西为推动北部、中部地区开发，将首都从里约热内卢迁至巴西利亚，通过斥巨资建造现代化都市，牵动人口和企业向内陆迁移，有力地带动了内地的发展。目前，巴西利亚已从过去的10万人口发展成拥有10个卫星城，约200万人口的大都会，在世界欠发达地区开发史上留下了光辉的一页。国内的宁夏华西村是1996年由江苏华西村帮扶建设的扶贫移民新村。现有搬迁移民4600多人，人均年纯收入2000元，小城镇建设初具规模。2000年举办的沪宁经济合作会上，宁夏华西村成为商家关注的焦点，签订合作协议4项，项目总投资12000万元人民币和600万美元。①我国不少发达县域的经济是建立在“零资源”基础上的，如浙江的义乌、海宁和永康。这说明，在市场经济环境下，资源在空间中可以流动，其动力源就是人。

美国经济学家舒尔茨曾在《人力资本投资》中指出：大量统计数字表明，

① 李甫春等．千年等一回——广西实施西部大开发战略理论构想．民族出版社，2001：257.

国民收入的增长比国民资源的增长要快，有人把两者之间的差额叫作“资源生产力”，这是一种用“无知”的办法对付无知的行为，没有任何意义。实际上，两者之间的差额不是由规模收益产生的，就是由投入品质量的改进产生的，其中最重要的是“人的能力的改进”，其他方面应当处于“次要”地位。贫穷国家之所以贫穷，最重要的不仅在于“极端缺乏资本”，而且在于没有把更多的资本“用来增加人力投资”。正是由于“人的能力没有与物质资本齐头并进”，从而才使人的存在本身变成了“经济增长的限制因素”①。

因此，在县域的发展中，首先是要重视人，树立重人轻物、有人就有物的观念，跳出多年来把资源局限于自然物质禀赋的狭隘认识。当然，这里讲的人不是一般的人，而是有向上精神的人，只有身躯，没有精神，或者没有积极、活跃的精神，没有意义。鲁迅当年就痛感中国人没有精神，于是弃医从文，他认为学文比学医更能医治中国人。

所以，要真正重视人，就必须把人这一最为重要的资源开发利用好，从侧重于资金输入、物资支援，转向为当地引进和培养人才，以形成产业布局与县域经济发展的互动。虽然以文化人，以教育人是很好的办法，但不是唯一的途径，也不是最好的途径，因为农民没有或者没有多少时间看书。最好的途径是移民，一个区域有不断流动的人群，就会有来自各地的风俗习惯和不同的思想意识，也会有不同的利益和价值观，这些不同的东西相互激荡、磨合，就会达到一定的平衡，人在其中就会感到比较自由，新的文化、新的精神也就应运而生。不断的移民更替，就会有不断的文明更新。

二、制度何以重要

（一）制度经济学的呼唤

经济学所研究的是人们如何利用稀缺资源来满足其多种需要，以及人们如何发现新需要和新资源的问题。经济就是“经世济民”，它是关于平民百姓理财的学问（色诺芬），目的“在于富国裕民”（亚当·斯密）。经济学既是研究财富的一门学问，也是研究人的一门学问（马歇尔）。那么，在经济活动中，制度起到什么样的作用呢？

---

① 西奥尔多·W·舒尔茨．论人力资本投资（中译本）．中国财政经济出版社，1991：45.

柯武刚（Wolfgang Kasper）和史漫飞（Manfred E. Streit）在其《制度经济学——社会秩序与公共政策》的中文版序言里是这样说的：西方技术文明的演变与欧洲人获自中国的有益知识很有关系，在一千年前，无人能预见到欧洲的领先，华夏文明和伊斯兰文明都拥有着高超的技术知识和组织知识，与欧亚大陆西部边缘那块偏远半岛的文明相比，其文明更引人注目。最近的这一千年却是西方世界的至福千年，人们越来越认识到，欧洲人能创造出现代技术文明的原因就在于他们开发并贯彻了一套人类交往的规则，它抑制了机会主义和权力的滥用。这些规则被称为"制度"。制度大都不很直观，但是，要想确保所有公民从物质资本和劳动者的艰苦努力中受益，要想使增长过程经久不衰并伴有社会的和谐、公正和安定，制度必不可少。①

（二）制度涉及的范畴

制度的定义很多，所指大同小异。按照诺斯的定义，制度是"为决定人们的相互关系而人为设定的一些制约。制度构造了人们在政治、社会或经济方面发生交换的激励结构，制度变迁则决定了社会演进的方式，因此，它是理解历史变迁的关键"②。柯武刚和史漫飞对制度所做的定义是，制度是各种带有惩罚措施，能对人们的行为产生规范影响的规则，它抑制着人类交往中可能出现的机会主义等行为倾向，使人们的行为更加可以预见并由此促进着劳动分工和财富创造。

制度存在于人们不断重复出现的各种关系中，涉及方方面面，人们一般把制度分为正式制度和非正式制度两大类。

非正式制度是人们在长期生活中形成的良好礼貌、风俗习惯、伦理规范、价值观念、意识形态和商业习俗等，它们是从人类经验中演化出来的，因此也称为内在制度。内在制度是非正式的约束（Informal Constraints），一般不具有强制性，主要通过人们的自我反省和社会舆论来维持，违反它们通常会受到共同体中其他成员的非正式惩罚，例如，不讲礼貌的人发现自己不再受到邀请。当然，也有各种执行内在制度的正式惩罚程序。

正式制度主要由法律法规、政策、组织制度安排和契约等构成，它们被清

① （德）柯武刚等．制度经济学．社会秩序与公共政策．韩朝华，译．商务印书馆，2000 中文序言第 1－2 页

② D. 诺斯．制度、制度变迁与经济绩效．上海三联书店、上海人民出版社，1994：3.

晰地写在条文中。正式制度是被自上而下地强加和执行的，因此也称为外在制度。外在制度由一批代理人设计和确立，这些代理人通过一个政治过程获得权威。外在制度配有惩罚措施，是正式的约束（Formal Constraints），具有强制性。这些惩罚措施以各种正式的方式强加于社会（如遵循预定程序的司法法庭）并可以靠法定暴力（如警察）的运用来强制实施。

（三）制度的功能和作用

在任何社会经济形态，制度的功能都可以概括为：

1. 匹配与约束行为主体之间的权利与义务。

2. 调节行为主体在社会经济运行中的关系，既影响行为主体的成本——效益函数，也影响社会成本——效益函数。

3. 制度是公共产品，满足的是公共需要，因此制度与公共活动和公共组织机构有关，并影响到公共活动的机制及其变动。

制度所涉及的深层方面是人类之间乃至人类与自然之间的利害关系，这种利害关系随着人类的不断抗争和社会进步而逐渐朝着公平、合理的方向演进，因此，它的任何变更都深刻地影响着我们的社会，不同的制度安排决定人们在社会生活和社会生产中的地位、行为和利益分配。

例如，资本主义制度与过去的制度比较，它确实促进了生产力的飞速发展，但它也给社会带来过激烈的震荡和灾难，以至于遭到所有社会主义理论家的无情揭露和猛烈抨击。马克思从劳动价值论出发，揭示了资本家剥削工人的秘密，他对资本主义制度内在矛盾的分析引导了一场场波澜壮阔的无产阶级革命运动。然而遗憾的是，在这些革命运动中产生的一系列社会主义国家都碰到了经济发展中的诸多难题，在生产力尚未高度发达的情况下，高度集中的计划经济体制日益显露出了弊端并受到人们的责难。社会主义国家不得不进行改革，改革的方向就是朝着市场经济体制迈进。虽然市场经济体制并非资本主义国家所独有，但资本主义国家的市场经济体制日趋完善和富于高效却是事实。从中国的实践看，自1979年以来，在迈向市场经济体制转轨的过程中，无论从哪种角度来看，体制改革都对中国经济生活产生了巨大影响。①

尽管市场经济体制作为资源配置的一种方式在资本主义国家一向被视为有效的制度安排。但是，市场的作用也是有限的。经济学家保罗·A. 萨缪尔森指

---

① 周冯琦．中国产业结构调整的关键因素．上海人民出版社，2003：237.

出，在完全竞争的市场上，亚当·斯密的看不见的手可以把个人的自私自利转化为某种社会最大的福利的情形，“几乎可以说是奇迹般的偶然性”，“这种看不见的手的幸运结果，不大可能在所有社会环境里出现”①。资本主义国家的经济危机及由此引发的世界大战就彻底暴露出市场的局限性。

如何弥补市场的缺陷呢？在新制度经济学（New Institutional Economics）的理论中，弥补的手段不是通过政府干预（这会制约市场机制），而是通过制度来提供一种机制以减少市场运行的交易费用，促进市场的有效运行。由于制度提供了一系列规则界定人们的选择空间，约束人们之间的相互关系，才保证企业或个人在价值规律指引下，通过市场竞争来追求自身利益的最大化，同时也实现社会利益的最大化。

正是因为制度的这些作用使其越来越受到经济学家和政治家的高度重视，特别是在过去的几十年里。人们之所以关注制度，并不完全起因于人们对社会意识形态的重新审视，更重要的而是来自对经济活动的效率和发展机制的思考。人们普遍意识到，制度是整个社会经济领域中最为关键的问题，是决定经济增长方式、速度乃至社会和谐的最基本因素。这不仅反映在人们对发展中国家普遍存在着制度残缺的认识，而且更深刻地反映在人们对发达国家所谓较为完整制度的再认识上。

西方学者对于有效制度（或者说制度功能）的理解主要体现在：②

1. 有效协调和信任

制度能使复杂的人际交往过程变得更易理解和更可预见，从而使不同个人之间的协调更易于发生。在社会的混乱和无政府状态中，由于信息、监督和执行问题常常难以解决，劳动分工是不可能的。可靠的约定无法做出，人们相互沦为他人机会主义行为的囚徒而难以自拔。制度能增强生产要素——如劳动——在满足人类需要上的效能，这种作用类似于资本等生产要素，因此，作为共同体的制度可以被视为一种宝贵的生产性资产，即“制度资本”（institutional capital）。

2. 保护个人自主领域

---

① 保罗·A·萨缪尔森，威廉·D·诺德豪斯．经济学．高鸿业等，译．中国发展出版社，1992.

② （德）柯武刚等．制度经济学．社会秩序与公共政策．韩朝华，译．商务印书馆，2000 译后记第 142 – 147 页

制度能保护个人自主，使其免受诸如掌权者这样的外部性不恰当干预。但制度对个人自由领域既保护又限制，排他性的产权制度能确立重要的自由领域，而经济竞争则对产权的运用施加控制，并限定个人凭其所拥有的产权可以做和不可以做的事。整个资本主义体系不仅依赖于经济自由，而且也依赖于靠恰当制度来支撑的竞争对这些自由所施加的控制。

3. 防止和化解冲突

当不同的人追求其个人目标、行使其自由意志时，常常会影响到他人并可能发生冲突。有效的制度可以用较低的代价和非暴力方式（例如裁决机制）来解决冲突，以及如何使个人行动自由受到最佳约束以避免破坏性冲突的发生。

4. 提供多种选择机会以避免权势的控制

潜在的冲突不仅来自个人的行动自由，而且也来自人们合作的时候。具有财富和魅力的个人能在交易关系中运用权势来压制对方。例如，一个富人有能力雇用一个穷人做卑微的工作并压制他，这完全是因为那个穷人需要钱来维持生存。当社会中某些人对他人拥有巨大权势的时候（这时他人就是不自由的），即使存在着强有力的制度和强制性控制，冲突仍可能发生并出现代价高昂的结果。

不过，权势关系只存在于别无选择的场合。当存在许多挣钱的可选机会时，人们会感到自由，并会在觉得受到强制时转向其他雇主。换言之，在多种选择对象中做选择会使人自由。即使这些选择对象中无一能提供诱人的机会，它们仍可抑制权势。

有效的制度正是通过确保退出机会和转移来保护个人自由，并限制侵犯他人自由的权势滥用，从而使冲突减少。

5. 有效的制度是经济增长与社会和谐的关键

制度提供了个人努力导向私人收益率与社会收益率相接近的经济活动的刺激，也就是说，有效的制度安排使得斯密所谓“看不见的手”的资源配置、收入分配等功能得以充分发挥。

在一个专业化与劳动分工的世界中，有效的制度能够降低交易费用以实现交易中的潜在收益（新制度经济学的解释），提供了合作的收益与不合作的成本（博弈论的解释）。

在博弈论的解释中，有一个著名的例子叫“囚徒困境”（prisoners´ dilemma），它是指两个囚徒不能串供（合作）的情形。在受审时，每个囚徒都面临一个两难选择，即吃不准到底该拒绝供认以使检察机关无从定罪，还是该坦白以期将全部责任都推给另一囚徒，从而争取改善自己的处境。只要这两个囚徒无法相互合作，他们就都面临着同样的两难选择。如果两人相互合作并彼此做出可信约定，例如相互承诺都不招供，他们就都能得到较好的结局。而在他们无法串供但可能招供以自保时，就会相互揭发，这样两人的境况都将变糟。这里的利害关系可以用下面的矩阵来表示。当人们不能可靠地合作时，往往会出现这样的囚徒困境，这时，制度将增加互利合作的机会。

		囚徒A	
		沉默	招供
囚徒B	沉默	两人都无罪	B有罪
	招供	A有罪	两人都有罪

囚徒困境

（四）制度重于技术

美国加州大学伯克利分校的安纳利·萨克森宁教授对硅谷现象进行了长期的研究，他在《地区优势：硅谷和128公路地区的文化与竞争》一书中认为，尽管128公路地区与硅谷开发相近的技术，在同一市场上活动，结果却是兴衰不一。他令人信服地证明，发生这种差异的根本原因在于两地的制度环境和文化背景完全不同。经济学家吴敬琏教授的研究也表明：决定一个国家、一个地区乃至一个企业高新技术发展水平的最主要因素不是物质资本的数量，而是与人力资本潜力发挥相关的经济组织结构和文化传统等社会因素。如果希望本地区的高新技术产业蓬勃发展起来，就不能只盯着物质资本或技术本身，而要把注意力主要放在构建有利于人力资源发挥作用的经济体制和社会文化方面。他的结论是“制度重于技术”。①

在区域规划领域，产业布局作为推动区域发展的技术手段，其重要性是不言而喻的，但如果仅仅把产业布局视为利用经济学、地理学等知识在图上画画这样的技术工作无疑是远远不够的，因为布局技术本身以及布局在区域中的“物体”能否在实践中运转良好，还要看区域中的环境因素特别是制度因素。从

① 钟坚．世界硅谷模式的制度分析．中国社会科学出版社，2001：180.

这个角度上说，制度重于技术。

第六节 可调的县域发展合力圈模型

根据以上分析，作用于县域的合力可分为三大块。一是自然之力；二是社会之力；三是自然与社会相互作用之力。对于合力各方，可以更深入地做以下的分析：

1. 社会内部本身会形成一股合力（记作 A）。社会内部的意志力有正有邪；有善有恶；也有不偏不倚者等等。这些意志力（各方利益的体现）最终形成合力 A。

2. 自然界内部诸因素相互作用也形成一种合力（记作 B），并产生某一结果。

3. A、B 相互作用（人地关系）又形成一股合力（记作 C）。这股合力将形成区域发展的最终形态（记作 D）。

上述的分析表明，人定胜天的思想是不科学的，但这一思想可以作为鼓舞人心的理念，因而又是值得颂扬的。就是说，虽然事物发展的最终结果由人与自然相互作用的合力决定，但人类可以将其潜能尽量加以发挥。

现在的问题是，社会内部的合力 A 呈现一种什么样的状态，才能使社会的利益最大化？同时也使自然（这里将其人格化）的利益最大化？从而实现天人合一，人与自然的和谐相处？

鉴于以下的观察和假定，本文认为，解决上述问题的关键和钥匙在于如何设计社会内部的合力 A。这个假定就是自然、被动的，人是主动的、能动的。既然人的行为是主动的、能动的，那么，只有人类自身对自己的行为进行理性的约束和调节，才能化解矛盾。而约束和调节人类自身的行为正是制度建设和创新的问题，于是，解决上述问题的关键和钥匙最后落到了制度创新这一手段上。

本书所指的制度创新（制度变迁）具有以下两个与众不同的特点：

1. 制度创新是立足机制系统思维的制度系统创新。人们谈到的制度创新一般是指单项制度或者很笼统地讲制度创新，较少有制度系统概念，据作者涉猎所及，目前尚未见有立足机制系统思维的制度系统创新的提法。然而社会经济发展的实践明明白白地显示出仅有某一局部的制度创新是不够的。例如，政府或者其他管理者设计的制度如果只针对被管理者，而他们则不受制度的约束，那么，这样的制度是不公平的——它必然窒息人的积极性和能动性。本文在上述的所有分析中主要是运用系统论的有关原理，这些原理表明，由于系统内相互关联的各种要素构成一种机制共同推动系统的发展，因此，不管哪一方面出现问题，都会影响机制的发挥而不利于系统的发展。这就意味着，要使系统运转良好，就必须理清构成机制的方方面面的关系，亦即进行机制要件上的制度系统创新。这种制度系统创新如果成功，可能还会导致制度系统的演化——而在新制度经济学看来，这是“新制度经济学中最重要、最困难的前沿研究阵地”。①

把握制度系统创新的关键在于机制，就是说，制度系统创新虽然强调需要对制度进行系统的变革，但并不一定意味着方方面面的制度都需要同时革新，只有对构成机制系统的制度进行系统的变革才是有效率的，否则，可能会适得其反、徒劳无益。这是因为，制度涉及的是人与人之间乃至人与自然之间的利益关系，制度系统创新的实质是系统利益的调整，而利益调整必然面临利益冲突，在利益冲突的背后则是各种力量之间的较量，因此，如果制度系统变革中没有相应的具有机制功能的抗衡力量（这表明制度子系统之间缺乏机制），那么，制度系统创新就会面临失败。例如，戊戌变法的失败，在很大程度上是因为康梁希望在短期内进行疾风骤雨式的变革，对于可分离的不同制度或不同制度子系统实行共时演化，同时改变整个制度系统，从而引起各种制度或制度子系统演化的受害者的共时反对，使得变法难以为继。根据史料，在维新高潮阶段（正式变法期间）的 103 天里，一共发布了 110 多道维新变法的诏书、谕令。但除了湖南巡抚陈宝箴一人坚决推行新政外，在地方中没有什么支持力量。

2. 制度是广义的制度。一般所讲的制度只是针对人与人之间的关系，这里的制度不仅涉及人与人之间的关系，也涉及人与自然（人格化）的关系。

根据以上分析，下面用一个可调的合力圈模型描述影响县域（区域）产业布局与县域经济发展的各要素合力作用情况以及制度系统创新在其中的关键地位。

---

① 思拉恩·埃格特森．新制度经济学．商务印书馆，1996：69.

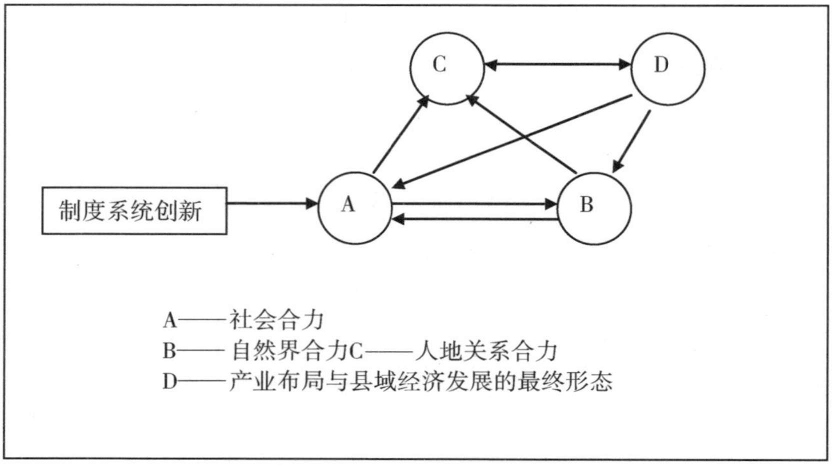

可调的合力圈模型综合运用了自然科学中的系统论、恩格斯的社会发展合力论和人地关系地域系统理论。在合力圈中，制度系统创新是人为可变的第一动力源，通过制度系统创新形成的社会整体力量将成为影响产业布局与县经济发展的关键要素。这与人们对制度的认识是一致的：早在 1841 年，德国历史学派的先驱弗里德里希·李斯特就诘难亚当·斯密把技术、精神资本、政治与法律制度、文化心理等因素排斥在研究视野之外而明确指出制度对经济增长的决定性影响，① 但没有引起足够的重视。长期以来，自然资源（土地、矿产等）、劳动力和物质资本的投入、专业化和分工、投资需求、人力资本、科学技术等等都曾被认为是经济增长的关键因素，直到 20 世纪 70 年代后，人们才重新认识制度的重要性。新制度经济学家论证并说明了这样一个事实：自然资源、物质资本、人力资本等都只是潜在的能力，要变为现实能力还须取决于制度安排，因而制度才是一个社会经济增长或停滞的关键因素。② 例如，D. 诺斯在 1973 年出版的《西方世界的兴起》一书中令人信服地解释了为什么历史上的经济增长没有在西方世界同时出现而首先在尼德兰和英格兰产生。根本原因就在于尼德兰和英格兰地区最早进行了制度方面的变革，从制度上激发和保护了经济领域的创新活动。

---

① 张军，孙宁．从李斯特经济增长理论到现代经济增长理论的演变．经济学动态，1995. 03

② 陈躬林等．增长之谜——现代经济增长理论的演变．福建论坛（经济社会版），1998. 12

需要说明的是，在本文中，作者关于制度的认识，不仅继承了前人关于制度对经济发展具有决定性影响的观点，而且从制度系统创新和演化的层面上深化了对制度作用的认识。由此出发，将可得出这样一个结论：制度系统创新是产业布局与经济发展的关键和重要的影响因素，这一发现还可为传统区位理论增添一个重要而关键的新的区位影响因素——制度系统创新。即通过制度系统创新来引导和规范产业布局，这比用行为经济学来研究区位理论应该说是向前迈进了一步。

第六章

制度系统创新与县域可持续发展

第一节　产业布局与县域经济发展中的若干制度问题

制度残缺是我国县域产业布局与县域经济发展中突出的制度问题，应该说，任何一个区域都不会缺少制度，但为什么又说制度残缺呢？这是因为，我们的制度在很多方面还没有形成系统的缘故。例如，有相当多的约束只针对民众，而不针对制度设计者。因此，制度残缺表现出来的就是制度的不完善性。

一、市场机制不够完善

（一）产业布局机制“断层”

可以说，改革至今，我国适应市场经济的产业布局机制尚未完全建立起来，布局机制还存在“断层”的状况，表现在：①

1. 布局主体转移不到位，出现布局主体多元化。改革虽然改变了传统体制下中央政府作为生产力布局唯一主体的格局，但由于分权的不规范、改革的不配套、不彻底，使本应下放给企业的许多权限被地方政府截留，出现了生产力布局主体由单一的中央政府转变为中央政府、地方政府和企业的多元化局面。

2. 产业布局主体的多元化导致布局动力和目标复杂化，形成利益冲突。中央政府的目标有国民经济整体利益、政治利益、民族利益等；地方政府的目标不仅有地区经济利益，而且还有地方政府首脑升迁的动机和满足本地区人民对生产、生活的要求等。企业的目标除了自身的经济利益外，在现阶段还必须考

---

① 刘再兴等．中国生产力总体布局研究．中国物价出版社，1995：68－70.

虑和承担各级政府及社会对它的一些要求和责任。例如，在用地补偿上，政府说了算，损害农民的利益，使一些开发区矛盾重重。

3. 布局手段和方式逐步市场化，但行政命令方式仍不同程度地存在着。主要表现在中央政府对一些重点建设项目的布局和经济过热时对各地区经济布局的调控上，同时还大量表现在各地区以行政命令进行重复建设、地区封锁和市场分割等方面上。

4. 政府对产业布局的调控政策不完善、不健全。长期以来，我国缺乏一个科学、合理的全国产业布局战略和各地带、各大区产业布局战略，而且各地区所分别制定的本区域产业布局战略往往相互冲突，缺乏协调。

产业布局机制的“断层”，加剧了区域经济发展的无序化、使产业结构和空间结构出现失衡。

（二）政府职能尚未完全转换

相对来说，我国东部沿海地区的市场机制比较完善，企业自主发展的意识较为强烈，政府职能的转变也较为成功，但中西部地区包括其他落后地区依然存在以行政命令指挥经济行为的倾向，对政府的职能认识不足，市场机制不够完善。

例如，根据中央电视台报道，有的县就存在以行政命令方式安排农民的生产或摊派其他任务。

那么，在市场经济中，政府是什么？政府应扮演什么角色？

政府是一种组织（自上而下的层级式秩序），它追求一定的集体性目标，并通过政治程序获得授权，在其政区内按一定规则运用权力。在市场经济中，政府的职能通常是：（1）保护公民的各项自由；（2）生产共享品；（3）再分配产权。为了履行这些职能，政府要投入代理成本；而为了偿付这些成本，政府必须征税以便管理和筹措各种物质资源。①

（三）市场主体的行为失控

例如，在产业的形态上，假冒伪劣产品在某种程度上泛滥成灾，难以根治，造假者甚至还与政府职员相互呼应。

又如，在产业的空间组织上，农村非农产业重复建设和随意布局的问题突

① （德）柯武刚等著．制度经济学．社会秩序与公共政策．韩朝华，译．商务印书馆，2000：357.

出。在广东工业发展过程中，重复布点、重复生产、重复引进和重复出口就很严重，造成了巨额损失，而且在空间上"满天星斗"、布局分散，与工业现代化很不适应，这些都说明人们对"地域分工"和"地域组合"缺乏足够的认识和强有力的宏观指导。①

空间是极度稀缺的资源，对它的利用存在可能性边界。可能性边界是西方经济学经常用来说明诸如稀缺性、选择、效率等基本经济问题的概念。如生产可能性边界是指一个社会用其全部资源和当时最好技术所能生产的各种产品的最大可能产量的组合。② 假定一国用其全部资源生产两种物品：大炮和黄油。该国的生产可能性边界可以用图形表示出来，如图所示。

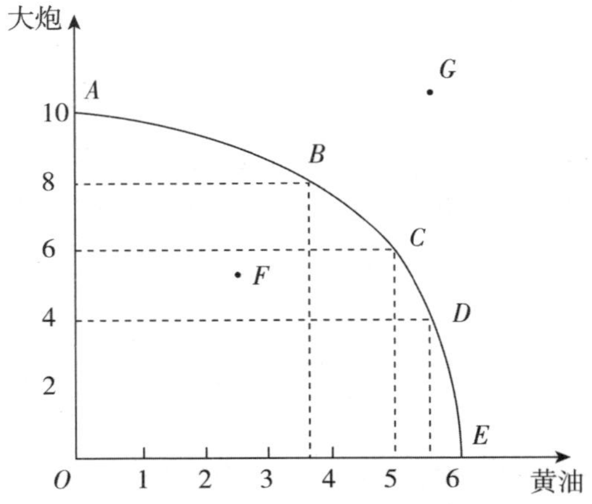

生产可能性边界

图中横轴代表黄油的数量，纵轴代表大炮的数量。图中的数字是假设的，单位分别为万吨和万门。图中的 A，B，C，D，E 点组成的曲线为生产可能性边界。

由于资源的稀缺性决定了经济主体必须做出选择，在资源一定的情况下，"有一得必有一失"——这意味着存在机会成本。因此，对空间这一极度稀缺的资源来说，利用不当的后果是严重的：既影响空间的完整性，损害农业利益，也妨碍其他人的可利用空间，更损害到后人的利益。

---

① 吴永铭．广东工业化的空间构架．中山大学学报（自然科学版），1996 年增刊．

② 许纯祯等．西方经济学．高等教育出版社，1999：5.

（四）市场风险的避免机制仍不足

县域产业的重复建设现象与建设项目的盲目上马有关，项目的盲目上马则与项目的可行性论证有关，项目的可行性论证不足则说明市场风险的预警机制缺乏；另一方面，即使在县域中产业存在重复建设的情况，并造成产品积压，但在更大的区域中则未必这样，如果市场信息很充足，社会化服务体系完善，积压的产业仍可销售出去，从而转移风险，如果转移不了，则说明说明市场风险的转移机制缺乏。

二、政府等管理者的受制与责任问题

（一）缺少约束机制的随意课税

自古以来，我国就有苛政猛于虎的说法，苛捐杂税对人民造成了极大的危害，对经济带来了致命的摧残。

以近代为例。清代自镇压太平天国以后，厘卡遍及全国，进入民国时期，厘卡之害长期未除，全国竟有厘金局之类的关卡 1.2 万余个。对四川省的调查表明，从自贡到重庆一路要经过 21 个税卡，一袋价值 26 元的糖共纳税 13 元；从涪陵运送一袋价值 300 元的皮革到重庆，沿途经 16 个税卡，纳税 145 元；从眉州到重庆 300 公里间，设有税卡 78 个。除了厘金，各地还征收沉重的落地税或消费税。1908 年经重庆运往腹地的洋货价值由 1907 年的 174.3 万海关两下降为 113.5 万海关两，重庆海关税务司谭安（C. E. Tanant）认为，这是“贵州省过重的课税所致”，例如“贵州省对洋纱所征的消费税或落地税就相当于本地所征子口税的 4 倍”，这种重税极大地妨碍了重庆向贵州转销棉织品的贸易。1901 年，仅在吴淞地区就有上海货捐局、上海布捐局、吴淞货捐局、吴淞沙钓船局、上海糖捐局、上海丝茶北卡、海运沪局、淞沪厘捐局等 8 个收税机构，这些机构往往分工不明，重复征收，一物多税，近于勒索。① 致使沿江城市的商业贸易深受其害，民不聊生。

社会演进到今天，境况固然与往昔大不相同，但不少地方仍然重税不断，收费名目亦层出不穷，特别是欠发达地区。

1999 年，全国最大的民营企业“希望集团”将其总部从成都迁往上海浦东，其总裁在接受媒体采访时感言：这里确实是一个求发展的好地方，一年来，

① 张仲礼等. 长江沿江城市与中国近代化. 上海人民出版社，2002：174—174.

上海方面从来没有任何一个官员来找过我的任何麻烦。对比西部地区普遍存在的层出不穷的“卡，拿，吃，要”现象，无论民众或官方都值得深思。①

国务院发展研究中心陈锡文副主任谈及百强县的成功经验时说，凡是百强县域，在经济上都有强烈的开放度，能够大胆引进外资，扩大投资市场，拓展资金来源。西部很多地方也在招商引资，但很多地方把对方请进来后，就是想尽办法征收各种税收和费用，而百强县市的政府，比较重视为企业服务。②

从历史上看，在黑暗的社会里，人民总是渴望明君的出现，当明君出现后，确实也带来休养生息的局面，但往往好景不长，各级官吏中依然有变本加厉盘剥人民者。这是为什么呢？这是因为官吏也是人，具有私心杂念，他们也是经济人，同时还握有权力。

美国经济学家、诺贝尔奖获得者布坎南指出，“国家不是神造的，而是人造的，它并没有正确无误的天赋；政府是民选的，但却是由人组成的，政府的行为规则也是由人指定的，这些规则本身不一定都是完美无缺的。政治家和官僚都是有个人利益的常人，他们既不代表社会利益，也不是除社会公众利益外别无他求的。他们是‘经济人’而不是‘道德人’，他们的行为同经济学家研究的其他人的行为没有任何不同，他们都以自身利益的最大化为目标。”③

既然是“经济人”而不是“道德人”，那么，就不要寄希望于明君良臣，而是通过构建制度使君明臣良。

（二）缺乏提供公共物品的责任机制

在县域的调查中，我们经常可以看到，有关部门一时一刻都不会忘记收税，但对脏、乱、差的公共设施（例如市场建设）却熟视无睹，这说明有关政府机关还没有认识到他们有责任提供良好的公共环境，他们或许是在认为，收税对人民来说是天经地义的，无须付出什么代价。

其实，在某种程度上，政府和人民之间也应该是一种平等的商品交换关系，两者之间既不存在贵贱之分，也不存在只索取、不付出的关系。

一言以蔽之，政府有责任为社会提供必要的服务。实际上，政府服务水平提高了，公共设施变好了，产业布局也就好了，税收也就增加了，政府和社会

① 周兴维．战略重心的西移．民族出版社，2001：55.

② 本刊编辑部综述．从中国百强县排名看我国县域经济的发展．领导决策信息，2003.12

③ 赵玲．看得见的手—中国政府行为研究．人事出版社，1996：36～37.

也就能够良性互动了。

特别是在县域发展的初期，政府如能积极铺砖引路，那么，对经济的迅速起飞是十分有益的。法国著名历史学家布罗代尔在《15 至 18 世纪资本主义的物质文明》一书中就论述了工业革命前夕政府有意识的建设交易场所对西方专业集市兴起的巨大推动作用。①

在我国的一些发达地区，比如浙江，过去农村中的马路市场曾经历了从禁闭到默认再到鼓励的过程。从 20 世纪 80 年代中期开始，浙江大多数专业市场则都由政府特别是工商行政管理部门出面或牵头创建。尽管动机是增加财政收入，但也达到了对市场交易的有效监管和推动工业化的目的。

而如果县域政府为社会服务的责任感不强，那么就不利于县域产业布局与县域经济发展。比如，我国城市化滞后，与政府服务不到位就有一定关系。因为，不管是企业还是个人，他们进入城镇都需要安全上的保障：企业需要一个高效、廉洁的政府和较完善的政府管理体制；个人则要求有较完善的社会保障体制等等以免除后顾之忧，但在不少地方，这些方面不是都能提供。

（三）政府短期行为的责任问题

政府的短期行为是县域产业布局与县域经济发展中的一个通病，比如前述的一个领导一个规划，或者一届领导只顾一届的“政绩”，不管长远的后果等等。

这种行为涉及的也是责任问题，即政府在为谁负责？

我国的行政管理体制是等级式的：基层政府对上级负责，行政权力和经济权力、财政体制以及政府人事隶属关系，与等级制度相适应。上级任命制度使政府负责人追求任期内的短期政绩，追求升迁，这种利益动机加剧了不规范的行为，导致政府的短期行为。②

要克服政府的短期行为，关键还是制度。例如，让政府为人民负责，让规划符合民意，符合民意的规划一般就不容易因政府官员的改变而改变。

---

① 费尔南·布罗代尔．15 至 18 世纪的物质文明、经济和资本主义：第 2 卷．生活、读书、新知三联书店，1993：6 ~ 9.

② 关锐捷．中国农村改革二十年．河北科学技术出版社，1998：149.

三、国家对资源的配置和管理问题

(一) 放权与制衡

从宏观上看，改革开放至今，我国产业布局和区域经济发展出现了比较严重的失衡，这种状态的产生，有体制和政策方面的原因。①

为消除高度集中的计划经济体制的弊端，中央自1978年以来向地方和企业同时进行行政性和经济性双向分权的改革。一方面，财税体制由“统收统支”向“分灶吃饭”“财政包干”和“分税制”转变，中央政府下放资金、物资分配权，建立宏观经济“二级调控”体系，以及对外贸实行“地方包干”等，大大增强了地方的经济权益，使地方政府扮演着国民经济管理者和投资主体的双重身份。另一方面，中央又通过创造市场机制、强化市场导向的方式，给企业放权，使微观经营决策权从政府手中逐步转移到企业手中，走生产经营权微观化的道路。这种行政性和经济性同时分权的结果，使地方政府、企业与中央政府一并成为经济主体，从而出现了主体多元化的趋势，促进了区域经济的发展。然而中央向地方放权让利的同时，相应的事权划分没有明确化。(1) 一些该由中央管的权力下放了，一些该由地方管的权力却仍集中在中央，结果出现“一放就乱、一乱就收、一收就死、一死再放”的恶性循环。(2) 中央政府向企业经济性分权的过程中，有相当一部分权力被地方政府截留。(3) 出现“政府办企业，企业办社会”的权力倒置现象。二是地方自主权的扩大与市场的发育相矛盾。市场的发育大大落后于地方自主权的扩大。因此在中央与地方关系上不断重复过去的失误。

这种对中央与地方权力缺乏明确划分和严格界定，对市场发育缺乏充分估计的放权让利，虽然刺激区域经济的增长，但也导致了产业利益在区域板块上的分割和地方政府对区域利益的热心追逐，使地方政府的行为表现出严重的短期化、不规范化倾向。

在中央放权让利的同时，对沿海实施优惠政策。放宽沿海地区利用外资建设项目的审批权限；增加沿海地区的外汇使用额度和外汇贷款；增加沿海地区的财政留成比重；在税收、信贷、物资供应，特别是国家直接投资方面向沿海地区倾斜。在改革和开放的地区安排上，实行经济特区——沿海开放城市——

① 刘再兴等．中国生产力总体布局研究．中国物价出版社，1995：70－75.

沿海经济开放区——内地的由外向内、由沿海向内地逐步推进的梯度战略。

这种政策虽然对加速沿海地区的发展，但造成区域之间利益关系的严重扭曲。东部沿海地区在财政留成、国家投资、利用外资和对外合作等方面相对于其他地区获得超额和垄断利润，而且获得先行一步制度创新及其收益。大部分落后地区由于政策不够灵活，体制改革相对缓慢，因而没有充分获得改革带来的经济效益。

以上体制和政策问题产生了如下效应：

1. 体制性因素效应。在放权让利的同时，忽视构造地方政府权力和利益约束机制，致使地方政府的经济行为表现出短期化、不规范化倾向，在区域关系上出现以“诸侯经济”行为和区域封锁、资源争夺为特征的矛盾和摩擦。

首先，放权带有突发性和盲目性，随时有收回的可能，势必产生“有权不用，过期作废”的地方政府用权短期化行为。

其次，地方政府的责权利不对应。放权让利大大增强了地方的权力和利益，但地方服从整体利益、长远利益的责任机制却没有相应建立起来，加之中央对地方政府权力和利益的调控机制也没有建立，因此，即使地方政府表现出行为不规范和短期化倾向，中央政府也难以追究。

再次，放权失度，导致中央政府影响力的弱化与地方政府影响力的强化。改革后，“分级管理”基本取代了中央集权，地方政府的权力达到了前所未有的程度，并控制了巨额财力，在事实上拥有着全国产业发展和结构变动的控制权，然而地方掌握的巨额财力又相当分散，同时，中央政府掌握的财力、物力已经相对减少。以1984—1988年为例，国家财政收入的比例由26.7%下降到22%，最低时不足20%；中央财政收入占整个财政收入的比重由56.1%下降到47.2%；中央掌握的外汇只占全国外汇收入的40%；国家统一分配的物资由256种减少到目前的17种；国家直接掌握的固定资产投资占全社会固定资产投资的比重只有26%。上述这些变化加大了中央政府对产业布局的控制难度，虽然从1981年起国家计委就做出了《关于制止盲目建设重复建设的几项规定》（改革开放以来中央政府第一个有关控制地方政府长线发展的正式文件），以后几乎每年中央都重复这类政策，但问题却愈演愈烈，表现出中央政府影响力的弱化与地方政府影响力的强化的体制特征。①

---

① 周冯琦．中国产业结构调整的关键因素．上海人民出版社，2003：18－19.

2. 政策性因素效应。在地方政府已经成为一个相对独立的经济利益主体的前提下，缺乏在地区之间建立一个公平竞争的利益均衡机制，导致地方政府的非规范行为，使区域经济失衡。

（1）投资政策效应。主要包括两个方面：一是投资的地区性倾斜效应，投资过度向沿海地区倾斜，使内地广大地区经济发展所面临的本已短缺的资金更加短缺。二是投资管理权限下放所引致的行为短期化效应。自1984年开始，中央放宽了固定资产投资计划管理权限。地方政府受不合理价格体系的诱使，在财力有限、技术不足的前提下，竞相发展一些价高利大的加工产业，特别是高档耐用消费品和办公用品产业，致使各地区产业结构趋同和规模不经济同时并存，当经济形势过热或疲软时，地区之间的利益就发生严重冲突，地方保护主义就不可避免的产生。

（2）价格政策效应。包括如下三个内容：首先，能源、原材料和初级产品价格偏低，加工产品价格偏高的不合理格局没有改变。资源省区防止“肥水流入外人田”，积极发展加工工业，引致地区产业结构趋同化。其次，价格改革的梯度推进，使沿海那些放开或调高价格的地区对内地未放开和调高价格的地区的资源产生强大的吸引力，造成了内地资源的大量外流。再次，价格的分级管理使地方政府可以合法地用价格竞争手段争夺地方利益。当市场旺销时，各地竞相大幅度提高本地优势产品和“短线”产品价格。当市场疲软时，各地方政府又通过提高外地产品在本地的销售价格，扩大本地同类产品的销售份额。这种价格竞争手段的滥用，使地区之间正常的商品流通受到严重破坏。

（3）倾斜政策效应。使具有独立权益的地方政府会做出反应，采取了一些违背商品经济的行政手段，如盲目发展价高利大产业，行政干预企业微观经营，弱化银行机能，阻止资源流出和商品流入等，把区域经济的发展推入了无序的轨道。

（二）二元体制

长期以来，我国形成了城乡分割的二元政策结构和体制结构。在发展思路上也是就农业论农业、就农村论农村、就工业论工业、就城市论城市。

一方面，二元体制使国家对城市更为关注，资源的配置和产业布局都以城市为核心，渐渐地拉大了城乡之间的差别——这不仅体现在收入上，也体现在基础设施，生活环境、文化氛围甚至住宅上。根据广东省环保局的公报，广东省城市人均公共绿地面积8.6平方米，而全省村镇人均公共绿地面积为2.5平方米。本该清洁无瑕、绿草如茵的农村为何反而不如城市？由此可见，城乡差别更为深层的原因不是技术问题，而是社会和政策问题。由于政府所在地自古以来几乎无一例外地都设在城市，因而政府的重心自然偏向了城市，使农村的发展长期以来受到了忽略。这种不易改变的城乡差别使得人们即使懂得“民以食为天”的道理，也会对农村抱着轻视、逃避、疏远甚至排斥的态度，从而加深了城乡的隔阂，使县域产业布局与县域经济发展受到更大的影响。①

另一方面，二元体制使县域产业布局与县域经济发展缺乏足够宽松的环境，例如，农村人口向城镇迁移的“门槛过高”，二元户籍管理制度又使许多农民不愿放弃作为生存之本的土地经营权，因此，农村剩余劳动力的非农化也就自然地形成了“村村点火，户户冒烟”的格局，“家家有其田”的状况又必然出现农业的兼业行为，使农村非农产业的发展在一定程度上难以走上正轨，农村工业的专业化水平、产业层次、产品档次和技术水平都难以提高。

（三）条块问题

条块分割是我国传统计划经济时期遗留下来的问题。条是上级部门下派的机构，有中央政府下派的，也有县市政府往其下属乡镇下派的；块是指下级政府所管辖的区域。政府这两种不同的机构设置和管理体制所形成的分割，称之为条块分割。

管理体制上的条块分割和事权划分不清带来了很多问题。

从国家层面看，条块分割会导致：1. 破坏总量平衡。2. 不利于产业结构和生产力布局的合理化，因为地方、不同行业只从自身利益出发，只注重搞价高利大的短平快加工项目，忽视农业及基础产业、基础设施发展，重复建设、重复生产现象严重，造成地区之间、行业之间产业结构雷同，难以形成合理的地域分工。3. 条块分割造成了市场分割、地方割据、行业保护和垄断，保护了落后、排挤了先进，使公平竞争难以实现。②

从县域层面看，乡镇政府的工作可以说是无所不包，但其作为一级基层政权组织的职能，却被上级派出的、垂直领导的“七站八所”人为地肢解和分割。条管部门的工作安排、人事调配、工资福利等均受上级职能部门控制，乡镇政府无权过问，因而其对乡镇政府实际上处于一种游离的状态。对经济发展中的

---

① 陈东强．论农村住宅建设的规范化．中国农村经济，1998. 11

② 王松芹．论我国经济发展中的“条块分割”现象．煤炭经济研究，2000. 06

一些问题，乡镇政府想管管不了，想推推不动，以至于农村商品生产、市场经济运行受阻。① 许多问题虽然发生在乡镇，根子却在上面，其解决最终须由上级政府出面。对县属各部门派驻乡镇的站所，专家们认为，无论是实行垂直管理还是双重管理，都要建立和完善接受所在乡镇党委、政府领导的有效机制。②

（四）资金投向与民营经济

县域的产业形态中，非公有制经济发展仍显滞后，原因是多方面的，除了资源、环境、区位、发展观念等因素外，当前国民经济的体制问题，也就是资源配置的基础问题是重要方面。人们能看到的客观现象是，资金的流动正明显地向两个方向集中：一是流向沿海发达地区，二是流向大中城市、大中型企业和大中型建设项目。与此同时，中西部地区的小城镇、非国有和非公有制的小企业却明显地受到了冷落。缺乏必要的资金支持，是当前不少地方县和县以下民营中小企业发展困难的一个很突出的原因。

（五）国有企业与地方发展

县域虽少有大中型国有企业，但不管国有企业布局在哪里，如果不能和地方经济融为一体，就会成为“孤岛经济”，既不利于企业发展，也不利于区域经济发展。例如，在我国的一些资源型城市，由于国有资产管理体制不顺，企业权责不明、利害不清，脱离地方经济的发展，成了经济转型的羁绊。③

当然，国有资产管理体制改革是我国国有企业改革的重点和难点，虽然政府在这方面已取得实质性突破。江泽民同志在十六大报告中指出，要继续调整国有经济的布局和结构，改革国有资产管理体制，在坚持国家所有的前提，充分发挥中央和地方两个积极性，建立中央和地方政府分别代表国家履行出资人职责，享有所有者权益，权利、义务和责任相统一，管资产和管人、管事相结合的国有资产管理体制。这一战略性改革思路，切断了国有资产布局同各个行政主管部门之间的直接经济利害关系，为国有资产布局的战略性调整，为产业结构优化，创造了现实可能性，但新体制也使国有资产的所有权与管理权出现“重合”，特别是在地方政府这一级“重合”，因此，如果没有必要的制度安排和配套改革，则很有可能强化地方政府的行政干预，在新形势下出现新的政企

① 雷振扬．乡镇政权建设中的条块分割矛盾探析．社会科学，1994.09

② 黄海霞．乡镇机构改革两大难点如何突破．瞭望，新闻周刊，2001.12.17

③ 白青峰，高子发．白银：破解资源型城市经济转型难题．经济日报，2003.11.23（2）版

不分。①

四、农村土地制度问题

我国农村的土地制度深刻地影响着农村非农产业的空间分布。

首先，我国的土地特别是耕地缺乏强有力的保护措施，使基层政府越过适度范围，在市场浪潮中得以随意“圈地”，并美其名曰“经营城市”，实质上是以地生财，加之农业比较利益低下，以致大量土地被圈占，这些土地或被廉价出让，或大量抛荒，丝毫不为人珍惜。

例如，多数小城镇的建设热衷于在小城镇外围扩充土地，导致城镇呈现周围新楼林立，城中旧矮一片的中空状态，在城镇土地利用结构方面，普遍存在“空、散、低”现象，与我国严峻的土地国情很不适应。有资料表明，80%以上的小城镇土地开发都是在增量土地上进行的，而且在这些小城镇新区中，又有60%以上的面积是征用小城镇周围优质耕地建成的。② 在1992年全国性的“圈地运动”中，批建的开发区有1951个，规划占地1.53万km^2，折合2400多万亩，其中80%以上是交通、水源较好的耕地，仅此一项就圈占耕地1600万亩。而全国90%以上的开发区开而不发，约占规划总面积的2%，出现了耕地的抛荒，③ 给我国农业的可持续发展和国家的长远利益造成严重威胁。

其次，我国农村的土地是集体所有，它和国有资产一样，缺少个体对它的关爱和珍惜，社区集体各自在辖区随意布局非农产业就是很自然的事情；在家庭联产承包制下，个体农民既视土地为私有，随意使用和布局，也很清楚他们只有经营权，因而同样缺少对土地的足够爱心。

最后，中国农村的土地集中机制仍存在不足。④

我国土地集中机制主要有两种类型：

（一）行政诱导型：1. 直接接包土地建立农场，以北京顺义区为代表。2. 两田制（或三田制），最早出现于1994年的山东省平度市高戈庄。3. 股份合同制，以广东南海为代表。4. 集体粮库制度，主要在浙江农村进行探索。5. 反租倒包。

---

① 赵国良，干胜道．国有资产管理体制改革：难点与突破．财经科学，2003.04

② 王俊国．土地的资源、资产管理并重走可持续发展之路．小城镇建设，2000.05

③ 赵民等．土地使用制度改革与城乡发展．同济大学出版社，1998：178.

④ 陈东强．论中国农村的土地集中机制．中国农村经济，1996.03

（二）市场运转型：1. 自发转包，在温州，转包还可能是倒贴的。2. 租赁经营制。3. 土地使用权拍卖。1983 年，山西吕梁地区柳林县首先出现“四荒”使用权拍卖。4. 通过农业社会化服务组织集中土地经营。在苏南，这是一种重要的土地集中方式。

以上土地集中机制虽然对适度规模经营起到了很大的推动作用，但它们都具有不可克服的内在缺陷。这些缺陷难于使农业劳动力彻底与土地分离，不能迅速地形成土地集中和更大幅度地提高务农劳动者的收入，也不利于非农产业集聚城镇，从而适应不了社会主义市场经济发展的需要。这些缺陷主要表现在：

（一）土地集中速度较慢。

1. 当前土地集中机制具有一种“滞后性”。“滞后性”是指人们只是在具备规模经营条件时，才开始思考（甚至没有思考）以何种方式来集中土地，甚至在具有了条件的地方，人们还没考虑推进农业规模经营。例如，苏州市 1988 年全市非农产业的产值已占农村社会总产值的 85%，向农业以外转移的劳动力已占 62%，并有 76% 的村建立农业服务组织。从实践上看，当农村劳动力的 60% 以上转移到非农产业，农户收入 60% 以上来自非农经营时，规模经营的内在起步条件就基本成熟，但苏州市当时仅有 630 个土地规模经营单位，耕地不足 3 万亩。① 从这个角度上说，土地集中是被动的、滞后的。

2. 当前土地集中机制还只是为集中土地这一单纯目的而设计的。它们没有考虑到应同时创造或促进农村剩余劳动力的转移（而这正是农业规模经营的前提条件之一）。

3. 在土地所有权、承包权、经营权分离过程中，不可避免地会产生此消彼长的利益纠缠，阻碍着土地的流动。例如，由于缺乏强有力的保障体系，农民虽然在第二、第三产业获得了较高的收入，但由于惧怕风险，所以抓住土地不放，即使转包土地也可能随时收回，这就影响土地的流转集中。

（二）一定程度地制约规模经营农户的收入水平。原因主要是务农者收入被更大范围地分割。例如，三权分离是有一定代价的，即经营者的收益（例如股份公司的收益）要以红利等各种形式被分割，一部分归集体，一部分归原承包农户，另有一部分上交国家。收益被分割，必然会影响农户投入产出效益。实际上，受农业效益不高，农机、化肥价格不合理的影响，尽管规模经营农户通

① 农业规模经营的实践与理论．南京出版社，1992：195.

过扩大耕地面积并进行集约经营来获得较高收入，但都还不具备追求最佳效益的规模。正由于这个缘故，目前常谈的都是农业规模经营而不是农业规模经济。

（三）无法彻底地转移农业劳动力。这种不彻底性表现为，土地虽然集中到少数农户手上，但转出土地的农户与土地仍然有着千丝万缕的关系，农民的最终身份没有改变。这意味着农民没有彻底离开土地，没有真正走进城镇，中国的城市化道路仍然步履蹒跚。这是每一次经济波动，农民大量回流的原因所在。土地集中方式不彻底性有其存在的土壤。首先从政策上，我国坚持的是土地的集体所有制，倡导的是如何完善家庭联产承包责任制。其次，从现状上看，由于土地所有权虚置，很多农民将土地视为己有，所以不易流转。最后，从社会背景上看，由于第二、第三产业收入不稳，国家又缺乏社会保障制度，所以农民自然视土地为“避风港”“保命田”，紧抓不放。为尊重农民的意愿，政府没有取消农民的承包权，而是延长农民的承包权，这表明中国转移农村剩余劳动力，推进农业现代化是不彻底的。这种不彻底性将农民束缚在土地上，随着人口的增多，人地关系更趋紧张，从而使农村经济的发展遇到困难。

五、信用制度问题

区域信用包括政府信用、企业信用、个人信用、行会信用、社会信用。县域如果信誉不好，必然会给其产业布局和经济发展带来极为不利的影响。

首先，信用不足使交易成本增加。科斯（Coase）的交易成本理论认为，人们在交易的时候，会为交易本身付出一些支出，这种为达成交易而做出的支出就是交易成本。显然，区域信用会影响交易成本。

其次，信用问题若无制度约束会引起连锁反应，使欺诈行为区域化，而且会驱逐布局于其中的诚信企业，这可用信息经济学的有关理论予以解释。

现代信息经济学由乔治·阿克洛夫（George Akerlof）、迈克尔·史宾斯（Michael Spence）和约瑟夫·斯蒂格利茨（Joseph Stiglitz）三位诺贝尔经济学奖得主奠基，他们提出了当买方和卖方具有非对称信息时市场运作的理论。阿克洛夫在1970年发表了一篇对信息经济学具有开创性意义的论文。论文通过一个简单模型分析旧车市场的运行情况，表达了一个深刻而具有普遍意义的思想：第一，在信息不对称的情况下（即卖方往往比买方更清楚车子的质量，而买方无法通过其他办法检查旧车质量），市场的运行可能是无效率的。第二，这种“市场失灵”具有“不利选择”或“逆向选择”（adverse selection）的特征，它会使市场最后只剩下次品。这是因为，由于好车车主只愿以较高价格成交，而次车车主却愿以较低价格出手。同时买主又不清楚旧车质量，他知道有可能会买到次车，因而他愿出的价格就要打折扣。若市场上的次车比例大到一定程度，这种折扣就足以使好车车主不再愿把车投入市场。结果，市场上只剩下次车，出现劣质商品淘汰优质商品（坏车挤垮好车）的逆淘汰现象。①

阿克洛夫指出，当“柠檬”（次品在英文中的俗称）充斥汽车市场时，高质量车根本不会成交，于是，如同劣币驱逐良币一样，低质量车将高质量车逐出了市场。同样，那些在市场上提供次品的人就像汽车市场上的柠檬一样会使整个市场瓦解。这种可能性构成了欺骗性交易的成本，即欺骗性交易将诚实的交易者驱逐出了市场。②

阿克罗夫的分析具有普遍意义，他的理论也能解释假冒伪劣产品充斥、信用普遍缺失等市场现象。由于信息不对称引致的这种劣胜优汰，使商品价格信号失真，人们相互造假，名牌企业由此蒙受损失甚至被毁于一旦，整个地区也失信于外界而难以发展。

实际上，在市场经济条件下，诚信、守约不仅是一种社会美德，一种社会健康的表现，更是一种无形资产。

德化县陶瓷产业能在国际市场中立足，其根本就在于信誉。在与外商打交道过程中，信誉是规范自身经济行为的基本准则，所有陶瓷企业都以信用证交易的方式，与外商实现了送货、结算。置身于市场激烈竞争中的德化佳美集团公司，在不断开发新产品的同时，把信用作为企业的生存之本。2002 年至今，该公司产值已近亿元，成为全国最大的陶瓷出口企业，被列为国家经贸委出口创汇大户、福建省百家重点企业。其董事长深有感触地说：“信用是企业立足之本。佳美从一个村办企业发展到年产值超 5 亿元的集团公司，靠的就是‘信用’这两个字。”信用作为一个深层次的社会问题，仅靠市场这只“看不见的手”是不够的，还需要政府这只“看得见的手”来维护、监督。为打造中国“信用瓷都”的良好形象，德化县下发了关于实施诚信德化活动工程的条例，建立政府、企业、个人三大信用主体的互促共进的具体举措。工商、税收、银行等部门建

---

① 钱颖一．信息经济学的奠基人——记 2001 年的三位诺贝尔经济学奖获得者．中评网：www.china-review.com 原载《财经》2001 年 10 月 20 日刊

② 谢康等，译．阿克洛夫、斯彭斯和斯蒂格利茨论文精选．商务印书馆，2002：11.

立起了企业信用档案，凡是与信用有关的信息都纳入诚信数据库。同时德化开展了“百店千柜无假货”活动，整顿市场经济秩序。①

六、民意的表达和实现问题

民众的意愿对于县域产业布局与县域经济发展具有重要意义，但是民众的意愿如何能够顺畅地表达出来并可以在合理、合法的情况下得以实现，这是我们应该努力加以解决的问题。

以笔者的家乡为例，在宾阳县的村庄里，一年中有很长的时间没有电或者供电不正常。一方面是西电东送，另一方面是缺电少电，像这样的条件，怎么谈产业布局和经济发展呢？农民通过什么途径反映其需要，又怎样才能得以顺利解决？

又如，宾阳县城至新桥的公路非常笔直，车速快，人行多，交通事故不断，仅笔者家乡所在的村庄里因这条路失去生命的已不下10人。是否有便捷的渠道来让人民反映这些问题，谁又来解决这些问题？

第二节　制度系统创新的县域环境分析

马克思主义认为，生产力决定生产关系，经济基础决定上层建筑，同时，生产关系和上层建筑也反作用于生产力和经济基础。因此，制度创新和制度重构需要研究县域的域情。

一、中国县域的多样化特征

（一）地理环境各异

我国幅员广阔，自然地理环境非常复杂。从气候来看，从北到南，因太阳热辐射差异而形成寒温带、中温带、暖温带、北亚热带、南亚热带、热带等七个地带；各地带全年日均积温和全年无霜期显著不同，由于离海远近、降雨条件的不同，从东到西，全国分为湿润区、半湿润区、半干旱区、干旱区等四大区；从地形、地势来看，我国总体上呈现西高东低的特点，某些区域内的地面

---

① 吴惠聪等．“安永德”工业化之活力．开放潮，2003.04

海拔高度也不尽相同。此外，各县的土地、土壤、水源和水利等自然条件千差万别，土壤质地、养分、可耕性、肥力、耕作层厚度、酸碱度等也各有特点，县域的这种地理环境差异对其产业布局和经济发展具有重要影响，尤其对于农业的影响是决定性的，它形成了各地各有特色的农、林、牧、副、渔等经济形态，出现了全国性的农业生产地域分异。①

自然地理的环境差异还使县域在空间中呈现出不同的特点。比如，从区位上，可把县域划分为沿海、内地、城郊型、边疆型；从地形上可分为平原型、山区型、丘陵型；从生态上可分为生态县、一般县等等。

从人文地理的差异中也可以把县域划分为各种类型。如按人口分布，可分为人口高密度县域、中密度县域和低密度县域；按产业形态分为工业县、农业县、旅游县等；从文化角度可分为文明古镇如周庄、文化落后县等等。

（二）发展基础不同

由于历史等方面的原因，各县的发展基础是不同的。例如，旧中国的工业呈现出殖民地半殖民地国家工业分布的典型特征，其基本轮廓是：第一，现代工业偏集于东北和沿海六省，由东到西，落后程度渐次增加，东北工业偏集于辽宁，关内工业又偏集于上海、南京、无锡、天津、北京、青岛、广州等七个城市，内地有限的工业，也集中于太原、武汉等少数城市；第二，工业生产与原料产地严重脱节，多种农业原料、矿产资源和能源资源分布在偏西部地区。第三，工业区内工业内部结构畸形发展，如东北以矿山军工为主体，轻纺工业落后；而上海、天津、青岛则相反，轻纺工业畸形发展，无重工业基础。②

新中国成立以后，我国工业过分集中沿海的状况有所改变，随着“三线”建设的展开，内地工业得到相当地发展。例如，我国前四个五年计划对于内地与沿海的投资比例为：“一五”时期，1：0. 87（内地为1），“二五”时期，1：0. 79，“三五”期，1：0 .46，“四五”时期，1：0. 74。就工业投资看，内地的比重还要高一些。③ 尽管如此，内地县域的发展依然很弱。

我国有相当一部分县（越往西情况越明显）远离中心城市和工业区域，有些山区县、牧区县、林区县、少数民族县（边疆县、旗）仍比较落后和闭塞，

---

① 伍新木主编，方惠明等编．县经济概论．中共中央党校出版社，1988：288－291.

② 伍新木主编，方惠明等编．县经济概论．中共中央党校出版社，1988：292－293.

③ 孙敬之主编．中国经济地理概论．商务印书馆，1983 第六章

与中心城市之间的物质、能量、信息的传输比率远低于城郊县和平原县。

（三）发展模式各有千秋

1.“珠江模式”

珠江模式的形成得益于国家的开放政策，20 世纪 80 年代中期，国务院批准成立“珠江三角洲经济开发区”，以东莞、宝安等地为代表的珠三角东部地区成了香港加工业的外迁地，“三来一补”与“前店后厂”成为其乡镇企业发展的重要形式，“珠三角”凭借其毗邻港澳、华侨众多、交通便利、对外联系密切以及国家优惠政策倾斜等优势，很快形成举世瞩目的“珠江三角洲经济发展模式”（简称珠江模式）。在珠江模式的运作中，港澳发挥着重要作用。例如，“珠三角”引进外资的绝大部分是港澳资本，只有小部分是华侨和国际资本；“珠三角”了解国外信息，引进各种技术设备等主要是通过港澳地区；在大量的经济往来中，港澳为“珠三角”地区培训了大量技术和管理人才。由于“珠三角”地区是通过对外开放而获得迅速发展的，故其乡镇企业的外向度很高，从最初的“三来一补”发展到大规模利用港澳资本建立“三资”企业，在引进外部资本的同时，也引进了国外先进的经营管理方式，因此，20 世纪 80 年代的“珠三角”乡镇企业的企业管理制度建设比中国其他地区都要规范得多，尽管乡镇企业从一开始也是由乡镇政府参与或支持创办的，但与苏南的乡镇企业不同的是，珠三角的乡镇政府在乡镇企业起步后，就开始推行“厂长经理负责制”“利润承包责任制”等，尽量弱化对乡镇企业的直接干预。到 20 世纪 80 年代中后期，“珠三角”的许多乡镇企业已通过内外开放，大量吸收国内外资金、技术、人才，以组建企业集团的方式，走上了规模经济的道路。①

2.“苏南模式”

苏南模式是指，由于大城市群的工业、技术的剧烈辐射和市场的强力吸收，苏南各县在原有的农村集体工业企业基础上，进一步扩展乡镇工业，带动小城市群的兴起和农业生产要素的重新组合，这是一条农村工业化和农村城市化的致富之路。② 除了全国农村在 1979 年以后都具有的一般经济发展条件外，苏南模式的出现还有其特殊条件。条件一，苏南农村粮食单产虽在全国最高，但人多田少，人力、资金的再投入使土地边际收益率下降，搞粮食生产“经济收入

① 谢健．民营经济发展模式比较．中国工业经济，2002.10

② 伍新木主编，方惠明等编．县经济概论．中共中央党校出版社，1988：373.

少、劳动强度大、自然灾害多。”劳动力要求发展的强大内在冲动使其与土地的离异不断变为现实。条件二，苏南各县临近全国最大的工业和消费城市上海，又有苏、锡、常等众多的明星城市环绕，因而生产和流通信息传播快，城市工业、技术扩散广，城市生活消费对农副产品、轻纺产品、日用小商品等需求量大。一遇商品经济发展的契机，这几个因素汇聚到一起，苏南农村经济就获得迅速发展。

3. “温州模式”

温州与苏南相似：都是人多地少的地方，农村工业以家庭或集体组织的小规模简单生产企业形式出现，两地的农民均有相同的从事商品生产和经营的素质。

但温州模式也有其特点：以个体工业企业生产和经营为经济主体，主要以传统劳务输出为经济增长的启动点，以小商品专业市场为依托。温州模式成长的特殊条件是：1. 温州人多田少，历史上一直有能工巧匠不辞辛劳、流往外地谋生的习惯。各类能人周游各地，从事诸如石刻、竹编、弹花、箍桶、裁缝、理发、厨师和小百货生意等行业，挣钱后就回家，形成商农结合的传统。2. 温州虽属沿海地区，但陆上交通并不很发达，也没有苏南地区70年代就建立起来的乡镇集体企业基础，并且，温州当时仍有三个山区县没有彻底脱贫。如此不利的条件，形成了温州人说的“逼”的环境。①

4. 其他模式

除上述模式外，中国农村各地的发展还形成了较多的其他模式，如阜阳模式、三城（海城、兴城、诸城）模式、耿车模式等等。

（四）发展水平参差不齐

从宏观上看，我国东部和中、西部地区的经济发展存在差异，有发达县与不发达县之分。从局部地区看，发达地区中有不发达的县域，不发达地区中也有发达的县域，总的来看，发展水平参差不齐。

发达的县域有的富比城市，落后的县域有的则难以度日。

据财政部的一项统计，到1999年底，我国县级财政补贴的县有1036个（含国定贫困县）。另外我国乡村两级净债务达3529亿元，其中乡级债务1776亿元，平均每个乡镇负债400万元。

---

① 伍新木主编，方惠明等编．县经济概论．中共中央党校出版社，1988：378.

在边疆民族省区，贫困县还很多，主要分布在云南、广西、内蒙古、西藏等地，例如云南的龙陵、泸水、禄春、福贡、镇康、马关、腾冲、富宁、麻栗坡、孟连、贡山、金平、西盟、江城、澜沧、沧源，广西的那坡、靖西县，内蒙古的达尔罕联合旗，新疆的皮山、塔什库尔干、阿图什市、阿合奇、乌恰、和田市、叶城、乌什、木垒、巴里坤、阿克陶县，西藏的定日等县。

这些县域既“边”又“远”，自然条件恶劣，地形复杂，位于高原、高山峡谷及沙漠戈壁。海拔高，气候恶劣，多位于干旱半干旱地区，多数地区冬季漫长、气温极低，高寒缺氧的环境，给经济开发带来难以想象的困难。经济基础薄弱，生产力水平低下，产业落后，市场发育程度低。不少地区仍是刀耕火种，广种薄收，游牧游耕。经济建设缺资金，缺人才，缺技术，缺信息。

另外，还有集老、少、边、山、穷县于一体的县，例如湖北的咸丰。

为什么县域经济的发展如此不平衡？根据国务院发展研究中心陈锡文副主任的分析，原因很多，但从各县经济发展的内在因素看，所有制结构方面差异，在很大程度上决定着当前县域经济的发展差距。从经济的所有制结构看，我国县域经济有一个显著的特征，那就是国有经济的比重低，更少有什么国有大中型企业，即使有这样的企业设在县的地域内，但管理和税收一般也不归县。因此县域经济的发展差距，其实主要就表现在非国有经济的发展程度上。沿海发达地区和大中城市郊区，由于本身的优势以及较早形成的市场运行机制，非国有、非公有制的经济发展较快，人们的就业空间和收入来源获得不断拓展，新的经济增长点不断生成，县乡财政具有不断增长的财源，从而使得这类地区县域经济的发展形成良性循环。而中西部一些县市在有限的原国有经济陷入困境时，非国有、非公有制经济没能得到必要的发展，这就造成了县域经济发展差距的扩大。

（五）民族特色显著

我国有56个民族，因此，县域环境的多样化还表现在民族特色方面。在少数民族地区，县域产业布局与县域经济发展中的制度重构应充分考虑各民族的风俗习惯，维护民族团结。

二、县域经济的一般特点

（一）区域特色

县域经济具有地域特色，这种地域特色与其地理区位、历史人文、特定资源相关联。

一方面，由于各县在地理位置、自然资源、交通运输条件、产业结构以及科技、文化、教育、人口与生活习惯等各个方面都存在一定的差异，从而形成了各自不同的优势和劣势，决定了各自经济发展的区域特色。

另一方面，当我们谈到县域经济时，能很快意识到这种经济的区域性，它是一种区域经济。

（二）基本自成体系

我国从秦朝（公元前221—公元前207年）开始推行郡县制，当时以村庄为单元设亭，十里一亭；十亭置县，百里一县；县上建郡，全国共建四十郡。① 县制从此沿用至今，今天的县域由县城、乡镇、村庄和家庭构成。

千百年来，由于城乡隔离和对立，也由于交通不便和农业的强大保障功能，县域基本上处于封闭状态而自成系统。随着生产力的发展和市场经济的冲击，县域这种封闭状态逐渐在改变，但县域内的农业、工业、林业、牧业、渔业、商业、交通业、服务业以及财政金融、文教卫生等部门相互依存，基本上仍可独立地进行各种物质和精神上的交换，劳动的地域分工一般可以在县域里实现，人们的消费需要基本上可以在县域里解决。

县域经济有一个县级政权作为经济调控主体，有一个县级财政，因此，县域经济有一定的相对独立性，并有一定的能动性。

（三）不断开放的国民经济子系统

县域经济是国民经济的一个子系统，长期以来，传统的计划经济体制使县域基本上处于封闭状态，县域人流、物流、财流、信息流自我循环，造成系统的复杂性降低，劳动者惰性增加、物质利用不充分，这是耗散结构理论中所谓“总熵”的增长。由于总熵缺少外来竞争要素的输入，即缺少“负熵”的流入与之抗衡，总熵越积越多，县域越来越落后。

然而县域经济不应是封闭的“诸侯经济”，虽然它是在县级行政区划上形成的，但其活动不应局限于县级行政区划，随着改革开放的深入和市场经济的发展，县域经济要突破行政区划的约束，在更大的区域内进行资源配置，以获取竞争优势，同时，县域经济还要接受国家宏观经济政策的指导。因此，县域经济系统将会不断呈现出开放的耗散结构特征，不断扩大与外界进行能量和物质

① 范文澜．中国通史．人民出版社，1978 第二卷

交换，从而不断地变异自身内部运动格局，形成一种从无序到有序、较低级的有序到较高级的有序动态稳定结构，这样才能日益显露出它的生机和活力。

（四）兼业农普遍存在

我国实行家庭联产承包责任制以来，农村分工分业有了很大的发展，尤其是在广大沿海经济发达地区，二、三产业逐渐成为农村经济的支柱。在这些地区，大批劳动力稳定地转移到非农产业，农民收入的主要来源，也由农业逐渐转向非农业，农业经营日益兼业化。以江苏省为例，根据江苏省统计局1991年对全省3400个农户抽样调查资料，以农业为唯一收入来源的纯农户只占17.9%；以农业收入为主的兼业户占55.7%；以非农业收入为主的兼业户占26.4%。江苏省农户兼业在我国发达省份中很具典型意义，该省农户兼业情况可在一定程度上反映出我国经济发达地区农户兼业的大致水平。①

在新时期江苏农户分化的显著特征是纯农户的比重下降，兼业户的比重上升并且超过纯农户，从下表可知，全省纯农户占农业住户的比重为45.18%，而兼业户的比重则高达54.82%。反映了江苏农业劳动力在转移中普遍存在的“亦工亦农”和多种经营的特征。②

表：江苏省农村住户的基本与区域差异

地区	农村住户为100（%）		农业户为100（%）		
	农业户比重	非农业户比重	纯农业户比重	农业兼业户比重	非农兼业户比重
江苏省	80.14	19.86	45.18	22.94	31.88
苏南地区	53.62	46.38	21.18	15.69	63.13
苏中地区	79.40	20.60	31.44	23.85	44.71
苏北地区	92.20	7.80	61.59	24.06	14.35

注：表中及文中数据全部根据江苏省第一次农普相关资料计算得出（表中22.94原为29.94根据实际修改）

兼业现象普遍存在的原因主要是：

（1）我国是世界上人地关系最紧张的国家之一，农户平均土地经营规模不

① 陈吉元，韩俊．邓小平的农业“两个飞跃”思想与中国农村改革．中国农村经济，1994.10

② 何军．叶依广 农村住户经营行为的实证分析—以江苏为例．现代经济探讨，2000.09

到半公顷，在农业劳动力向非农产业转移过程中，兼业农户的大量出现是难免的。

（2）农业比较利益低。农户兼业状况的变化是农业收益率不断降低，而工业收益率不断提高的结果。

（3）社会专业化分工程度低，市场经济不充分。

（4）县域经济以传统农业为主，农业与工业有许多不同的特点，例如，生产的季节性明显，工业是高度连续的；生产灵活，季节来了忙一阵，季节过了闲一阵。

兼业农的发展有利有弊。利处在于兼业可以说是“富民之路”。弊处在于兼业农的发展也会对农业本身的发展产生消极影响。许多实证研究表明，在细小经营规模基础上农户普遍兼业化和农业普遍副业化，对我国农业短期稳定增长以及由传统农业向现代农业的转变都会产生不利影响。

（1）兼业农会降低土地利用的集约程度，在兼业状态下，农户对小块土地产出的期望值不高，导致农业投入受阻，经营粗放。

（2）由于受经营规模的限制，兼业农农业机械的使用效率往往比专业农户低。

（3）兼业行为使得土地使用权的流转发生了困难，阻碍了农业规模经济的发育。

（4）不利于农村的非农化进程。在兼业的格局下，农村兼业户用部分时间和精力务工经商，但没有割断他们与土地的脐带，并会导致他们对非农产业经营行为的短期化和投机心理。

（5）兼业还阻碍了农业的内部分工与专业化经营，阻碍了农业由“生计农业”向市场化农业的发展。

在江苏尤其是苏南地区，农户兼营方式在非农化进程的初级阶段还有促进功能，但其副作用已逐渐显现出来。因此，从“兼业”到“专业”的转型，乃是当务之急。

（五）中小企业为主

从县和县以下看，没有多少国有经济，更少有国有大中型企业。有的那几个金融、电信、电力、烟草像样一点的，都是垂直管理，再好和县里面没有关系。拿走这几个国家垄断性行业以外，县里其实没有多少经济。近来国家的经济支持重点大都在国有经济，所以县和县以下的经济得不到多少自身以外发展的资源。

从这个层面讲，相当一部分地区的县域经济，没有新的经济增长点。因此，发展县域经济，只有和发展中小企业结合在一起，并且和发展当地有特色的劳动密集型产业发展结合在一起，才能对农民的转移就业和增加收入带来帮助。

（六）三元经济结构下的艰难发展

20世纪50年代初期，美国经济学家阿瑟·刘易斯首先系统地建立起二元经济模型用于分析发展中国家的经济问题，对发展经济学的创立和发展中国家有关经济政策的制定产生了重要影响。但正如许多专家指出的，这一理论模型也有很大局限性。就我国来说，随着农村工业的发展特别是改革开放以来的大发展，我国的经济结构具备着一些与其他发展中国家不同的特点，即农村工业部门从传统农业部门中成长并逐渐地独立出来，初步形成了与农业部门及城市现代工业部门相互联系、又相互分离的另一支独立的经济力量，而且还建立了相应的制度体系，目前农村工业在国民经济中已具有举足轻重的地位。因此，我国的学者把农村工业与农业经济以及城市工业经济并列在一起，由此形成了我国的三元经济结构理论。

例如，陈吉元先生等学者认为，三元经济结构是指由农业部门经济、农村工业部门经济及城市部门经济所构成的经济体系。其中，农业是我国国民经济的基础产业部门，它的体制基础在于土地集体所有制。农村工业原来是隶属于农业的一个附属部门，经过几十年的发展，其经济实力不仅已经大大超过了农业，而且也已经在很多行业与部门超过了城市工业的份额（如建筑、建材、煤炭、皮革等）。它的体制特征主要表现为所有制形式多样，非集体化倾向明显，经营活动以市场为导向。城市部门主要是指城市工业部门，它的体制特点主要表现为国家对这一部门具有比较直接的所有权。尽管城市改革实施以来，这一部门的所有制结构出现了多元化的趋势，但其主要部门仍属于国家所有制。

对于我国经济结构形态的变迁和三元经济的运行，可用下图描述：①

① 陈吉元，胡必亮．中国的三元经济结构与农业剩余劳动力转移．经济研究，1994.04

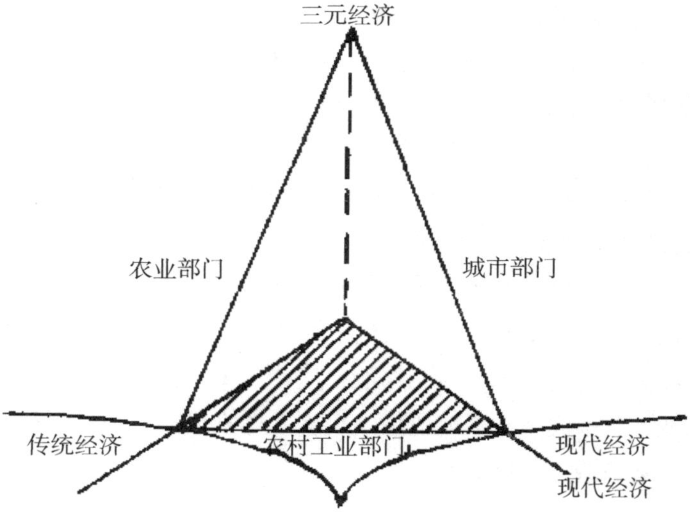

中国经济结构形态的转换与变迁

在我国三元经济的运行中，市场自主作用的力度仍然较低，而且城市工业特别是重工业的自循环能力很强，自循环成分很高，与农村的经济联系并不多，此外，中国的三元经济结构处于非均质的制度状态下，其竞争具有明显的非公平性。

在三元经济结构中，农村的经济活动以农业经济为主，但比较利益低，生产技术水平、组织管理、市场竞争、市场意识都很差、很弱。同时，大部分县域的非农产业也都缺乏强大的市场竞争力，欠发达地区的县域经济发展则更为艰难，在经济全球化中处于极为不利的地位，这决定了我国庞大的农村剩余劳动力转移面临巨大的压力。

第三节　制度系统创新的指针——可持续发展理论

县域产业布局与县域经济发展中的制度问题从实质上反映了社会的各种利益关系，因此，要重构县域产业布局与县域经济发展的制度框架，就需要在一定的理念、原则和价值观指导下摆平各种利益关系，以激发民众之创业热情，同时要充分考虑县域所处的背景环境和现状特征，避免生搬硬套。

制度应该如何设计？由于我国的县情比较复杂，完全实施同一制度模式是不现实的。因此，这里仅探讨制度设计的原则性问题。

一、维系制度需要共同的价值观

由于制度涉及人与人之间乃至人与自然（人格化）之间的关系，要维系这些关系无疑需要共同的价值观。在制度经济学看来，制度反映着对一个人与共同体内其他人之间关系的主观理解，对制度的认可和执行完全依赖于社会所主张的文化观念，一个共同体内共有的基本价值支持着社会的凝聚力并激励人们在制度框架内行动。因此，制度经济学常常需要分析价值和价值的效应。① 共同的价值观在某种程度上就是“公共满意度”，制度设计的原则就是不断趋近“公共满意度”——尽可能使各方的权益得到最大化的满足，尽可能使各方面的意志得到反映。显然，时代不同、环境和条件不同、“公共满意度”也会有所差异，从这个角度而言，“公共满意度”是动态发展的。作者认为，今天的“公共满意度”就是可持续发展，因此，制度设计应以可持续发展理论为指针。

二、当代普适的价值观——可持续发展理论

（一）由来

20世纪特别是50－60年代以来，人类一直在不断反思自身的发展对资源环境乃至人类自身所造成的破坏和伤害。人们逐渐意识到，传统的发展方式带来了生态失衡、环境污染、资源耗竭以及贫困人口增多等一系列经济、社会、资源、环境问题，殃及到了人类乃至地球生物的生存与发展。例如，一些化学工业发达的国家，大量含汞的废水污染水体，汞进入食物链，使人体血液的含汞量超过正常人的10多倍，连南极的企鹅体内的含汞量也超过正常企鹅的3～5倍。② 种种不祥迹象引发了一场全球性的危机意识，人们迫切地在寻求新的发展方式来指导人类的未来，可持续发展理论就是在这一背景下逐渐形成的。

（二）内涵

可持续发展表达的是一种既满足当代人需要，又不损害子孙后代之所需、

---

① （德）柯武刚等．制度经济学 社会秩序与公共政策．韩朝华，译．商务印书馆，2000：37.

② 倪兆球．世纪之交世界可持续发展型式研究．热带地理，1999.09

不损坏地球生命系统的发展观。

当世界环境与发展委员会在1987年发表的《我们共同的未来》中正式提出可持续发展的概念后，国际社会纷纷响应。1992年“联合国环境与发展大会”通过《21世纪议程》，我国也于1994年发表《中国21世纪议程》，2003年，又制定了《中国21世纪初可持续发展行动纲要》。

可持续发展理论自形成以来一直处于不断的发展过程中，人们对这一理论的解释也是异彩纷呈。仅到1989年，可持续发展的定义已多达13页纸，并且，这个清单还不是毫无遗漏的。①

尽管如此，可持续发展理论的核心思想是一致的。这个核心思想为人们所传递的共同信念就是社会经济的健康发展应该建立在生态持续能力、社会公正和人民积极参与以及生活质量提高的基础上。它强调社会经济的发展要与资源环境相协调，追求人与自然的和谐以及人与人的和谐，使人尽其才、地尽其力。

（三）原则

虽然各国各地的历史、文化和发展水平不同，可持续发展的具体目标、政策和实施步骤也不可能一致，但可持续发展作为全球发展的总目标，它所体现的原则则是共同的。这些原则主要是：

（1）发展的原则

人类首先要谋求发展，提高收入和福利水平，对于发展中国家尤其如此。但这种发展要用经济、社会、资源、环境等指标来进行衡量，它与一般意义上的增长是有区别的。我们既不认为在一个已被利用的生态系统中使其保持不变或者平衡状态，也不认为人类的活动可以为所欲为。

（2）可持续原则

必须承认生态制约条件，人类的行为必须在生态许可的范围之内进行。人类的经济和社会发展要注意适度生产和合理消费，不能超越自然资源与生态环境的承载力，不应损害支持地球生命的自然系统：大气、水、土壤、生物等等。“发展”一旦破坏了人类生存的物质基础，“发展”本身也就衰退了。

（3）公平性原则

社会全体成员在利用有限资源和物质消费方面应该享有公平性，不要出现

---

① （英）伊恩．莫法特．可持续发展——原则、分析和政策．宋国君，译．经济科学出版社，2002：17.

社会的不平等：1）代内公平，即当代人之间的公平性，所有人的基本需求都应得到满足。在民族之间，能够实现民族自决与文化认同；在资源配置方面，能体现各国、各地区、各利益集团之间的公平性等等。2）代际公平，不要因当代人的发展需求损害了后代发展与需求的条件。因为我们的后代人现在不能在任何政治与经济论坛中有所表示，因此，现在制定出使他们的利益受损的政策是很不公平的。

哈韦（Harvey）通过对罗尔斯的社会公平性原则的研究，认为地方社会公平意味着：

（1）收入的分配应该（a）满足每片领土上人口的需要；（b）资源的分配应当使区域内乘数效应最大化；（c）额外的资源分配应当有助于克服物理环境及社会环境的特殊困难。

（2）机制（制度的、组织的、政治的和经济的）应当使处在社会中最不利地位的人们具有尽可能美好的前景。①

就县域产业布局与经济发展而言，要处理好效率和公平的关系。例如，并不是什么企业都应引进，在农民普遍贫穷的情况下，政府应该优先引进能够带动当地经济发展和人民致富的企业。有些大企业两头在外，虽然创税多，对政府有好处，但没有给当地人民带来更多的利益，对于这类企业的引进，政府还是要多加考虑。

（4）理性约束原则

人类的行为尤其是经济活动都必须受到制约，以使环境的服务或废物的排放有个不可逾越的限制。

（5）集约性原则

人类应依靠科技手段集约而不是粗放地利用自然资源，要节约、高效，不要高消费、高污染。可持续性是指在没有对资源基础造成破坏或引起退化的前提下，使人类的生活质量得到改善。后者只有在保证技术与资本大量投入的情况下才能实现，这些技术与资本方面的投入将保护甚至能够提高生态基础的质量。当前的大多数技术在保护和提高生态基础方面是很不恰当的，甚至是加重了生态问题。要同时改善人类的生活质量和人类赖以生存的自然环境不是不可

① （英）伊恩．莫法特．可持续发展—原则、分析和政策．宋国君，译．经济科学出版社，2002：59－60.

能的：过去我们曾经做过，今天仍然在适时地这样做。然而，这需要我们改变大量消费的行为，厉行节约，以便为未来提供投资。

（6）和谐性原则

促进人类及人类与自然之间的和谐，使之互惠共生，获得共赢。

（7）以人为本原则

人是可持续发展的主体，发展的根本目的是提高全人类的生活质量，促进人的全面发展。

更确切地说，以人为本的原则就是以民为本，因为他们从来都是弱势群体。所以可持续发展需要确保社会民众的权益和自由。

但以民为本不是作为一种统治术，而应代表着平等、民权和民生。《尚书》里所谓的“民惟邦本”，不仅是讲民为国之根基、源泉或依持，而且是讲民为国之主体。① 在孙中山的“三民主义”（民族主义、民权主义、民生主义）中，民族主义从最初的“驱逐鞋虏”到“中国境内各民族一律平等”,② 讲的是平等，其民权主义、民生主义更体现着众生平等的民本思想。毛泽东同志更是一直倡导人民当家做主，他指出：“历史给予我们的革命任务，中心的本质的东西是争取民主。”③ 他在回答黄炎培关于历史上一人，一家，一团体，一地方，乃至一国都难以跳出“其兴也悖焉”“其亡也忽焉”的周期律支配问题时，是这样说的，我们已经找到新路能跳出这个周期律。这条新路就是民主，只有让人民来监督政府，政府才不敢松懈。只有人人起来负责，才不会人亡政息。④ 邓小平同志说，“为了保障人民民主，必须加强法制。必须使民主制度化、法律化，使这种制度和法律不因领导人的改变而改变，不因领导人的看法和注意力的改变而改变”⑤

（四）衡量指标

衡量指标很多，国家统计局统计科研所提出的中国可持续发展指标体系框架如下：

（1）经济：①总量水平②结构③效益④能力。

---

① 夏勇．民本与民权——中国权利话语的历史基础．中国社会科学，2004.05

② 孙中山全集：第9卷．中华书局，1986：118.

③ 毛泽东．毛泽东选集：第1卷．人民出版社，1991：274.

④ 北京大学马克思主义学院．邓小平理论专题讲座．北京大学出版社，1998：232.

⑤ 邓小平．邓小平文选：第2卷．人民出版社，1993：146.

（2）资源：①水②土地③森林④海洋⑤草地⑥矿产⑦能源⑧综合利用。

（3）环境：①水②土地③大气④废物⑤噪声⑥生物多样性⑦自然资源与环境保护。

（4）社会：①贫困②就业③人民生活④卫生健康⑤社会保障。

（5）人口：①规模②结构③素质。

（6）科技：①投入②发展程度。[①]

① 厉以宁．区域发展新思路：中国社会发展不平衡对现代化进程的影响与对策．经济日报出版社，2000：50－52.

第七章

实证专题　顺德的产业布局与经济发展①

顺德是中国县域经济发展的一面旗帜，对其他地区具有借鉴意义。早在80年代末就有学者指出，“假如，中国的每一个县都像顺德县那样发达，像中山县那样美丽，像三明县那样文明，那么中国的经济振兴有望，中国农村的未来令人陶醉。”②

第一节　顺德区概况

顺德于明景泰三年（1452年）建县，1992年撤县建市，2003年成为佛山市的一个区，下辖4个街道、6个镇，205个村（社区），常住人口261万，其中户籍人口139万，旅居海外乡亲50多万。2017年，实现地区生产总值3059.3亿元，增长8.5%；地方一般公共预算收入223亿元，增长12.1%。连续六年位居全国综合实力百强区第一，九次获评中国全面小康十大示范县市。③

一、地理区位与环境

顺德位于广东省珠江三角洲中部，东与番禺为邻，南与中山交界，西北及北面与南海和佛山接壤，西南与新会隔江相望。距广州、珠海、深圳基本在1个小时车程之内，离港澳这两个国际性城区分别为641海里，澳门80Km，可接

---

① 除特别注明外，本专题材料主要参考 陈烈等．中国发达地区顺德市域可持续发展研究．东科技出版社，2002.

② 伍新木主编，方惠明等编．县经济概论．中共中央党校出版社，1988.

③ 佛山市顺德区人民政府办公室．基本概况．［EBOL］．http：//www. shunde. gov. cn/zjsd/jbgk/1

受它们在经济、技术、文化、信息等方面的辐射。

顺德区域属西江、北江河口冲积平原，整个地势由西北向东南缓缓倾斜，西江和北江干支流在域内纵横交错，地势平坦，水面广阔，山地丘陵面积少，陆域与水面之比约为6∶4，以基塘平原为主。

区域总面积806平方公里，基塘平原面积达570平方公里，占全区总面积的70.7%，河流水域面积达103平方公里，占12.8%，包括鱼塘在内的水域面积约占土地总面积的37%，是典型的水乡。此外还有低山、丘陵、台地29平方公里，仅占3.6%。

顺德是人多地少、自然资源贫乏的地区，除水资源丰富、气候条件较好外，其他资源很少。1949年，顺德人口411930人，到2000年增至1081733人，农业人口在1998年末为71.38万，占总人口的67.77%。1952年人均耕地0.1公顷，到1998年下降到不足0.02公顷，减少了4/5，低于广东人均的0.7亩，更低于联合国粮农组织规定的人均0.795亩警戒线。2000年初顺德的土地利用已达到97.9%，未利用地仅24698.2亩，后备资源相当缺乏。矿产资源缺乏，工业所需能源和原材料均主要依赖外地供应。

二、经济发展的水平

顺德是闻名于世的基塘农业地区之一，商品经济发育较早。19世纪后期机器缫丝业的兴起带动了商业、金融业和各类手工业的发展。新中国成立后的30年，顺德区经济发展缓慢，改革开放以后，城乡建设日新月异。1992年撤县建区前，县域有16座城镇，城镇密度大大高于全省0.69座/100平方公里的平均水平，约为全省密度的2.9倍。由于城镇密集，不少地方城、乡相连，城乡差别不大。

改革开放后二十多年，顺德就实现了初级工业化，财税收入连续10年名列全国县级区前两名，1995年进入“全国综合实力百强县”的前列。

2000年，顺德的国内生产总值332.03亿元，工农业总产值787.29亿元；财政收入62.39亿元，其中地方预算内财政收入21.60亿元；城镇居民人均可支配收入14394元，农民人均纯收入5030元；城乡居民储蓄余额407.94亿元，人均储蓄达3.77万元；高新技术产品产值210亿元，占全区工业总产值28.3%；人均国内生产总值30884元（折合3721美元），第三产业在GDP中占39%；第一、二、三产业就业人口结构为18.3∶56∶25.7，城区化水平为

51.4%。2002年实现国内生产总值436.89亿元，工农业总产值1050亿元，地方财政收入30.63亿元，全年出口总额40.5亿美元，经济指标列全国百强县（市）之首。① 根据H. 钱纳里关于工业化阶段的划分标准以及阿·英克尔斯提出的10项现代化标准，顺德经济发展处在工业化加速阶段，接近基本实现经济现代化的最低标准。

顺德的工业发展尤其迅猛，它是全国最早发展乡镇企业，走乡村工业化之路的县（区）之一，经过改革开放后二、三十年的努力，顺德形成了以制造业为主的民营经济大区，规模以上民营工业总产值占全区规模以上工业总产值77%，是全国最大的空调器、电冰箱、热水器、消毒碗柜生产基地之一，全球最大的电饭煲、微波炉供应基地，拥有“中国家电之都”“中国燃气具之都”“中国涂料之乡”等28个国家级品牌。培育了家电、机械装备两个产值超两千亿产业集群，崛起了美的、碧桂园2家世界500强企业和39家规模超10亿元的民营骨干企业，涌现出一批在全国乃至世界都有影响力的“隐形冠军”企业。其国内生产总值、工农业总产值、城乡居民和农民人均收入、人均储蓄金额、高新技术产品产值、人均国内生产总值等，均居国内县（区）级的前列。第三产业也形成了比较庞大的产业规模，成为区域经济的另一重要支柱。

第二节　顺德产业布局与经济发展的成效及其制度分析

一、产业布局与经济发展模式

（一）产业形态

1. 外向型的产业体系

顺德产业的一个显著特点是外向型。

改革开放以来，顺德发挥毗邻港澳，华侨港澳同胞众多的优势，大力发展外向型经济，使其经济结构不断优化，产品的国际市场竞争能力不断提高。1998年经顺德口岸的进出口总额31.84亿美元，其中进口总额10.70亿美元，出口总额21.14亿美元，顺德产品远销五大洲100多个国家和地区。1998年经顺德口岸入境的外国游客15000人。2000年贸易出口47.42亿元美元，比1992

① 孟威．广东佛山市顺德区质量技术监督局企业服务工作概述．中国质量报，2003.12.05

年增长了7.3倍。

顺德农业由传统型向现代型三高农业转变，农产品市场由省内国内市场向国际市场转移；创汇农业由单向创汇型向双向创汇型转变。顺德农产品销往世界各地。花卉销往日本、韩国、港澳、东南亚和欧洲，鳗鱼出口日本和欧美，1997年鳗鱼出口创汇1.3亿美元，还向香港出口塘鱼1.04万吨，占领香港市场的50%。

顺德与其他县区人口与外贸比较

主要指标	单位	顺德	南海市	锡山市	张家港	江阴市	常熟市	武进市	绍兴县
总人口	万人	105.32	107.09	99.20	83.30	114.44	104.18	120.82	97.33
外贸出口总额	万美元	196700	122900	31003	81104	52448	67543	37210	20722

利用外资规模不断扩大，档次越来越高。从1992年到1998年全区实际利用外资17亿美元，至1998年底，全区共办起“三资”企业1507家，累计协议投资总额58.6亿美元，实际利用外资22.9亿美元，一大批加拿大、日本、美国、法国、菲律宾、香港、德国等46家国际知名大企业、跨国公司如美国惠而浦卡夫、加拿大北方电讯、菲律宾生力啤，日本东芝、松下、日清、三洋、德国博世，韩国浦项、三星等相继前来投资和合作，形成“小城区引进大财团”的格局，投资领域有高档家电、光机电一体化行业，通信电子行业以及基础设施和第三产业等领域，大大提高了全区经济的整体素质和国际化水平。

目前不仅利用外资在数量上大幅增加，并且在质量上有较大的变化，从引进中小型外商向引进跨国公司、国际大财团转变，从引进劳动密集型产业向资金、技术密集型产业转变，从短期合作向长期合作转变，从单纯依靠地方优惠政策向依靠良好的综合投资环境和整体运作素质转变。美的年创汇1亿多美元，“科龙”通过香港股区的国际融资，共筹得19亿元等等表明顺德已初步成为国际经济一体化的一员。

顺德依托廉价土地和劳动力所造就的比较优势，通过承接第三次国际产业转移，以加工环节切入全球产业链条，以产品参与国际化的模式，迅速发展成为全球最具竞争力的制造平台，造就了高速发展的外向型经济。随着目前土地优势和人口红利已经逐步消失，而日益成熟的企业不再满足于仅仅以代工方式参与国际分工，一方面是利润日益微薄难以维系经营，另一方面是更具比较优势的替代性市场已经出现，两者都倒逼着顺德向“微笑曲线”两端延伸，聚集设计、科技、营销等新要素资源重新参与全球化的产业链分工。以技术改造为例，在全球新工业革命愈演愈烈的当下，美的这个拥有千亿产值的国际知名企业中，已经呈现出对于自动化设备的庞大需求。与此同时，顺德许多中小企业也同样把技术改造作为企业未来的重要战略。2015 年，佛山正式提出争当“中国制造业一线城市”，这是佛山制造在“中国制造 2025”和全球“新工业革命”大背景下的全新定位思考。①

2. 专业化、规模化的产业集群

（1）龙头企业牵引的农业专业化、规模化经营

龙头企业具有开拓市场、引导生产、深化加工、提供服务的综合功能，顺德龙头企业在促进农业产业化和农业规模经营的发展，提高农业劳动生产率方面发挥了重要作用。

全区农村人口约占全区的 70%，而从事农业的劳力只有 13.8 万多人。1998 年，全区有农业企业 154 家，种养专业户 1.8 万户，经营土地 27 万亩，占全区农业用地面积的 49%，收入超千万元的农业龙头企业和专业大户有 39 家，其中超亿元的有三家，收入超百万元的种养专业户有 47 家。1998 年，劳均生产蔬菜 2158.40 公斤；生产水果 268.03 公斤，比 1978 年提高 3.02 倍；淡水鱼类 1412.45 公斤，比 1978 年提高 6.86 倍；饲养生猪 4.09 头、家禽 273.58 只，分别比 1978 年提高 1.56 倍和 46.33 倍。劳均农业产值也有大幅增长，1998 年劳均农业总产值达 29453.67 元，比 1978 年增长 27.62 倍，其中劳均种植业产值为 6530.49 元，畜牧业为 4915.85 元，渔业为 17727.60 元，分别比 1978 年增长了 11.74 倍、18.74 倍和 71.14 倍。

顺德区商品农业的迅速发展，极大地促进了农业区域化、专业化生产水平的提高。目前顺德区优质水产养殖业遍布全区各镇，其中鳗鱼养殖业主要集中在勒流、杏坛、北滘、伦教等镇，花卉种植主要在有传统历史的陈村、伦教、北滘三镇，其中以种花历史悠久的陈村为最。1998 年陈村镇花卉种植面积达

---

① 罗湛贤，刘嘉麟．融入全球制造业一线的顺德探索（组图）．南方日报（广州）2015－12－11 http：//news.163.com/15/1211/08/BAHQCFF600014AED.html

1.84 万亩，收入 3.08 亿元，亩值 1.67 万元，花卉专业户 2000 多户，成为全国有名的花乡。

（2）行业集中度很高的工业群

顺德素有“家电王国”之称，仅空调、微波炉、电冰箱、燃气具等上规模的家电生产及其配件类厂家就有 2000 多家，从这里诞生了美的、科龙、万家乐、格兰仕、容声、康宝等一批知名品牌。

顺德的工业从一开始就具有专业化、集中化的趋向，这个特征在广东省许多县镇都具有。这主要是因为在开放改革之初，尽管许多县镇的工业十分薄弱，但是它们瞄准市场需求，集中资金与技术，把最佳的工业项目搞上去，迅速获得资本积累，从而顺势发展，带动了县镇工业、经济、城建和区域的发展，这无疑是广东县镇发展的成功经验之一。当年顺德就是以电风扇作为启动工业的，跟随而来的电冰箱、热水器、空调机、微波炉、电饭锅、燃气具等一系列的家用电器应运而生，其产量之多，市场之大，众所周知。①

顺德工业经过二十多年的发展，已形成了具有特色的家电、食品、纺织、金属制品四大支柱行业。行业的集中度较高，配套能力强，形成了在国内具有一定竞争力的以家电为主导产业的产业群。从 1998 年上规模企业工业增加值前 10 名的行业看，电器机械及器材制造业占了 51.6%，是最大的行业。如果把电器机械及器材制造业、金属制品业、塑料制品业合并为家电及其配套行业，则这三大行业的工业增加值占了 64.4%。第二大行业是食品、纺织等。顺德在保持家电、家具等传统产业优势的基础上，电子通信、机械装备、涂料、精细化工、医药保健等新兴产业也得到迅猛发展。

1998 年顺德区各类规模企业情况

指标	总计	总计中：大中型企业		总计中：			
				规模以上企业		规模以下企业	
			比重（%）		比重（%）		比重（%）
企业数	8681	70	0.8	525	6.0	8156	94.0

① 吴永铭．广东启动型工业的效应与走势．中山大学学报（自然科学版），1998 年 10 月增刊 2

续表

指标	总计	总计中：大中型企业		总计中：			
				规模以上企业		规模以下企业	
			比重（%）		比重（%）		比重（%）
工业总产值（万元，当年价）	6046385	2171744	35.9	4557327	75.4	1489058	24.6
工业增加值（万元，当年价）	1407990	619812	44.0	1102584	78.3	305406	21.7
全员劳动生产率（元/人，按增加值计）	39205	90387	230.5	54969	140.2	19262	49.1

注：规模以上企业指独立核算国有企业及年产品销售收入500万以上的非国有企业

（3）中小企业的支撑

顺德实行企业转制以来，中小企业成为工业增长的新生力量。1998年，亿元企业以外的工业企业产值为265.16亿元，占全区总产值的44%，比1997年增长29%，而同期亿元企业的增长为7%。可见，中小企业具有很强的增长活力。同时中小企业从业人员数占全部乡镇企业从业人员数的51%，中小企业提供的就业机会占全社会的21%，是社会稳定的重要基石。更为重要的是，小企业对大企业的配套支持作用十分明显，为龙头大企业提供配套零部件的供应，降低了本地大企业的产品成本，支持着大企业在国内外市场上的竞争优势。

（4）专业市场

各种专业市场、农贸市场、百货商场、综合商场、连锁店、专卖店和零售商店遍布全区城乡每一个角落，形成了多种类、多功能、多层次的覆盖全区各镇的商业市场网络。乐从、龙江的家具市场，已发展成为全国乃至世界上最大的家具专业市场。乐从的钢铁市场和塘鱼市场、龙江的饲料市场、陈村的花卉世界、伦教的木工机械专业市场、大良和勒流的汽车专业市场、杏坛的猪苗和鱼苗市场都颇具规模，对附近市县有强大的辐射力和影响力。桂洲百昌商业广场、新世界商场、百佳和信都超级市场等商场是本区大型高档次百货商场。市场的完善促进了城乡商品经济的繁荣，2000 年全区社会商品零售总额 93.18 亿元，集贸市场成交额 44.6 亿元，分别比上年增长 14.9% 和 18.8%。

（5）供销渠道

由于本区工业比较发达，购销规模较大，为商贸企业提供了大展拳脚的舞台，不少流通企业甘当工业企业的配角，为工厂代理原材料的购进和产品的销售，为区内众多名牌产品的产生立下了汗马功劳，而流通企业本身也得以发展壮大。如北滘镇供销集团根据区内家电企业众多的特点，积极衔接采购工厂所需的各种原材料，仅冷轧板每年购销达 16 万吨，获得了良好的经济效益和社会效益，成为省内贸易系统的先进企业。容奇供销社和桂洲龙涌贸易公司以推销地方名牌家电产品为己任，它们与科龙、容声、华宝、爱德等生产厂家建立友好的工贸合作关系，通过在全国各地建立广泛的销售网络，源源不绝地把本区名牌产品推向国内市场，成为颇具影响力的家电产品销售代理商。

（6）金融保险

2000 年末全区各项存款余额 631.45 亿元，比上年增长 8.1%，其中城乡居民储蓄存款余额 407.94 亿元，比上年增长 1.3%。2000 年末全区金融机构各项贷款余额为 495.13 亿元，比上年增长 11%。证券市场非常活跃，2000 年全区有证券公司 4 家，证券市场交易额 565.94 亿元，比上年增长 107.1%。2000 年各项保险费收入 7.65 亿元，比上年增长 10.9%。金融保险等行业不但有力地支持和促进了经济的发展，而且极大地方便了人民群众的日常生活。为配合企业体制改革的推进，本区成立了德安保险股份公司，向全社会推广养老保险、住院医疗保险和工伤保险等品种，使本区的社会保障水平得到切实地提高。

（7）信息咨询等中介服务机构

近年来各种中介服务机构不断涌现，服务水平不断提高。顺德区现有各类咨询服务业单位 100 多家，从业人员约 1300 人，计算机应用服务单位约 288 家，从业人员约 820 人。信息服务业方面，电信服务和广播电视服务水平居全省中小城区前列。2000 年全区信息化综合指数达到 56%，比上年增长 37.2%。会计师事务所、审计师事务所等机构的专业水平和资质有了明显的进步。随着律师体制的深入改革，一批民营合伙制律师事务所应运而生，真正成为中介机构，适应和配合了本区市场经济的发展。

2018 年广东实施顺德再造千亿级产业集群计划，3 月在北滘镇举行了广东省智能制造创新示范园和中德智能制造国际合作示范区启动仪式 。这一万亩示范园区将聚集千亿产业集群。示范园区将以世界顶级机器人项目、无人机项目的带动，以智造基地、会展中心、创新平台、高端人才为推手，建设国际机器人智造新城、国家社区和人才小镇，打造国际机器人产业生态圈、大湾区工业展览中心和佛山中欧城市化合作示范点，成为粤港澳大湾区融智能制造创新孵化、专业展览、智慧社区为一体的“产城人”融合示范园区，成为实现佛山市“全国制造业创新核心城市”发展目标的创新集聚地。①

3. 品牌优势及其效应

顺德已成为全国以至全世界一个重要的家电产品生产基地，拥有了一批驰、著名商标。顺德有 5 个商标被认定为全国驰名商标，分别是“容声”“美的”“格兰仕”“科龙”“万家乐”；共有 16 个商标被认定为全省著名商标，分别是“容声”“美的”（风扇）“美的”（空调器）“格兰仕”“科龙”“万家乐”“康宝”“爱得乐”“华宝”“万和”“松本电工”“顺峰”“华润”“顾地”“正野”“碧桂园”。1998 年全国品牌家用电器销售收入的前 10 名，顺德就占了三家，科龙、美的、格兰仕分别位于第三、五、十位。格兰仕集团是全球最大的微波炉生产基地，占有全球市场的 1/3，国内市场的 76%，销售量居全球第一。以这些龙头企业为中心建立起来的企业网络，带动了大量的中小企业，这些中小企业作为龙头企业产业链上的一部分，分享着名牌企业的效应与技术辐射，形成了相对固定、又能灵活调整的企业网络，既保持市场竞争的优点，又有效地降低了交易成本，使整个地区的经济成为一个有机的整体。

4. 技术型工业

顺德在改革开放二十余年的工业化进程中，工业企业技术装备水平不断提高。根据第三次工业普查的统计，1995 年末，顺德工业生产设备中，九十年代先进设备的占有率是 65. 38% ，八十年代的设备占有率是 33. 38% ，两项合计达 98. 76% 。表明顺德工业企业现有的生产设备已达到比较先进的水平。

在产品开发能力方面，到 1995 年，全区已有 260 多家较具规模的企业设置了研究所及技术开发中心，每年投入开发新产品的资金达 5. 3 亿元。“八五”期间开发的 724 项新产品中，属国内首创的占 11. 1% ，达到国内先进水平的有

---

① 邹建华．顺德再造千亿级产业集群，这个万亩园区即将盛启．顺德城市网 2018 – 03 – 26 18：43：38http：//www. shundecity. com/a/szsd/2018/0326/209493. html

52.4%。仅1995年开发的新产品就有214项，且相当部分属高技术产品。

1998年，全区科技新产品开发项目共有133项，其中达国际国内先进水平的有83项，当年投产完成试制工作的占86%，新增产值61.82亿元，新增利税7.68亿元，科技进步贡献率达到50.3%。

在高新技术方面，1998年全区有高新技术企业56家，其中省级以上25家。高新技术产品产值100亿元，占全部工业总产值的19.5%。拥有省级工程研究开发中心10个。

虽然高新技术企业普遍还未形成规模和明显的产业导向，行业也较为分散，但在光机电一体化、生物制药、精细化工等领域也已显示出较好的发展势头。

在人员素质方面，顺德村级以上企业职工人数35.91万人，其中专业技术人员63751人，占职工人数比重17.8%，高级专业技术人员有1196人。

5. 多种所有制

顺德在发展中坚持多种所有制并存，鼓励集体、三资、民营一起上。以工业所有制结构为例。顺德工业从1985年到1999年的十几年间，所有制结构发生了很大的变化，从以发展社会主义集体经济为主转变为发展社会主义市场经济为主。以工业为主，以集体企业为主，以骨干企业为主曾是顺德经济发展的主要特征。但随着社会主义市场经济的不断推进，以集体企业为主这一所有制结构也产生了很大的变化。1998年，顺德国有及集体企业只占企业总数的8.2%，工业总产值占19.3%，工业增加值占19%。在工业所有制结构中，股份合作企业、有限公司、三资企业增长迅速，形成多种经济成分共同发展的局面。

从1997年开始，顺德区的三资和民营企业逐渐成为工业发展的投资主体和经济增长点。美国惠而浦、加拿大北方电讯、日本东芝、松下、三洋、德国博世、韩国浦项、三星等40多家国际知名大企业和跨国集团相继前来顺德投资合作，形成了“小城区引进大财团”的格局。个体、私营经济也迅猛发展，已成为顺德经济发展的重要支柱。现在全区个体、私营企业产值和税收分别占全区工业产值和税收的四分之一。其中大良、伦教、勒流、桂洲等镇的三资企业工业总产值占全镇工业总产值的35%到52%不等。民营企业方面，伦教、乐从、龙江、桂洲等镇的民营企业发展最快，增长速度超过20%，民营企业工业总产值占各镇的35%到85%不等。呈现出强大的生命力与发展后劲。

（二）产业的空间组织

1. 农业的专业化布局

顺德地处平原水网地域，土壤肥沃，气候温和，光热条件良好，因此自古以来便成为人类开发耕种的聚居地。早在西汉时期这里已有农耕生活，到了宋代，当地人民开始大规模围垦造田、兴修水利，创造了一套挖塘筑基、养鱼种桑的农业土地利用方式，兴起基塘农业。在长期的耕种中，人们逐渐积累了丰富的种养技术，土地利用率大幅提高。基塘农业将养殖业和种植业以生物链相结合，种养之间形成相互联系和促进的能量流动与物质循环，构成良性循环的人工生态系统。顺德的基塘特色农业在明清时期已经相当发达，成为广东重要的蚕茧、塘鱼、甘蔗、水果等商品的生产基地。

改革开放后，随着工业化进程的加快，农业的结构发生了急剧变化。在种植业方面，顺德区改变了过去传统的、属于低值低效的、以水稻、甘蔗、蚕桑为主的种植业结构，重点发展花卉、蔬菜和水果生产。1997 年花卉、蔬菜、水果及饲料的种植面积已达到全部耕地的 80%。目前花果菜已取代传统的粮蔗桑成了种植业的主导产业。近年来尤其是花卉业发展相当迅速，1998 年全区花卉种植面积 3.12 万亩，总收入 4.94 亿元，占种植业总收入的 50%，花卉业已成为顺德区继优质水产业之后的又一“三高”农业的支柱产业。目前顺德区这两大产业的总收入占全区农业总收入的近三分之二。花卉种植基地则主要集中在陈村、伦教、北滘三镇以及 105 国道顺德大道、碧桂路、佛陈路、龙洲路沿线的绿色长廊。其中陈村镇为全区最大的花卉种植基地，种植面积 1.7 万亩，有花卉专业户 2000 多户，全镇花卉收入 2.6 亿元，成为国内外有名的花卉之乡。蔬菜、水果种植基地则主要集中在大良、德胜等镇区，可年产蔬菜 30 万吨、水果 3.2 万吨。

优质水产养殖基地遍布全区各镇，全区已形成连片的大型水产养殖基地，优质水产养殖面积达 15.7 万亩，占鱼塘总面积 52%，总收入 32 亿元，占水产养殖收入的 80.5%。其中鳗鱼养殖集中在勒流、杏坛、北滘、伦教等镇，鳗鱼养殖基地 6.4 万亩，年产量达 3 万多吨，为全国最大的养鳗基地。另外，在全区还建立起了年产 200 万头瘦肉型猪基地，年产 800 万只竹丝鸡基地，以及年产 4 万多头生猪的长江企业有限公司等大型农业企业，发展了一批种养专业大户。

2. 前店后厂式的区域网络

顺德的工业发展是“珠江模式”的一部分，具有前店后厂的特征，在空间联系和区域协调方面与港澳构成一体的关系。

3. 紧密的城镇体系

顺德的城镇建成区距离较小，各区功能较完善，城镇间联系密切，逐步形成两条区镇密集带（区），以线状辐射推动区域经济的发展，沿105国道形成区镇密集带，包括大良、容桂、伦教、北滘等四镇一区，经济实力强，大良（德胜）、容桂逐渐发展完善，有望形成有较强影响力的区域的中心。区域中、南部的镇：勒流、杏坛、均安发展相对缓慢，但其经济实力也将不断增强，逐步形成了镇域中心城镇。这样，区域城镇逐步形成了“一中心、两带”的空间格局。

如图：顺德区域城镇体系现状图

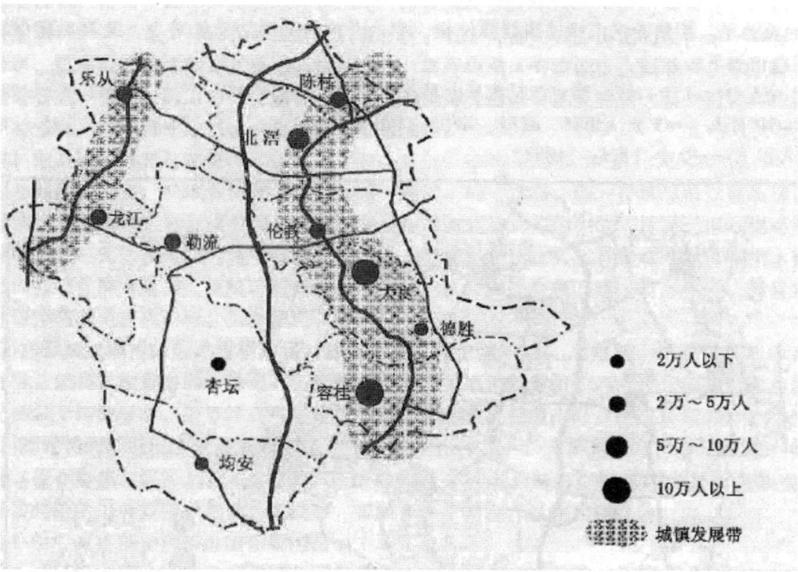

顺德区城镇体系（2002年）

4. 联结功能强大的基础设施

改革开放40年来，全区基础设施加快建设，逐步形成了水陆交通顺畅，通讯联系便捷、水电供应充裕的城乡基础设施体系。第三产业的发展，使大批高档次的酒店酒楼、商场店铺和文娱康乐场所不断涌现，北滘、均安两个高尔夫球场的兴建，标志着本区高层次消费项目逐步兴起。在交通方面，本区在“八五”期间投资35亿元兴建“五路八桥”交通建设缓解性工程，从根本上改变了本区交通建设的落后面貌。2000年全区公路里程营运达32950公里，城区巴士营运线路增至10条，每百平方公里公路网密度达149公里，居全省乃至全国县级之冠。在口岸建设方面，目前全区已有容奇客货运港、北滘货运港及四个货运检查场，投资达1.25亿元的顺德新港已投入营运。在通讯方面，2000年全区电话总量89.14万门，城乡电话普及率为84%（含移动电话），进入全省首批电话区的行列，移动电话50.18万户，因特网用户3.07万户。除省网供电外，建成电厂总装机59.9万千瓦，在区、镇分别建起22万伏和11万伏的输变电站和网络；有自来水厂13间，日供水能力160万吨，自来水普及率100%；全区有进出境的港口2个，每日有四班次双体快速喷射客轮来往于顺德——香港之间。全区邮路总长度2295公里，邮政局所53间，平均服务半径2.2公里。交通通信趋于现代化，一方面缩短了区内各镇区之间的距离，搭起了顺德的组团式城乡一体化的骨架，为本区形成城乡一体化的大市场奠定了基础，同时大大地改善了我区的投资环境，大大地增强了顺德的吸引力和凝聚力，推动了新一轮的外商投资热潮。

顺德区的公路建设分为四级：①国道：广湛公路（325国道）途径乐从、龙江两镇，是区域西部的交通干线，为路宽24米的一级公路；广珠公路（105国道），途径全区七镇区，是区域东部南北向交通干线；②省道：主要有良龙、良均、良区等公路，是最早通往各镇的主干道；③合资公路：“八五”期间与港资合作投资建成的缓解性工程“五路八桥”，长102.4公里的准高速公路，构成了顺德区的主骨架公路；④地方公路：在“五路八桥”主骨架公路网络形成的同时，地方公路在“八五”期间先后改造和兴建了一、二级地方公路507.7公里，全区地方乡村公路可通车里程达到854.9公里，比90年代增长124%，比八十年代增长7倍。

二、产业布局与经济发展的制度环境分析

（一）正式制度

1. 先行一步的制度改革

顺德经济、社会的快速发展得益于其先行一步的制度创新。借着先行改革的优势，顺德较早地建立了社会主义市场经济体制的新框架，赢得了发展的时间差，迅速地积累了财富。现在顺德人已深深尝到了改革成功后的喜悦。

（1）第一阶段（1979－1983 年）：抓住我国农村经济体制改革之机，实行家庭联产承包责任制，农业生产率迅速提高，大批劳动力从农业中释放出来，掀起了集体、个人大办乡镇企业的热潮，顺德经济开始起步。

（2）第二阶段（1984－1992 年）：我国的开放首先在沿海实行，在这样的宽松环境下，港澳台和西方发达国家的产业尤其是劳动密集型产业向珠江三角洲转移，这对顺德是难得的机遇。顺德相应出台了一系列政策，资源配置也向乡镇企业倾斜，从而促进了乡镇企业的快速发展。

（3）第三阶段（1993 至今）：这是我国"由计划经济向市场经济"转变的重要时期。在这样的宏观形势下，顺德作为全国综合改革试验区，首先深化和完善农村改革，推动农业经济的发展和城乡一体化进程。特别是 1993 年，顺德在全省率先开展以产权改革为核心的企业制度改革，采用股份制、股份合作制以及租赁经营多种转制形式，调整和优化了产权结构与产业结构，确立了企业自主经营、自我约束、自负盈亏的市场主体地位，逐步建立产权明晰、权责明确、政企分开、管理科学的现代企业制度。这些改革使顺德得以向"二次创业，实现中级工业化"的阶段推进，实现了从单一的公有投资体制向投资主体社会化、国际化转变，这时期的高新技术产业、规模企业、外资企业、民营企业、"三高"农业、第三产业成为新的经济增长点。从 1994 年开始，顺德积极主动地推进机构改革，建立适应生产力发展要求和社会主义市场经济的行政管理新体制，为顺德经济新一轮发展奠定了基础。

2. 配套系统的制度创新

顺德的制度变迁是比较系统而完善的，可以说是环环相扣，步步紧随，这是区域系统得以良好运行的一个关键。从顺德的制度变迁中，我们可以看到机制系统中制度系统创新的威力。

在农村领域。首先是实行家庭联产承包责任制，调整了产业结构和农村区域建制，改革了农业投资体制。近年来，各地在稳定家庭联产承包责任制的基础上，大力推进以土地经营权入股为主的农村股份合作制改革，理顺了农村管理体制。土地由无偿承包转变为有偿承包、由分包转变为投包、由分散承包转变为连片集中承包、由单家独户经营转变为股份制经营，形成了收益分配合理、流转规范、土地使用效益高的土地经营机制，引导了土地向集体企业、股份制农业和种养能手集中，改变了过去单一、小型、分散的农业生产经营方式，有效地保证了"耕者有其田，能者多耕田"，推动了农业向基地化、集约化、市场化、现代化方向发展，农业规模经营水平显著提高。目前，全区 215 个管理区（办事处），共组建农村股份合作社 290 个，土地规模经营专业户达 1.8 万户，经营土地占全区耕种面积的一半以上。到 1997 年，全区“三高”农业种养面积达到一个 27.6 万亩，其中优质鱼养殖面积 17.8 万亩，产值达 75 亿元。此外，顺德区还积极拓展外延农业，到 1997 年，全区外延农业面积发展到 10.5 万亩，产值达 12 亿元。

在工业领域。初级工业化时期是调动各级政府的积极性，利用集体经济以及政府力量，推动了工业化进程，形成了以集体经济为主、以工业为主、以骨干企业为主的特点，确立了工业立区以及三个为主的方针，成功地将顺德这样一个农业县发展成为珠江三角洲以及全国的一个工业城区。在经济体制调整时期（1993—1995 年），鉴于企业产权不清，政企不分弊端：企业负盈不负亏、对企业领导人缺乏有效的监督与约束，企业虚盈实亏十分严重，政府为企业承担所有的风险的。政府果断地推出三大改革：政府机构改革、企业转制、农村管理体制改革。对于工业企业来讲，就是明晰产权，建立现代企业制度。从 1996 年开始是顺德工业的第二次创业时期。顺德工业以提高经济增长质量、提高企业现代化的管理水平、降低转制企业的资产负债率、突出技术创新为主要目标。在这个时期，原来单一的政府投资模式得到改变，1998 年工业贷款增加 60 多亿，全部为财产抵押。三资、民营企业成为新的经济力量，新投入项目资本的 65.2% 来自外资及民营资本。

在服务领域。顺德区政府对第三产业的发展也给予了很大的关注，特别是 1993、1996 年区政府两次召开了第三产业工作会议，1999 年 8 月以来，顺德作为全省率先基本实现现代化试点区，又出台了相应的《关于促进第三产业发展的若干政策规定》，使本区第三产业取得了前所未有的发展。

在科技创新领域。政府重视科技创新与专利保护工作。改革开放以来，顺德坚持把科技进步作为经济发展的主要推动力，在战略、规模、政策上确保“科技兴区”的实施，建立了一系列激励机制，包括高新技术企业减免所得税、可提取利润作风险基金等。顺德科技局的知识产权与专利办为企业的科研开发与专利申请提供了大量的信息与服务。2000 年全区企业技术开发机构 286 个，全年受理专利申请 2198 项，获专利授权 1728 项。国家在顺德实施三大科技试点，包括“国家电子信息技术应用试点区”，北滘镇的“国家星火科技产品示范镇”和桂洲的“国家社会和经济综合发展示范镇”。

在科技兴农方面，顺德十分重视建立健全农业科技推广体系，大力推广和应用各种农业新技术、新成果，提高了农业科技在农业经济中的贡献率。1997年全区共有农业科技人员659人，其中高中级科技人员占20%。全区各镇农办都设立了技术服务机构，为农户提供技术咨询、现场指导、疫情报告等服务。全区近年来还成立了二十多个农业体系协会，如1995年初成立的区优质水产商会，现有会员138户，共编写了100期简报，在沟通信息、交流经验、协调价格等方面，为领导和农户及时做出决策起到了重要作用。目前顺德区已形成一个以区为依托、镇为中心、管理区为基础、上下左右相联、功能较为齐全的农业科技推广体系，采取多种形式开展科学技术培训，向农业技术人员和农民传授农业科技知识，帮助农民掌握科学种养技术。

在社会保障等领域。建立了包括养老保险制度，医疗保险制度，工伤保险制度等社会保障体系为核心的福利制度改革。建立了社会共济与个人保障相结合、覆盖全社会的社会保障制度是企业转制和社会稳定保障；加上教育体制改革，医疗卫生改革等，顺德初步建立了社会主义市场经济体制的基本框架。在新世纪里，顺德区正进行着新一轮的战略调整和体制改革，实施从“城乡一体化”到“城区化”转移，重新调整和优化资源配置，进行了村镇合并，将191个村合并为109个，12个镇（区）合并为10个，为顺德经济可持续发展奠定了基础。

3. 高效的政府与较好的干群关系

为了配合经济体制改革，完善社会主义市场经济体制，顺德人深知政府机构改革的意义，明白政府在市场经济中的职能和角色。在三大改革中顺德区以政府机构改革先行，建立了“一个决策中心，四位一体”的领导体制，四套班子实行职能交叉，各担一面，克服了“一件事几个管，却互相牵制、互相扯皮”的现象，提高了办事效率。同时采取不分党委和政府部门，一律按工作性质和职能划分的方法，把原有的56个党政机关减少到29个，精简了约30%的机关人员，率先推行“依法行政、规范行政、高效行政、透明行政、服务行政、廉洁行政”，致力于改善基础设施建设，为地方经济发展营造良好的投资环境。

顺德区政府这种观念超前、不唯书、不唯上、只求实的思想与工作作风，为农村改革与乡镇企业改制树立了典范。政企完全分离之后，政府退出了竞争性领域，摆脱了承担企业经营风险的局面，从而可以专心做好营造环境、管理社会的事务。

例如，为了适应加入WTO的新形势，顺德区政府改变了过去管理企业不够的倾向，加强了对企业的产品质量管理，并显示出了较高的效率。质检所、计量所、安检所和标准编码所的建设力度加大，设备和人才资源投入不断增加。2001年，区政府为质量技监工作拨付经费495万元，打假经费50.1万元。2002年，拨给“锅容管特”普查经费99万元，“质量月”宣传费9.4万元，农业标准费5万元，建空调质检省站300万元。目前，计量所已顺利通过中国实验室国家认可委的校准实验室认可（也是广东第7家通过此项认可的法定计量检定机构）。

对企业出现的质量案，区质量技术监督局采取的是停、处、帮的措施，在这三者的关系中，立足点不是处罚，而是帮助企业发展壮大、增强实力。

据报道，在2003年里，质量技术监督局受理省定期监督检验不合格企业停产整顿（红牌）后处理工作14件，不合格企业整改（黄牌）后处理工作43件，受理国家监督抽查不合格企业停产整顿（红牌）后处理工作11件，受理国家监督抽查不合格企业整顿（黄牌）后处理工作15件，另外还受理省局发出的《停止销售通知书》3份。在整改期间，质量科和质检所主动深入企业，帮助企业找问题，定措施，渡难关。如2002年有锻压机械生产企业21家，在省监督抽查中不合格，领到了红牌，经过帮扶、整顿，均通过了复产验收；木工机械行业在2002年第二季度抽查中质量合格率不足30%，通过帮扶整改，在第四季度抽查中合格率达到100%，使这些行业质量水平得到明显提高。

此外，根据产品的实际状况，区质量技术监督局也积极支持帮助企业申报国家免检产品和国家、省名牌产品的推荐工作。目前，顺德已拥有6个“中国名牌”产品，11个“广东省名牌”产品和7个国家免检产品。

在政府的支持下，顺德企业的产品质量管理成绩显著，2003年顺德获全国“质量兴市”先进市县称号。①

由于有一支市场经济意识较强，敢于开拓，善于进取，善于管理，团结一致、合作默契的干部、职工队伍，顺德的干群关系较好，上下协调一致。

4. 思想库等非政府组织

顺德在发展中，比较重视发挥思想库等非政府组织的作用。例如，在1989—1990年顺德经济起飞前夕，具有开拓、创新精神的顺德政府就率先开展

① 孟威．广东佛山市顺德区质量技术监督局企业服务工作概述．中国质量报，2003.12.05

县域规划，委托中山大学地球与环境科技应用研究中心（现在的中山大学规划设计院）组织多学科专家研究县域经济如何发展问题，以便为1992年撤县立市打好基础。10年间，研究的成果和许多决策性的方案都基本得到了实施。在即将进入21世纪的前夕，顺德政府又在广东省率先开展区域可持续发展研究，委托中山大学地球与环境科技应用研究中心组织多学科专家队伍开展“顺德区域可持续发展研究”。在研究过程中，顺德政府给予了高度重视，特地成立以刘世宜副市长为组长的“区域可持续发展研究”领导小组。冯润胜市长等主要领导对此项研究也极为关心，多次与课题组共同讨论，提出了许多宝贵意见。在调研过程中，区内各部门及各镇、区也大力支持和密切配合，主要领导都亲自介绍情况，提供宝贵意见、设想和最新与真实的资料。

（二）非正式制度——顺德的人文精神

1. 敢为天下先的创新勇气

顺德的改革开放多年来在全省乃至全国总是先行一步，体现了顺德人敢于承担责任和风险的勇气。例如，1992年开始的改革就承受了巨大的压力，尽管遭受着铺天盖地的舆论批评，但顺德依然沿着自己的路坚定地向前迈进。

2. 务实的创业精神

顺德人历来以少说多干著称，相对而言，顺德人更注重实利而淡于虚名。改革之初，顺德就理直气壮地提出“谁先富，谁光荣”和“学富，赶富，比富”的口号。正是这种务实的创业精神催生了顺德众多的内动型产业的崛起，如顺德的容桂镇以小家电起家，目前已发展成广东最大的电气机械制造业基地，在那里聚集了科龙、华宝、格兰仕、美的等大型家电企业，整个镇的经济规模高达178亿元。①

1997年，海尔空调兼并顺德爱德洗衣机厂，有人认为很失面子。而桂洲镇镇委书记何作力却说：“面子不值钱，面子要经常翻新，要美容。所以，我想把‘海尔’留得更稳些。”

3. 浓重的商业气息

顺德在历史上是我国商品经济发达，并最早卷入资本主义世界体系的地区之一，商业气息很浓厚。明清时期顺德已开始大面积种桑、养蚕、缫丝、种蔗、

① 林平凡等．企业聚群竞争力——珠江三角洲企业聚群竞争力提升战略研究．中山大学出版社，2003：27.

种果等，形成了富于特色的基塘生态农业，立体种养结合。商品农业的发展孕育了人们的商品意识和市场观念。

4. 开放的观念

顺德的经济是外向型的。一方面，顺德不断优化自己的产品结构以增强国际竞争力。另一方面，不断改进招商方式，提高引进外资的水平。多年来，顺德围绕扩大开放努力营造良好的投资环境：高起点规划和建设基础设施建设，不断改善工作和生活环境，营造良好的社会治安秩序和社会风气，完善法制，提高办事透明度和办事效率等，从而使对外开放由点到面，由城区到农村，由初期的加工制造业至基础产业、基础设施、高新技术产业和服务业，形成一个全方位、多层次、有重点的开放格局，使经济发展充满生机和活力。

顺德是从一个县发展起来，原有科研队伍基础差，顺德意识到人才的重要性，因而在顺德没有排外的氛围。顺德以其经济发展和开放的胸怀吸引了大量的外来人口。1987 年，顺德区域的流动人口数量不足 6 万，但到了 2000 年，流动人口数量已经增加到 47 万之多，11 年间流动人口平均增长速度为 17.2% 。外来人口为顺德经济发展提供了充足的劳动力，特别是外来科技人员对顺德经济发展做出了重要贡献。

由于顺德本地人才多集中在经营管理和市场营销方面，因而企业所需的大量技术科研人员必须依靠外地。为此，顺德建立了开放式的科技发展体制，借助外部力量加快科技的发展，以市场为中介大量引进高层次的科技、教育、管理人才，建立为己所用的专门人才队伍，仅顺德的几个省级工程技术研究中心，每年都吸纳数量相当的专家，教授和高校毕业生，约占中心人员的 72.3% 。与此同时，顺德还引进现代技术、科研成果、生产设备，提高企业的管理和技术装备水平；积极与国内外名牌大学和企业合作，利用其科研优势，推进企业的科技进步。如广东北电公司把研究所设在中山大学；顺德特种变压器厂与清华大学合作成立清华顺特光纤应用技术研究所，与华中理工大学合作建立广东城网电气工程研究开发中心；科龙集团还把研究所建到日本。另外，选派干部、科技人员等到国外考察、学习、进修。

由于广大科技人员特别是大量外来科技人员的努力，顺德的研发能力大大提高，为顺德各企业的发展，各种名牌的创立做出了重要贡献。可以说，没有外来科技人员，顺德的科技事业不会有今天的成绩。

5. 重视科教文化

市场使顺德形成了技术竞争和创新环境。公司已成为技术创新的主体，科龙、美的、格兰仕等大企业都建立起一定规模的研究开发中心，技术创新的意识强烈。

顺德重视文化教育事业。全区有各类学校313所，其中完全中学15所，职业中学15所，成人大中专学校5所，全面普及了九年制义务教育，基本普及了高中教育，被评为“全国基础教育先进区”“全国幼儿教育先进区”等。全区普遍形成了崇尚教育，重视教育的风气。开办了顺德职业技术学院，建立了清华大学远程教育点，成人在校学生5603个。

多年来顺德区坚持精神文明建设，成绩喜人。通过不断深化创建文明城区、文明镇、文明管理区活动，深入开展“个人品德、社会公德、职业道德、家庭美德”教育，提高了广大区民的思想道德水平。各级政府加大投入，抓好精神文明基础设施，城区建成了体育馆、文化馆、博物馆、图书馆、艺术馆，镇里也建成了体育馆、图书馆和文化中心，报纸、广播、有线电视，甚至电脑网络形成多媒体传播、宣传和建设社会主义精神文明的新局面。

进入90年代，顺德更是提出建设“文化强区”的任务目标。通过开展“文体先进镇”评比活动，进一步提高了各镇领导对文化建设的认识；通过举办“亿元企业艺术节”，增强企业加强文化建设的社会责任感，使之在文化建设中发挥骨干作用；通过承办全省、全国大型文艺活动，调动最广泛的社会层面参与文化建设的积极性，从而在全区营造了良好的文化环境和氛围。顺德曾先后被文化部、省政府授予“全国文化先进区（县）”和“广东省文化先进区（县）”称号。容奇、均安、勒流、陈村、桂洲等五镇被核准为民族民间艺术之乡。

企业不仅注重自身文艺活动的开展和文化精神的塑造，更是积极支持和赞助政府机关及事业单位的文化活动。华宝集团、美的集团、科龙公司、区农业银行、容奇建设开发公司等企业多年来一直热情赞助全区各种文艺活动。

6. 注重品牌与信誉

如前所述，顺德的名牌很多，信誉很好。这些优势使产品的市场占用率很高，融资也容易。如美的上市三年，其流通股本就由6831万股扩张到2.75亿股，资产总值由11.17亿元增到30.78亿元。“科龙”在香港上市H股，通过香港股区融资，筹得资金19亿元。

7. 社会网络意识

以格兰诺维特（Granovettor）为代表的新经济社会学认为，经济行为是植根在社会网络与制度之中的，这种网络与制度是由社会构筑并有文化意义的，对地方企业集群和演变具有重要影响。①

在顺德，由于血缘、地缘等关系，促使同宗、同姓、同乡，甚至同学、同道、同好等关系紧密联结，在许多大小不等的民营企业中形成一种有系统的合作关系，从原料采购、接单、为他人代工，甚至在销售渠道和市场上，均由层层纵横交错的人际、生产、代工、行销网络所构成。而这种特有的网络关系，不仅降低了外购交易行为的成本，而且促使企业在经营决策上信息的顺畅流通，面对市场的变化能很快做出有效率的应变对策，掌握商机、降低风险。同时，在遇到经营困难时，也较能同舟共济，渡过难关。②

实例：顺德勒流台资企业的发展③

顺德是“珠三角”的侨乡之一，它是利用与华侨的血缘、地缘而形成企业网络的一个缩影。1992 年，香港九龙总商会理事长、顺德勒流镇新启人汤国华老先生促成其子汤伟立与台商合作，投资 8000 万元在勒流兴办生产出口自行车的天任工业有限公司。如今，天任工业有限公司发展成一个占地 30 多万平方米、拥有 10 多家配套工厂，世界自行车生产企业中零配件自制率最高的企业。根据国际市场需求，大力研制新产品，使企业规模迅速扩大，年产值超过 1.5 亿美元，成为世界最大的自行车企业之一。1997 年起，年产自行车 300 万台，全部出口，出口量居世界之冠。为了促进顺德经济的发展，汤国华又亲赴台湾，以天任工业有限公司的成功经验和切身体会，鼓励台商到顺德投资设厂，为顺德引进了多家台资企业。1998 年，汤伟立积极牵引美国赛特莱特塑料制品有限公司到顺德投资建厂。1999 年，与台商共同投资 6000 万港元兴办顺德区天地橡胶工业有限公司。在汤国华、汤伟立父子的努力下，勒流的连杜村一带形成了以天任工业有限公司为主体、颇具规模的台商工业村。

顺德有华侨、港澳同胞 40 多万人，他们对家乡怀有深厚感情，通过各种渠道支援家乡建设，对于顺德的外向型经济发展十分有利。

8. 饮食文化

---

① 王缉慈等．创新的空间．企业集群与区域发展．北京大学出版社，2001：74.

② 林平凡等．企业聚群竞争力—珠江三角洲企业聚群竞争力提升战略研究．中山大学出版社，2003：236.

③ 樊荣强等．顺德制造．广东经济出版社，2000：60－61.

“民以食为天，食以味为奇”，顺德拥有“美食城”，名小吃众多，这是顺德的一个重要特色资源。“食在广东、厨出凤城”的美誉一直深入人心，广东已退休的名厨师有30多人是顺德人。“以食会友，吸引游客”也是一种社会网络资源。1998年举办的“凤城美食节”（第一次）就在海内外引起了很大反响，各种新闻媒体都争相报道，受到了宣传顺德、提高知名度的良好效果。

9. 服从大局的团结协作精神

顺德在机构改革中建立起“四位一体”的领导机制，撤销或合并了许多部门，使得部门数由改革前的56家减至改革后的29家，人员减少近1/3。如此大幅度的部门和人员削减，之所以能平稳而有序地进行，不仅由于顺德的改革选准了时机，把握了机遇，更归功于顺德区委、区政府和各部门之间多年来形成的良好协作关系，这是顺德人服从大局，不以一己之利为得失标准的优良传统的最好见证。

10. 可持续发展理念

顺德是沿着传统工业化道路前进的，虽然借先行一步的改革优势迅速积累了财富，但回过头来看，教训也很深刻，许多不可持续的问题都显露出来了。顺德人是清楚这一点的，正因为顺德人明白这些问题的严重性，所以顺德人率先开展了区域可持续发展研究和规划，并使可持续发展理念逐渐深入人心。

第三节　顺德产业布局与经济发展中的问题及其制度原因

一、存在问题

（一）产业形态

1. 传统发展模式下的产业形态

改革开放以来，顺德产业基本上沿着传统模式发展的：以资源投入为主促进经济增长、经营粗放、外延式扩张。例如，由于农业比较利益低，一些地区“重塘轻基”“重钱轻基”，出现“草基鱼塘”“荒基鱼塘”的现象，土地耕作粗放、弃耕丢荒问题比较严重。1997年24万亩基地约有10万亩处于丢荒、半丢荒和粗耕粗作、管理不善的状态。

在工业生产方面，尽管有的工厂管理水平低，原材料消耗高，经济效益差，污染严重，但仍然在进行生产。①迄今，环境污染问题已经突显出来了，桂洲内河的综合污染指数高达0.86，接近重污染级别。

城乡的建设用地也以粗放式的外延扩张为主，开发规模大但利用率低。在所建的工业区，多数是单层简易厂房，从事的生产主要是粗加工型产业，土地利用效率难以提高。据统计，1997年工业用地平均产值为48万元，最好的容奇镇为198万元/亩，而最差的陈村镇仅为29万元/亩；全区1998年的工业用地为70519亩，工业总产值605亿元，工业用地平均亩产值为68.6万元，这些都远低于1996年深圳特区单位工业用地产值434万元/亩。

2. 加工型工业的技术问题

总体来看，整个顺德工业仍是一种加工型的工业，除了在家电行业已经建立了几个名牌产品以及较大的规模之外，其他企业的技术、规模、人员素质方面都不具备优势，也不具备不可替代性。轻纺行业的进入障碍不大，企业的淘汰率很高，竞争激烈、风险很高。顺德在电子、信息等技术含量相对较高的领域，还未具备规模效应，在技术储备与开发上也没形成优势，产业增长点不明显。2000年高新技术产品产值210亿元，只占全区工业总产值的28.3%。因此顺德工业面临着技术升级的重任。

3. 第三产业相对滞后

2000年，顺德的国内生产总值332.03亿元，人均国内生产总值30884元（折合3721美元），工业占整个国民生产总值的比重是52.8%，第三产业占39%。

与珠江三角洲周边城区比较，顺德的生产资料专业市场的发育不如南海，家用电器等耐用消费品市场的发展不如广州，服装、鞋类等日用品市场的发展以及市面的繁华程度不如东莞，旅游业及房地产业的发展也落后于周边地区。

4. 产业布局与经济发展的互动不足

主要表现在，虽然经济发展（增长）了，财富增加了，但一些有利于民众的（特别是公共产品）、也有能力兴办的产业没有出现或者很不足。例如，环保设施建设滞后，至今全区未有污水处理厂，垃圾处理设施也不足，垃圾处理厂每天仅能处理200多吨垃圾，在垃圾焚烧处理过程中出现二次污染，由固体废弃物污染转化为大气污染。这说明顺德还缺乏循环经济的理念，也缺乏相应的互动机制。

---

① 陈烈等．顺德县县域规划研究．中山大学学报编辑部，1990：135.

（二）空间组织

1. 非农产业分散化

与许多农村地区一样，顺德的非农产业在空间上也是遍地开花。顺德的非农产业除了在容奇镇比较集中外，全区普遍都比较分散。虽然顺德的工业企业已经向大、中型和集团化方向发展，但从总体上看分散的状况没有根本好转。一个突出的现象是区有区属的工业园，镇又有各自的镇工业区，村一级还有各自不相连接的村工业小区，并且还有许多不属于任何工业园或工业小区的面上分散企业。松散的城镇形态本身也反映出建设用地的分散。此外，在城镇连片建成区外围仍然存在大量的城镇建设用地，如乐从镇的家具市场用地，龙江镇的排沙、龙山、旺岗等行政村有成片的建设用地分布，均远离镇区，大良城南部、顺峰山北，也有成片的工业用地，容桂镇许多村开发的工业用地与容桂城区也有一定的距离，等等。这种建设用地零星分布是顺德土地利用的一个特点。

以北滘镇为例。北滘镇分镇区和非镇区两部分。镇区有 1 个街道办事处，4 个管理区，总面积约 15 平方公里，占全镇总面积的 1/5；非镇区有 15 个管理区，总面积约 62 平方公里，约占全镇总面积的 4/5。至 1998 年底，北滘镇 179 间乡镇企业中 63 间位于镇区范围内，116 间位于镇域内其他地区（非镇区）。镇区范围内工业企业密度为 4. 2 间/平方公里，相当于全镇平均密度的 2. 1 倍；非镇区工业企业密度为 1. 66 间/平方公里，相当于全镇平均密度的 0. 83 倍，镇区工业企业密度相当于非镇区企业密度的 2. 6 倍，可见镇区与非镇区工业企业密度的差别并不十分显著。换言之，全镇工业企业在空间上分布的集中程度不很突出（如下图所示）。①

① 薛德升等．珠江三角洲乡镇工业空间分布的分散性研究——以顺德区北滘镇为例．人文地理，2001. 06

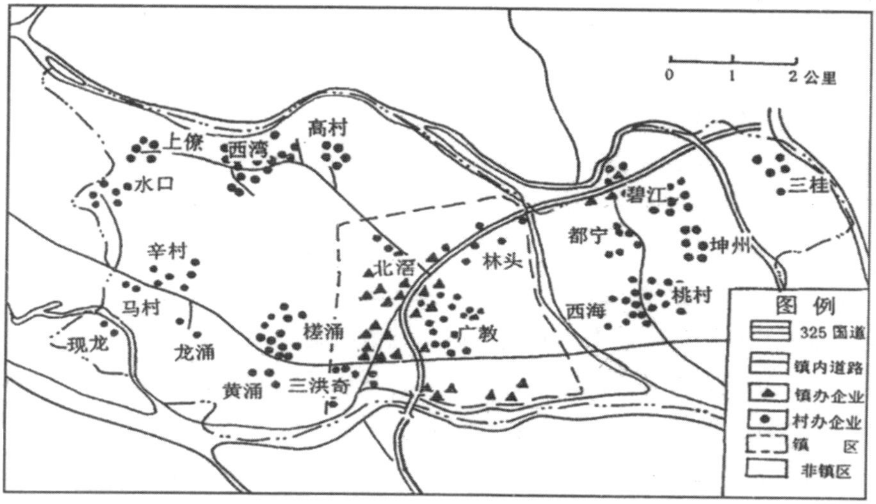

北滘镇不同所有制类型企业空间分布示意图

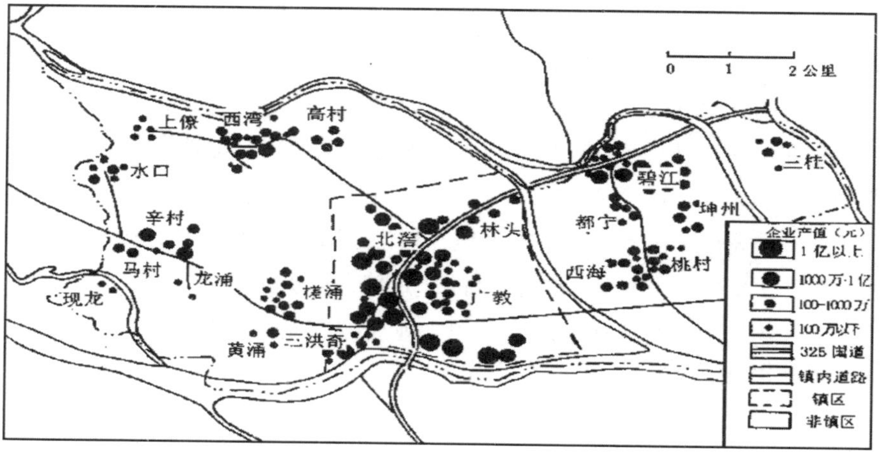

北滘镇不同规模企业空间分布示意图

2. 区域中心不突出

在顺德的城镇体系里，中心城镇地位不突出，作用不显著，这一特点在改革开放初期就已经显露出来了。1988年顺德工农业总产值为51.6亿元，在全国2600多个县（市）中排第10位，在全省80多个县（市）中排第1位，其工农业生产已达到相当水平。然而，这种发展在地域分布上比较均衡，没有一个强大的核心。①

到1997年，顺德区域城镇的首位度为1.17，首位城镇大良是顺德政治、文化商贸中心，容奇和桂州合并而成为容桂镇，承担经济中心角色，两个中心分离，造成中心作用不突出，对区域的推动作用不大。顺德的区域发展也不平衡，尤其工业镇和农业镇经济发展的差距越来越明显，部分镇城乡差别在拉大。

3. 区位布局不合理

这在过去特别严重。比如，有的污染工业布置在水源保护区或城市上风方向。顺德水道是全县的饮用水源保护区，但是沿河的龙江、勒流、北窖、伦教等四镇都在沿河摆了不少工业，对水体有一定污染，其中龙江镇水厂区段有3家较大企业，排放废水总量达到1303 .6m 立方米/日，全都是超标排放，污染水厂的水质。另外，位于东海水道的均安水厂区段、星搓工业区的电镀厂、漂染厂、磁性材料厂距离下游取水点不到1公里，杏坛镇水厂区段的水体也受镇办电镀厂、造纸厂、印染厂排出的废水污染。大良镇沙头工业区正位于容奇镇的主导风向。德胜河两岸也布置了较多污染大的工业，对良、容、桂的连片发展带来障碍。②

4. 带状经济现象明显

由于建设资金不足，缺少有效的规划和引导性管理措施，顺德的小城镇大多数沿公路、水路发展起来。目前，在城乡建设用地方面，除少数地区有规划控制的绿地、农田保护区和山体等之外，其他地区沿公路两侧基本上都是城镇用地，如何合理安排用地，以发挥这一地带的整体优势，使经济、社会、环境和生态效益协调，成为至关重要的问题。

顺德属珠三角平原的河网地带，早期由于水运发达，也由于地形限制，许多城镇和居民点都是沿河涌而建。在工业化和城市化过程中，许多居民点在原基础上沿河涌扩展，而许多工业为了便于水运，也沿河岸线布局，形成了一种颇具水乡特色的城镇用地扩张模式。

改革开放后，随着陆路运输的兴起及1992年后“五路八桥”的兴建，城镇的建设逐渐沿公路线发展，川流不息的陆路运输为城镇的形成与发展提供了生

---

① 陈烈等. 顺德县县域规划研究. 中山大学学报编辑部，1990：146.

② 陈烈等. 顺德县县域规划研究. 中山大学学报编辑部，1990：136.

存与发展的机会，例如北滘镇的形成发展与105国道的建设息息相关；随着区各级路网的完善，城镇的建设也不仅局限于国道等主干道的沿线建设，而是随着道路网的深化逐渐向纵深、全面铺开。城乡建设用地沿交通线扩张是城乡建设用地扩张的主要形式，顺德区沿105国道和325国道两条道路集中了顺德区的大部分城镇，城乡建设用地不断沿交通线两侧扩张，使这两条线两侧的城乡建设用地基本上连片，形成连绵数十公里的城镇带。

（1）沿105国道

105国道沿线分布的北滘、伦教、大良、容奇、桂洲等镇都是全区经济最发达的几个镇，主要以工业为主，全区产值超十亿的工业企业基本云集于此，沿途还有一大批知名企业和品牌。据统计，1998年北滘和伦教两镇的工业产值达150个亿，容奇和桂洲两镇的工业产值达180个亿，加起来共有330个亿，占全区工业产值的一半多。

（2）沿325国道

325国道沿线的城镇以商贸为主，两旁以家具和钢铁等为主的专业市场绵延数公里之远。如乐从、龙江两镇主要以家具生产、加工、销售为主。乐从境内9公里的公路线两侧，有4.5公里被钢材市场占用，另外4.5公里为家具市场；龙江境内也有近4.5公里的家具市场。这里的家具市场，在全国乃至世界是首屈一指的。

5. 区域协调欠佳

例如，顺德因位于穗、港、澳大三角经济区的腹地，第三产业发展面临周边地区如南海、中山、番禺、佛山、广州、东莞等区的强烈竞争，总体而言，周边地区第三产业基础都较顺德为好，在向买方市场为主导的市场经济体制迈进的形势下，给顺德培育和发展第三产业的市场带来不可避免的市场竞争问题，如乐从、龙江家具市场面临东莞厚街的家具市场竞争，陈村花卉世界面临广州芳村、花都花卉市场的竞争。

（三）影响

1. 资源利用不集约、存在浪费现象。

例如，顺德的土地资源很稀缺，但利用却不很合理。在“工业立区”的方针指引下，工业、居住等用地增长过快，超过了经济发展的实际需求量，并存在一定程度的土地资源浪费现象，非农建设用地与农业用地的矛盾越来越尖锐。据统计，1982－1988 年区域建设用地总投入量为 18406 亩（合 1227 公顷），1990－1998 年建设用地总投入量为 91394 亩（合 6092 公顷），1998 年全区闲置土地面积达 15357 亩（合 1023 公顷），10 平方公里的闲置土地足可建设一个小城区。

目前市场以一层简易的铺位为主，且沿公路两侧分布，基本占据了公路两侧，这种土地利用方式，既造成土地利用效率低，又因全部占据公路沿线，布局上不合理。而乐从国际家具城仅占公路一侧 1 千多米，向纵深发展，建筑以 2—3 层为主，大大提高了土地利用率，还形成了规模效益。所以，城镇建设要吸取经验教训，提倡走规模化路子，布局上考虑顾客的需求，营造一个好的购物环境。

此外，分散布局不利于现代化基础设施的建设与城区化的发展，令道路、供水、供电、通信等基础设施的建设难以完善，改善成本大。二、三产业与农业不同，它是生产在“点”上，服务于“面”上的产业，它的布局应适度集中，才能提高集聚经济效益和规模经济效益。

2. 环境问题比较突出

近 20 年来顺德的丘陵山岗面积减少了 1/3，农业用地减少幅度也较大，每年约减少近 1 万亩（1983 年 67. 46 万亩，1997 年 54. 14 万亩）。1988 年至 1997 年城镇居民点用地平均每年增加 5. 5 平方公里，独立工矿企业用地平均每年增加 3. 51 平方公里，10 年间两项占用土地面积约占土地总面积的 10%，这种粗放式的扩张使得绿色土地越来越少，灰色土地不断增加，生物多样性越来越少，自然生态系统净化和调节环境的能力下降，生态环境质量降低。近几年，由于生态环境恶化，大的洪涝灾害时有发生，经济损失达 3 亿－4 亿元。

顺德工业企业数量多而分散，造成污染源多又分散。1997 年，顺德工业企业共 8520 个，其中乡（镇）以上工业 380 个，村及村以下工业 8149 个（其中村办 4292 个，城乡个体 3857 个）。尽管大多数工业企业是无污染或少污染的企业，但由于分散在乡村的工业企业多数是粗放式经营，对环境的破坏和污染相对较大，这是造成区域环境质量下降的重要原因。这种分散式的发展对生态环境的保护和污染物工业分散布局带来环境污染的面状化，地方政府对数量多、分布广的污染源也难以实施有效的管理。

3. 城市化滞后于工业化，第三产业发展不足

走过一镇又一镇，镇镇像农村，走过一村又一村，村村像城镇。顺德工业化的发展并没有带来相应的城市化提高。尤其是城区中心作用不突出，难以为高档次的第三产业创造良好的城区环境，在一定程度上制约了第三产业发展水平。缺少规模大、档次高的家电市场，水产批发等服务网点难以适应全国最大家电市场和全国最大优质水产生产基地的需要。

工业分散、城区中心不明显也导致人才的分散和不集中，难以形成城区文化中心，削弱了吸引外地高素质人才的氛围。

二、制度原因

（一）微观行为失控

改革开放以来，农民获得经营自主权，生产力得到巨大解放。但同时，农民经营自主权在某种程度上也变得没有约束。例如，各区、镇、村均在自己所拥有的土地内开发建设，发展经济。在经济发展初期，顺德区基本上以镇为单位各自规划发展本镇工业，在每个镇中，各管理区、自然村又有较大的自主权来发展工业。1988 年镇办工业产值占全县 74.1%，县办占 14.2%，村办占 11.7%。在工业发展初期选择了镇办工业为主，集资、用地、劳力等容易解决，并且各镇都有一定基础设施，因而推动了县办、村办工业的发展，获得比较好的经济效益。① 但这种发展模式也使工业布局形成了自发而分散的特点，造成中心城不突出。

另外，在农民中分化出来的富人或外来投资商有的成为政府有关部门联结甚至依附的对象。为老板服务而不是为人民服务的现象在某些地方在一定程度上是存在的。这不仅带来不公平的市场竞争，也不利于区域的整体利益，不利于城区的统一规划。例如，有的投资商由于种种原因看上某一特定区位、环境并如愿以偿，这往往导致投资项目偏离城镇而在空间上随意布局，如北滘碧桂园的建设、均安爱得乐公司的建设等等。

---

① 陈烈等．顺德县县域规划研究．中山大学学报编辑部，1990：131－132.

（二）责任政府

政府为大局着想的责任感依然需要加强。例如，1989年的顺德县域规划曾经明确提出过要强化中心城区建设这一问题，但由于种种原因未能实施。这一问题现已成为新时期制约区域经济社会发展的主要因素，以至于在2002年的中国发达地区顺德区域可持续发展研究中又再次强调把大良—容奇—桂洲和伦教联合成区以增强区域中心的集聚，吸引、辐射功能。①

较长时期以来，政府在生产标准化、合格化的规制方面仍显不足。顺德工业上规模的不多，绝大多数的中小型企业产品技术水平较低。这部分企业中，占有较大部分的企业没有严格按标准组织生产，没有配备足够的检验人员和检测设备，致使顺德的产品在省级以上组织的监督抽查中合格率一直低于全省和全国的平均水平。部分重点（新兴）行业的产品标准水平不高，例如木工机械行业，几年来通过质量技术监督部门和木工机械商会的大力整治，产品质量和内部管理都有明显的提高，但从整体来看，产品标准水平仍较低，不按标准组织生产或无标生产现象时有发生；涂料行业近年来在顺德发展较快，占全区工业总产值的比例不小，除部分规模企业以高标准规范管理、依法经营外，大部分企业以低标准、低价格生产低成本、低质量的产品投放市场，形成无序的竞争，造成不良的社会影响。

基础设施建设方面，缺少统筹安排，重复建设与建设滞后并存，发展不平衡。主要表现在道路、水电等设施的超前建设与环境设施建设的滞后。“五路八桥”缓解性工程的建设，大大改善区域各镇的交通状况；区域各镇的供水设施的建设，在满足了经济发展需要的同时，也产生了过剩。1998年，全区共有镇级水厂11家，综合供水能力为160万立方米/日，是目前实际供水量55万立方米/日的2.6倍，这种重复建设反映各自为政，缺乏统筹安排。电力设施的建设中，区域容奇、北滘等镇分别建设四座小火电厂，虽然暂时解决了当时的用电紧张问题，但却由于小火电厂运营成本高、系统稳定性差。垃圾处理厂等环保设施的建设却因种种原因滞后。这种只重视发展不重保护的基础设施建设在一定程度上是与可持续发展相矛盾的。

（三）土地制度问题

一方面，土地的集体所有制使得乡镇社区对土地拥有充分的决策权，因而

① 陈烈等．中国发达地区顺德市域可持续发展研究．广东科技出版社，2002：3.

在发展二、三产业时就近布局是很自然的事。另一方面，以分田到户为特征的家庭联产承包责任制确保了农民的生产经营自主权，焕发了农民的生产积极性，推动了农村经济的发展，但这一制度也容易使土地的集体所有制虚置，农民视土地为己有。农民虽然在第二、第三产业获得了较高的收入，但不稳定，加以国家缺乏强有力的社会保障制度，农民惧怕风险，所以自然视土地为“避风港”“保命田”，紧抓土地不放，从而使土地不易流转，即使转包土地也与土地仍然有着千丝万缕的关系并可能随时收回，这就影响土地的流转集中。为尊重农民的意愿，政府没有取消农民的承包权，而是还延长农民的承包权，这表明中国转移农村剩余劳动力，推进农业现代化是不彻底的，这种不彻底性将农民束缚在土地上，随着人口的增多，人地关系更趋紧张，从而使农村经济的发展遇到困难。这意味着农民没有彻底离开土地，农民的最终身份没有改变，没有真正走进城镇，中国的城市化道路仍然步履蹒跚。① 在顺德，农民不仅在土地上享有许多特权，而且伴随着珠三角地区的经济发展也尝到了土地收益上的甜头，使得农民更加依恋土地。即使转到二、三产业，也抓住土地不放，甚至撂荒也在所不惜。

（四）城市发展模式

新中国成立以来，我国城市的发展方针基本上是控制大城区规模，大力推动中小城区的发展。80 年代以后，再次强调“严格控制大城市，合理发展中等城市，积极发展小城市”的方针，并按照“乡镇企业——小城镇”思路，鼓励农村剩余劳动力就地转化，离土不离乡发展农村经济。其次，长期以来，户籍制度把城市非农人口与农业人口严格区分开来，两者在待遇上区别很大，这一政策阻碍了城乡人口的流动。

（五）人文观念

中国人的乡土观念很浓重，不仅本地农民对本乡具有地缘上的亲和、安全感，即使海外华侨一般也都愿意回自己的家乡投资办企业，在心理上也会获得一种功德感。

小结：

本章以顺德为实例，通过客观描述其产业布局与经济发展的成效及其存在问题，从制度角度分析了其成因。一方面，顺德相对其他地方具有先行一步的

---

① 陈东强．论中国农村的土地集中机制．中国农村经济，1996. 03

制度创新优势，相关制度、法规比较完善，人文精神也较富于活力，这使得顺德能够迅速地成为中国农村的发达地区；另一方面，顺德在发展中也存在不少问题，这些问题也有其相关的制度背景。正反两个方面恰可证明在区域的发展中，基于机制系统的制度创新不可或缺。好比一辆自行车，虽然总体上机制系统运转良好，但在局部仍有不尽完善之处，以至于牵制着自行车的运行，并潜伏下了隐患，因此，需要尽快加以改进。

第八章

案例检验1　潮南区产业布局构想与经济发展研究①

潮南区位于汕头市西南，东临南海，西接普宁，南邻惠来，北与潮阳区接壤。区域总面积596.42平方公里，辖11个镇。2002年总人口1163591人，集中分布在练江平原和沿海平原。

潮南民营经济活跃，在潮南经济发展中起着主导作用。2002年GDP　69.6亿元，人均5879元；农业总产值16.0亿元；工业总产值161.3亿元。2002年三大产业比重为12.00：58.6：29.4。主要工业为纺织服装、精细化工、文教用品和人造丝花，四个产业产值占工业总产值比例达77.8%。2002年农业总产值16.0亿元，全区2002年粮食播种面积40.2万亩，水果种植面积7.9万亩，蔬菜种植面积13.4万亩，水产养殖1.16万亩，生猪饲养量28.8万头，“三鸟”饲养量507.2万只。交通运输业、邮电通信业、商贸业、房地产业等传统行业是潮南区第三产业的支柱。2002年四行业共提供增加值14.61亿元，占本区第三产业增加值的71.35%，其中商贸业居首位，占第三产业增加值的46.44%。商贸业是潮南的传统和优势，拥有大小市场20多个，货运站100多家，其中规模较大的20多家。有“百载商埠”之称的峡山镇还是粤东商贸重镇，这里的“峡山小商品市场”远近闻名。旅游业对国民经济的贡献尚处于较低的水平。潮南区处于城市化发展初期阶段。

---

① 本章系2003年在参与陈烈教授主持的《汕头市潮南区可持续发展研究与规划》项目基础上的研究成果。感谢潮南区政府机关提供的大量资料，感谢陈烈教授以及经济专题组研究人员在调研期间给予的启发。

第一节　潮南区面临的形势分析

一、国际国内背景

从国际环境看，在经济全球化的浪潮中，位于改革开放前沿地区的潮南将面临如何把产品推向国际市场的问题，同时需要考虑经济区域化、集团化趋势对它的影响。例如，在中国与东盟的合作中，广东包括汕头的企业能够在哪些方面有所作为。此外，在信息化时代，潮南必须充分重视知识经济在其产业发展中的作用。

国内形势方面，中国已加入 WTO，并正处于全面建设小康社会时期。广东省提出率先基本实现现代化和实施区域协调发展战略，以及把汕头建设成为粤东中心城市和东南沿海经济强市对于汕头包括潮南都是一个良好的机遇。

二、区内环境状况

总的来看，环境的承载力比较弱。潮南人口众多、人均资源比较缺乏，资源类型也不够丰富。人均土地面积仅 0.77 亩，人均耕地 0.18 亩，人均林地仅 0.33 亩，人均径流量仅 531 立方米/人，均远低于对应的全国人均指标①。全区人均水资源拥有量只有 550 立方米，仅达到全省平均水平的 22%，全区河网密度为 0.34 公里/平方公里。已建成 7 座中型水库，年蓄水量 1.4 亿立方米，是潮南区主要的生活和生产用水水源。矿产资源以玻璃沙、钛铁矿和稀土为主。多年来，潮南区在经济增长过程中，忽视了环境保护、污染整治和资源管理，存在的问题不少。

环境承载力弱将会对投资环境造成不利影响。例如，由于土地短缺，限制了潮南接受以土地消耗为特征的产业转移，而这类产业曾经在珠三角的经济起飞中发挥了重要作用。

---

① 全国人均土地面积为 15 亩/人，人均耕地 1.5 亩/人，人均林地 1.7 亩/人，人均径流量 2100 m^3/人。

第二节 潮南区产业发展中的主要问题

一、产业形态

（一）农业地位下降

由于农业比较利益低，人们普遍对农业生产重视不够。大力发展工商业特别是工业在潮南基本深入人心，这导致潮南区土地利用在近10多年来发生了显著变化：耕地剧减，城乡居民点及工矿用地骤增。目前农用地尚占全区土地总面积的75.4%，其中耕地占25.5%，建设用地占15.8%，未利用土地占8.9%。

（二）基本仍处于低端价值链状态，产品技术含量不够、自主创新不足

农业方面。目前潮南区农业基本还是传统农业，农业科技含量还比较低。

工业方面。2002年工业总产值161.3亿元。各类企业2926家，其中绝大部分为生产型工业企业，已初步形成了针织服装、精细化工、文具用品、电子五金、塑料丝花等为主体的工业体系。

潮南在汕头仍是经济欠发达的农村地区，从整体上看，工业仍是原料和市场两头在外的加工型生产模式，主要集中在纺织服装、精细化工、塑料制品等劳动密集型产业上，企业规模较小，技术水平不高，基本处于低端价值链状态，而信息、生物、新材料等技术密集型的高新产业较少。

例如，沿324国道的峡山、陈店、司马浦、两英等制造业，其技术门槛一般都较低，所形成的专业镇和专业村具有典型的农村工业特点。

潮南企业主要依靠经验管理和家族式管理，依靠市场营销等谋求生存和发展，从中也产生了不少名牌产品。全区注册商标6600件，拥有“雅倩”全国驰名商标1件，“雅嘉”“大印象”“雪柔”“拉芳”“曼妮芬”“皇威”“佳雪”“得胜”“航洋”等广东省著名商标10件，“雅倩”“拉芳”化妆品被评为广东省名牌产品。

潮南企业依靠技术进步获得发展的意识和能力还不强。虽然有些企业为了获得一定的竞争力而引进技术，但他们基本上也就停留在技术引进这一步上，对引进技术消化、吸收、提高的能力不足。例如，2002年服装行业就申报技改引进项目35项，总投资2.38亿元，引进电脑刺绣机、树脂定型机等高新技术设

备291台套。企业通过引进技术虽然提升了生产水平，但如果自主创新的能力差别，则不利于企业的长远发展。曾经辉煌一时的成田袜业就因缺乏技术进步而于90年代后期衰落。

总而言之，在潮南的工业结构中，劳动密集程度高，投资少、见效快的轻化工和纺织服装业所占比重大，而对本区的技术改造能力起推拉作用的高科技项目缺乏。工业产品专业化水平低，附加价值低、技术含量少，缺乏市场竞争能力。

（三）产业链群仍需进一步扩展

潮南基本形成纺织服装、精细化工和文教用品三大支柱行业，虽然发展速度很快，但总体规模仍不大，产业联动、拓展、扩散能力还较弱。从产业链分布看，主要是传统的劳动密集产业，产品技术含量低，高新技术产业较少。文具产业初步形成生产到流通的产业链，但产业主要集中于塑料笔制造，为行业的低端产品，一些重要配件和油墨未能区内配套。该产业群的竞争地位尚未稳固，需要扩大产业规模和扩展产品线，延长产业链，以形成产业聚集。

特别是基础设施这样的配套产业在潮南区比较薄弱，许多基础设施滞后于经济发展，远不能达到潮南经济社会发展的要求，成为当前制约经济和社会发展的瓶颈。

（四）缺乏循环经济

潮南区的环境污染主要来源于生活污染。尽管潮南区的工业污染企业不多，但由于潮南的环境承载力很弱，企业总体上规模又小，且以劳动密集投入为多，投资主体分散，从而不可避免地加剧了环境污染。长期以来，对漂染、洗水、造纸、电镀等重污染企业上马没有加以有效控制或者没有对废品进行有效回收，使环境状况越来越糟糕。一些必要的环境基础设施未能及时配套，生活垃圾乱堆乱倒，乡镇排水、排污问题没有解决，造成江河污染严重。练江中游为劣Ⅴ类，下游为Ⅴ类，其他河溪为劣Ⅴ类，已失去自净功能。黑臭的水体污染环境，影响景观。江河污染是人们关注的最突出的环境问题。

环境污染不仅危及人们的身心健康，也影响潮南的整体形象，不利于招商引资，这些都有碍于潮南区的可持续发展。

（五）外向产业拓展不够

一方面，潮南区工业以国内市场为主，出口产值不大。2002年外贸出口总额5540万美元，仅占汕头市的1.9%。

另一方面，潮南企业主要由本地民间资本注入，利用外资水平低，侨乡优势也没有很好发挥。2002 年利用外资仅 1700 万美元，实际利用外资低于汕头市平均水平，外资企业和有自营进出口权的企业较少。

（六）产品的对外信誉有待加强

潮南在一定程度上存在市场秩序不够规范的情况。走私、虚开增值税发票、造假等违法经济行为较为严重，以至工业发展受经济秩序整顿的影响较大。镇政府对企业的管理与服务少，行业协会管理缺位。从近几年的工业增长状况可以看到，因受到经济秩序整顿的影响，2000 年潮南区工业产值急剧下降。

二、产业空间组织

潮南区工业已初步建立起纺织服装、精细化工、人造丝花、文教用品、电子电器、保健食品、机械制造等 7 大特色产业，以前四个产业为主。纺织服装产值占工业总产值比例超过 50%。其次是精细化工，以化妆品为主。主要集中于两英、峡山、陈店和司马浦四个镇。两英镇拥有包括印染、纺织和制衣的较完整的产业链；陈店主要生产文胸和服装，陈店的溪北居委是文胸内衣的专业村；司马浦主要生产文胸。精细化工主要集中于峡山的峡山居委。人造丝花集中于司马浦镇的华里西居委和陈店镇的港后居委。文教用品主要集中于峡山。

（一）工商业遍地开花

工商业业态小而分散。潮南具有手工加工业传统，家庭作坊的生产模式较为普遍，企业规模普遍较小，上规模企业比例低。2002 年其产值仅占工业总产值的 15%，而汕头市这一比例约 40%。2000 年，规模以上工业占全部工业总产值的比重，汕头市域为 42.3%，汕头市区为 63.3%，澄海区为 36.4%，潮阳区为 27.1%，南澳县为 23.7%。

潮南民营经济活跃，拥有各种类型企业 2926 家，其中绝大部分为生产型工业企业，企业进园率低，工业区规模小而分散。现有各类工业园区 36 个，占地 8318 亩。其中，镇办工业园区 6 个，村办工业园区 30 个，园区内企业 495 家，年创产值 38.5 亿元。全区规模较大的工业园区主要分布在峡山、胪岗、两英、陈店、司马浦等镇。但几乎所有园区的规模都比较小，集聚力弱，单位土地上的产出不多，产品特色不明显。峡山 8 个工业区，总占地 687 亩，企业 88 家，只有两个工业区大于 100 亩，最大 200 亩，其次 100 亩，最小 10 亩；成田镇 6 个工业区，占地 320 亩，企业 28 家，工业区最大 70 亩，最小 20 亩。

潮南商贸较活跃，物流业有一定的基础。商贸与物流业处于传统向现代模式发展阶段，小型、分散、灵活性强的个体经营模式占主导地位，拥有大小市场20多个，货运站100多家，其中上规模的20多家。现代商贸业态如连锁（品牌加盟）、主题休闲商场、步行休闲购物街、现代物流配送中心等尚未出现。

（二）典型的马路经济带空间格局

潮南区的324国道是潮南经济发展的主要轴线，具有典型的马路经济特征。324国道沿线分布着主要工业镇峡山、两英、陈店、司马浦、胪岗，并且潮南区也仅有这5个镇位于324国道上，这表明潮南区的工业发展对324国道的依赖性较大。在这五个镇中，已经初步形成纺织服装、日用化工、文具用品、人造丝花产业的企业聚集。

（三）有市“无城”，区域中心不突出

沿324国道发展起来的专业镇和专业村以中小民营企业为主体，既是生产基地，又是市场集散地，同时也是生活区。这种有明显道路指向性的布局形态也造成潮南城镇建设的档次不高、区域中心不突出、城市化水平较低。据统计，潮南区城市化水平只有15.3%左右，远远低于广东省的平均水平31.34%和珠三角的平均水平52.7%，也低于2002年汕头市各区城市化水平。

第三节　潮南区产业发展和布局中存在问题的制度原因

一、改革后的农民充分获得了生产经营自主权

中国农村经济体制改革后，农村实行了家庭联产承包责任制，农民充分获得了生产经营自主权，生产积极性迅速得到提高。在农业生产获得丰收的情况下，千千万万的农民逐渐转向二、三产业，从而推动了农村工业化。在农村工业化浪潮中，由于农民自主投资、自主经营，因而二、三产业在布局上显然会遍地开花。这种情况在潮南也不例外。

例如，潮南陈店镇是区内经济发展较快的镇之一。80年代从家庭作坊起步，逐渐形成一村一品的发展模式。目前，全镇拥有生产文胸服装、电子电器、丝花等专业村15个，1986年被广东省定为工业卫星镇。司马浦镇也是广东省重点工业镇，工业以纺织服装、人造丝花为主，有专业村4个。

由于潮南工业投资主要来自民间，因此，各镇各村一般会从本身利益出发，倾向于根据自己的偏好在本地进行投资，因为农民对本地环境较为熟悉，社会关系较易把握，可以降低投资和经营的风险、成本。这是潮南工业园区规模小而分散的重要原因。

二、潮汕文化的历史传承

潮汕文化源远流长，积淀很深。长期以来，潮汕人民形成了吃苦耐劳并且自主自立的精神，他们艰苦创业、夹缝求存，奔走四方而又不忘故土，这种精神造就了众多的华侨，形成了今天潮南民营经济相当活跃的局面。

潮汕文化对产业发展的影响有好的方面，也有需要更新的地方。

首先，自主自立精神使潮南在改革开放后较早地发展起了民营经济。众多分散的投资主体自然造就众多分散的小型企业。目前民营企业有2972家，个体工商户8611多家，从业人数11.83万人。2002年全区民营企业实现工业总产值148.87亿元，占全区工业总产值的92.3%，上缴税金1.56亿元，占全区工商各税的87.6%。这些民营企业基础较好，积累了较为丰厚的民资民力。

但过于自主自立的精神也强化了个体及村镇的独立利益，以至于可能置公共管制而不顾。例如，由于各村镇之间利益分配的相对独立性及缺乏在规划基础上的土地利用指导，使各村的经济发展和土地利用更多地从村本身的利益出发，导致全区的用地功能布局混乱、用地重复浪费，使潮南区整体城市化水平滞后于工业化进程。

其次，潮汕文化的宗族观念较强，不同村落的土地和利益难以协调，而由于人多地少，一个村难以拥有大片的工业用地，因此形成了众多小而分散的工业园。

再其次，潮阳文化的乡土宗族观念和语言的独特性使外来文化和人口很难融入潮南社会，从而直接影响了外来投资和外来的人才。

最后，潮南传统文化对商贸的偏好利于市场开拓，利于营造品牌，但容易导致对实业和技术的忽视，这使得潮南的企业家和技术家尚显不足。

此外，潮南所在的潮汕平原有民居沿路蔓延发展的传统习惯。其人口和居民点分布的一大特色就是在平原上形成了许多村镇连绵数公里的聚落连续区。练江平原上的海门、凤岗、和平、峡山、司马浦、陈店、贵屿、谷饶、胪岗、成田、沙陇、占陇、军埠、白马聚落连续区就是其中之一。① 人们亦居亦商，逐渐发展成马路经济带这一人文景观。

三、政府的合理管制没有及时到位

以汕头地区的信用危机为例。曾经有过光辉历史的汕头自1999年来引发了一场严重的信用危机。诈骗走私、贩假制假、骗税骗汇等问题闻名于世，普宁骗税案更是震惊全国，外界对“潮汕”忌讳莫深，全国有18个地区向所属企业发出通知，提出不和汕头人做生意；导致一些企业不得不陆续撤走，汕头的投资环境受到了动摇。据不完全统计，2000年至2001年3月份，汕头因投资环境问题而外迁的企业达450多家，几年来迁走的则多达1200家。留下的企业有的甚至不敢在广告中注明是“汕头企业”。由于遭受外界的抛弃，丢了市场，走了企业，全市经济大滑坡，2001年，GDP仅完成460.99亿元，比上年下降了2.0%，重灾区潮阳下降更甚。GDP在汕头首次出现负增长，经济社会发展的元气大受其伤。有关学者的分析认为，汕头诚信沦丧，不惟文化之过，更在于缺少诚信的制度基础。比如，在汕头信用危机发生前后，人们不断看到政府忙忙碌碌去介入商业交易，充当市场交易、商业信用的担保人，而不是去建立诚信规则、维护诚信制度，甚至在打假之前，往往早有政府官员为造假者通风报信，这种政企不分的体制最终将破坏市场经济秩序。② 缺少制度约束，使汕头相当多人的观念中至今仍然以为信用危机没什么大不了的，汕头是“自爆家丑”，是“倒霉”。这种市民意识对于汕头经济的重振是很不利的。③

在我们对潮南所做的调研工作中，当地人民包括政府官员的这种不以为然的心态依然存在。所幸吃到苦头的汕头毕竟逐渐地认识了信用的意义，并把“重建信用、重塑形象”作为生命工程来对待。

---

① 陈朝辉，蔡人群，许自策．潮汕平原经济．广东人民出版社，1994：39－40.

② 方征，郭宏湘．文化局限还是制度制约—汕头信用危机的反思与希望．决策咨询，2002.6

③ 李翔．关于汕头经济发展问题的实证考察．汕头大学学报，2004.03

第四节　潮南区产业布局构想与经济发展对策

一、产业形态的选择

（一）强化支柱产业、延长产业链群

潮南在促进纺织服装、精细化工、文教用品和人造丝花等优势产业的同时，也要拓宽思路、延长产业链、创造新的经济增长点，通过兴业来避免财富过分集中于某一行业和企业，造成社会的贫富悬殊过大，影响社会的可持续发展。

（二）发展高端技术产品

在发挥现有产业优势的同时，潮南应重视发展高端价值链产品。加强对大型高技术企业的引进，并且鼓励对引进技术的消化、吸收和提升。创造条件引进各类人才特别是高技术人才。鼓励企业投资科研，牵线搭桥促进其与高校尤其是广东高校的科研部门的合作。创造条件建设技术信息市场。

（三）发展循环经济

传统经济是以“资源—产品—废弃物及污染物排放”单向流动为基本特征的线形经济发展模式，表现为“两高一低”，即高消耗、低利用、高污染，是不可持续的发展模式。而循环经济是以“资源—产品—再生资源产品”为特征的经济发展模式，表现为“两低两高”，即低消耗、低污染和高利用率、高循环率，使物质资源得到充分合理的利用，把经济活动对环境的影响降低到尽可能小的程度，是符合可持续发展原则的经济发展模式。目前，一些发达国家已从大量生产、大量消费、大量废弃的经济增长方式转向走依靠资源循环利用来支持经济高增长的道路。

潮南区资源短缺、环境问题比较严重，产业发展应遵循生态化、集约化原则，走循环经济的道路，努力发展资源、材料消耗小的产业。例如，要整合产业园区，鼓励发展占地少、耗能少、用水少的产业，鼓励发展精加工的行业，以满足可持续发展的要求。

（四）发展定位国外市场的产业

潮南经济的发展在很大程度上得益于区外市场的拓展，但区外市场目前仍以国内市场为主。从根本上说，在国内争抢市场并非明智之举，而发展国际贸易方为上上之策。

目前峡山、两英、陈店等以纺织服装工业为主的专业镇已有产品出口美国、德国、日本、中国香港等40多个国家和地区，侨丰集团的产品也销往美国等地，这都是很好的基础。今后潮南应依托汕头这一沿海中心城市的海港优势以及众多华侨的海外关系，大力培育以海外市场为主要的产业。

二、产业空间构架的设计

（一）空间管制——三集中原则

逐步推进城乡规划一体化、基础设施一体化、经济社会发展一体化，实现城乡联动、协调发展。把产业园区规划和城镇建设有机结合起来，促进工业向园区集中，农民向集镇、统一规划区集中，农业向生态园区集中，推动农村城镇化进程。

1. 总体框架

强化一个中心、五个次中心、开拓两个区域。

（1）中心城区——大峡山

中心城区以峡山为依托，向东南发展，延及胪岗，称为大峡山。中心城区是潮南政治、经济和文化中心，亦系汕头市未来经济之重要集聚点和极核区，应保持其传统产业发展之优势，同时促进新兴产业发展。尽快实施中心城区的规划方案，启动基础设施等配套工程建设，通过强化中心城区的核心地位，发挥中心城区的规模效应、集聚效应，加快潮南区城市化进程。

（2）五个次中心——两英、陈店、司马浦、陇田、井都

区域组群是未来潮南区的空间发展思路，伴随着潮南中心城区的崛起，各镇皆可依托其优势发展，特别应加强经济较发达之两英、陈店和后发的陇田中心镇建设，借其良好区位、优惠政策和自身基础等优势，继续壮大经济实力，使之成为带动区域经济发展的次中心城镇。

（3）两个区域

一是滨海工业区，这是未来潮南区区级经济发展的重点地区，也是中远期区域经济增长的亮点。通过引进大型工业企业，高水平、高标准启动滨海工业园区建设，使其在未来的潮南区经济发展中发挥重要作用。

一是生态经济区，包括南部山区镇雷岭、红场以及两英、仙城等城镇的山区部分。重点发展山区生态高效农业和现代休闲观光旅游业，并在丘陵地带发

展生态工业区和生态住宅区。通过生态经济区建设吸引山区农民进城，促进乡村城镇化，同时把山区建设成为汕头市的后花园，发展生态型农业、工业和旅游区。

2. 农业规模化

推进农业产业化，促使农业生产由分散转为集中，以现有大宗农产品生产基地为基础培育标准化生产示范区。重点培育井都上南村2000亩蔬菜、雷岭麻埔果林场2000亩荔枝、胪岗胪溪村2300亩潮汕柑等三个标准化生产示范区。进一步加强特色商品农业基地，主要有雷岭4万亩荔枝，红场1.8万亩青梅，胪岗1万亩生柑、井都1万亩蔬菜、两英1500亩食用甜麻叶和沙陇井都南中围0.8万亩淡水养殖等生产基地等。

3. 工业园区化

对各镇产业发展用地特别是各类分散的村镇工业用地进行全面整合与集中，通过整合资源要素，引导企业向产业园区集中，以实现产业发展的规模化和集约化，达到降低开发成本、减少交易费用，减轻环境负担和提高土地利用率，提高企业经营效果的目的。

进园企业应强调产业之关联性，以突出产业特色、形成产业链群，提高生产的专业化分工与协作。尽量避免五花八门的产业生硬地凑在一起。

为此，应努力引导同一产业链上存在专业分工和资源互补的企业集中在产业园里统一开发、统一管理，以产生集群效应并形成区域品牌。

4. 村居规范化（实际上涉及建筑业布局）

与城市比较，中国农村住宅建设相形见绌，突出表现为零散杂乱，规模小，技术含量低，而且设计不合理，不经济。这种状况不仅浪费土地，影响农民健康，也制约着农业的可持续发展，长远地看不利于社会的进步和发展。因而规范农村住宅建设刻不容缓，是一个功在当代、利在千秋的伟大工程。对其必要性的进一步论述可见文末所附的作者的一篇文章摘要（论农村住宅建设的规范化 中国农村经济1998.11）。

和我国其他农村地区一样，潮南村居住宅建设也缺乏统一规划。乱搭乱建的现象比较严重。在老村中保留“祖屋”而形成的空心村浪费了大量土地。住宅建设的档次也较低，配套设施滞后，缺乏鲜明特色。环境也显得脏、乱、差，可以说是“有新屋、无新村”“有新村、无新貌”。因此，对于农村建筑业亟须进行统一规划、合理布局和精心设计。

（二）空间导航——虚拟路网，以路引城

对潮南的产业布局（伴随着城镇建设），上述空间管制是比较宏观的发展目标，为实现这些目标，在技术手段上还应重视空间导航。下面利用作者提出的“虚拟路网”“以路引城”新概念（理论部分参见作者的文章——从马路经济到以路引城——本博士论文的第四章第三节）对潮南产业的空间布局（包括城镇建设）进行宏观的勾勒和示意。

首先，如上所述，潮南具有典型的马路经济带现象，这说明路在吸引二、三产业的布局中起到相当重要的作用，也进一步表明马路经济是农村一个自然的社会经济现象，其形成有客观的背景和原因，是某些因素甚至是规律性的因素在起作用，而这些规律性的东西是可以为我们所利用的。

其次，通过规划新的路网（包括虚拟路网），必将能引导潮南二、三产业的空间组织，并产生较好的经济效益。在潮南，交通发达的地方一般就是经济发达的地方。例如，沿324国道的5个镇，工业发展水平较高，2002年人均GDP在5800元以上（峡山、陈店、两英、司马浦和胪岗），而西南部的仙城、雷岭、红场山区镇，交通不方便，人均GDP在2600元以下。

最后，潮南马路经济带的蔓延与其较为单一的主导交通干线特别是324国道有关。当没有其他岔道与主干道抗衡时，人们自然向具有较好潜在经济效益的主干道集聚。

然而，马路经济带（连同城镇）沿公路过长蔓延，必然使潮南的区域中心模糊，不利于生产要素的积聚和规模效应的发挥。因此，既然在潮南的总体发展战略中我们提出了加强集聚、突显中心的构想，那么在潮南的产业布局中我们就不必再提发展“两条经济轴线”即324国道和田池公路（在建）产业带，而应依托324国道和田池公路的城镇设计与主干道垂直的具有相当于主干道潜在经济效益的交叉道路，通过这些预先设计好的路网吸引二、三产业的布局，同时带动城镇的团状扩张而不是带状发展，从而避免马路经济带的过长蔓延。作者认为，这种设计必将有利于城镇集聚经济的产生，有利于提高城市化水平。当然，为了节约建设成本和避免可能的浪费，有些路网可能是“虚拟”的——即只是停留在图纸上的设计意图，但是在实践中它们却起着强制性的引导和规范作用，即任何建筑和经济活动都不应占去这些“虚拟”规划的路网。

由于路网设计是城市规划的一部分，实际设计中还要考虑具体的环境条件等因素，因此，本文只是作为示意而仅在宏观上进行概念性的描绘。（如图）

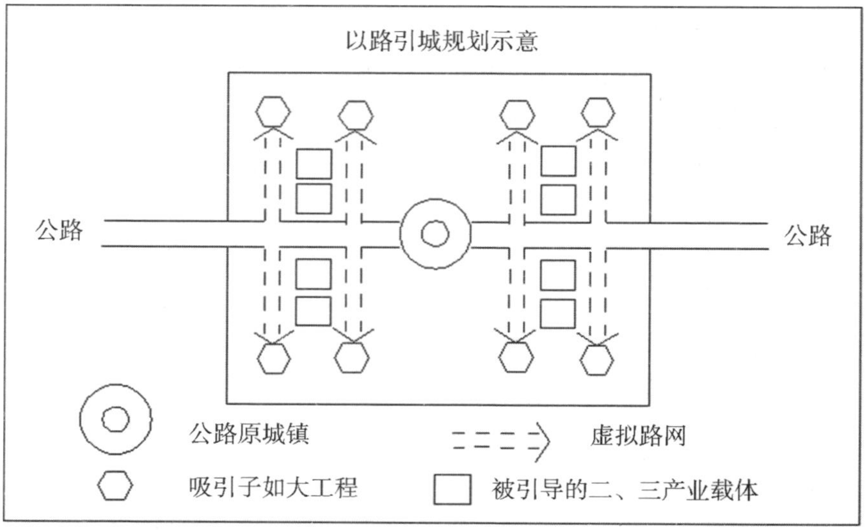

三、制度环境的建设

（一）促进文化更新

潮南目前处于农村向城市转变的过程中，各方面仍较落后，二元结构明显，社会发展不平衡，矛盾较多，就业压力大，民营经济的发展水平和质量还不高，要推进潮南的发展，首先需要促进文化更新，变革各种旧观念。

对于潮汕文化，应坚持扬弃的态度。继承其优良的传统，抛弃其不合时宜的部分。

要发挥科技文化教育的先导性、全局性和基础性作用，注意引进科技、管理人才，注意吸收先进文化。通过走出去、引进来形成多元文化的交融局面。

（二）完善市场机制

潮南经济环境的规范化离不开完善的市场机制。潮南区政府需要构建一个公平、有序、竞争的市场经济环境。应该由市场安排的，政府就不要进行干预，更不允许官商合谋，为非法经营者大开保护伞。政府需要着重做的是——维护市场安全和有效运行。

（三）发挥政府职能

对于产业的发展和布局规划，已经得到科学论证的，政府要维护其权威性，不宜随意改弦更张。例如，有的投资者对于土地可能会有自己的偏好，所要求的地块可能不符合城市规划，这个时候政府就需要有正确的态度，不应迁就不合理的要求。

鼓励企业引进技术，鼓励企业自主创新。加强产品的质量认证，扶持名牌产品企业，多创国家级、省级品牌。

充分利用潮南强大的民资民力，多渠道筹资加强对基础设施、教育事业等公共工程的建设。

加强信用工程建设，正确引导企业的生产经营活动，提倡企业走正道，办正事。

第九章

案例检验2　从制度上优化始兴县产业布局与经济发展①

第一节　始兴县概况

一、地理区位与环境

始兴县位于广东省北部，地跨东经113°5′~114°22′，北纬24°31′~25°64′。东与江西全南县交界，西、南、北分别与曲江、仁化、翁源、南雄市相邻，扼粤赣公路要冲。

全县土地总面积2174平方公里，辖太平、城南、沈所、江口、马市、澄江、顿岗、罗坝、司前、隘子等10个镇和深渡水、都亨2个乡，共142个村委会。总人口25万，其中城镇人口6.5万人，农业人口18.5万人，有瑶、畲、壮等12个少数民族。人均占地居全省首位。

始兴县地处中亚热带季风气候区，年平均气温19.6℃，无霜期约350天，年降水量1543毫米。始兴县地处粤北山区，素有"八山一水一分田"之称，地势四周高中间低，呈盆地状，依次为山地、丘陵、平原。河流主要有浈江、墨江、澄江等，县城一带是粤北最大的小平原，面积有10万多亩，周围有大量的缓坡地。旅游资源十分丰富。

---

① 本章系2004年在参与陈烈教授主持的《始兴县可持续发展研究与规划》项目基础上的研究成果。
本专题文字材料主要来自始兴县各级政府部门，图件和照片为调研期间（2004年11月）制作。

二、社会经济状况

始兴自然条件优越，土肥物丰，是全国商品粮基地县，有“绿色宝库、南岭明珠”和“粤北粮仓”等美称。由于地处偏远，始兴县经济发展一直比较缓慢，至2002年6月底，原县属工业的绝大部分企业进行了租赁、破产、拍卖、国有转民营等不同形式的改革转制，转制企业已成为县经济领域的新生力量，金兴茧丝绸有限公司、联兴造纸厂等转制企业已经重现生机，确保了国有资产的保值增值。

随着工业化进程加快，始兴经济在2003年步入快速增长时期。始兴县在2003年完成了国内生产总值13.78亿元，同比增长13.1%，其中第一产业增加值5.18亿元，第二产业增加值5.26亿元，第三产业增加值3.33亿元，三大产业比例由上年的46.7：28.3：25调整为37.6：38.2：24.2。工农业总产值19.72亿元，其中农业总产值7.62亿元，工业总产值12.1亿元，第二产业所占比例首次超过第一产业。全县实际利用外资4005万美元，外贸出口总值2110万美元。商品供求平衡，物价运行平稳，消费品市场保持稳定，金融形势稳定。

但从总体上看，始兴县经济力量仍然较弱，质量不高，财源基础较薄，支出压力大。主要农产品销售困难，农民增收缓慢的问题依然存在。贫困瑶民的迁移安置工程没有解决好，一些集体经济比较薄弱的行政村也还需要加大帮扶力度。

第二节 县域产业布局与经济发展中的主要问题

一、基础仍较薄弱

始兴是粤北山区，经济总量小。2003年，全县生产总值增长13.1%，增幅虽然较快，但总量只有13.78亿元，在全省仅排62位。县级财政仍以黄烟、小水电为主，财源基础薄弱。

科技、管理人才比较缺乏，生产的技术和管理水平低，特别是民营企业。建设项目以小水电等资源开发型项目较多，大项目，科技含量高的项目和农产品加工项目较少。

简陋的竹筷作坊 2004 年 11 月摄

基础设施滞后。境内没有铁路经过，也未通高速公路，过境的国道为二级技术标准，路况相当差。广东省地级以上城市全面通高速公路后，始兴县的区位劣势更加明显，交通基础设施滞后已成为制约经济社会发展的“瓶颈”。由于县财政困难，建设资金紧张，有些该由县负责的基础设施难以完善。此外，农业水利设施落后，也给农村经济的稳定发展带来不可测因素。

二、市场机制不够完善

首先，在招商引资方面，有着明显的政府色彩。

始兴县近几年围绕“生态立县、工业强县、农业稳县、旅游旺县”的发展思路，大力实施“招商引资、城市建设、民营经济”三大战略重点。政府在三大战略重点中，主要的工作实际上是在招商引资上，并且也确实取得了很大成绩。目前，已有近百家外来企业落户始兴，其中有建溢、建滔、美昌、永联、金朝阳等港台上市公司，形成了玩具、CD－R 光盘、覆铜板、茧丝绸、林化、锅炉、造纸、食品八大产业体系，实际利用外资和外贸出口在近几年一直排在韶关市各县（市）前列，被誉为广东省山区招商引资的一面旗帜。

但是，招商引资工作明显有着政府利益倾向。表现在：1. 急功近利。各级机关单位按照“围着客商转、围着项目转、围着问题转”的工作思路，构筑全方位、多层次、立体化服务网络，不断改善投资的软环境和硬环境，并且建立健全了县领导联系企业制度，县四套班子领导分别挂钩联系外企和民企各一家，经常深入联系企业，了解情况、协调工作、解决问题。政府重视招商引资、关心经济发展是好事，但政府又很强调引进所谓“创税型企业”，这可能会导致：（1）只要能创税，什么企业都可引进，而不管这些企业是否关联、是否有利于形成产业的集群或者是否有利于生态保护等。（2）和各地一样，“环境一好再好、空间一让再让、门槛一降再降、服务一优再优”，与周边地区抢外商、抢资源，搞不规范的竞争，这对经济实力较弱的始兴并非明智之举。例如，政府为优化投资环境，吸引更多的外商到始兴投资置业，在原有《始兴县招商引资优惠办法》的基础上，就出台了优化投资环境“八不准”等一系列政策规定。实际上，经济的发展和外资的进入应该是一个自然而然的过程，如果一味与各地竞相降价吸引外资，可能是利了外企、利了政府，但却损了人民。近几年来，始兴征地工作难度比较大就说明这一点。一方面，有些签约项目的规划出来了，资金也到位了，但受政策和其他因素的影响，征地、拆迁和青苗补偿工作难以落实，打不开局面，阻碍了项目工程推进的速度，成为制约项目进展的瓶颈。① 另一方面，群众对征地工作还不理解，例如江口总甫温泉度假村项目就出现这种情况。（3）更容易出现寻租行为。当少数有影响力的企业主与控制外在制度框架的人串通一气时，企业主会从积极的经济争胜和创新转变为谋求政治干预和偏袒以弱化他们所面临的竞争压力，并节省其成本支出。②

2. 为引进外资而引进外资，不够注重引进项目的技术、管理水平和对本地的经济拉动作用。引进的外资除对小水电有一定刺激外，对本县经济的拉动力不够，这不仅表现在外资企业与本地民营经济缺乏关联性，也表现在外资企业难以解决本地劳动力的出路问题上。目前外资企业用工约 1.2 万多人，70% 是本地劳工，始兴县尚有富余劳动力 4 万多人，由于工资较低等各种原因，本地人不愿到始兴外企工作。为帮助外企解决劳务用工问题，政府为此专门成立了外企劳务用工领导小组，县主要领导亲自带队，赴湖南、江西等地为企业招工，并与当地劳动部门建立长期劳务输出合作关系。目前，始兴县与全国近 40 个省、市构建了劳务用工政府信息网络，县政府信息平台、广播电视台、邮政局

---

① 始兴县副县长何著东．我县招商引资工作进展情况汇报，2004－06－14

② （德）柯武刚等．制度经济学．社会秩序与公共政策．韩朝华，译．商务印书馆，2000：303.

把外企的招工信息传到千家万户。①

其次，民营经济未得到足够重视。三大战略重点中虽然也包括民营经济，但由于政府过分强调外资，民营经济实际上被搁在一边。相对外资企业而言，本土的民营企业反而未能真正享受到平等的国民待遇，存在“重外轻内”的倾向。始兴县虽已拟定在县城附近、靠近国道323线旁规划建立一个规模较大的民营经济工业园，但民营经济工业园建立后，也只是“将享受外资工业园的优惠政策”，这说明至少在过去一段时间里民营经济与外资企业是在不同的平台上运行的，并且，为何要专门建一个民营经济工业园，而不是把民营企业和外资企业布局在一起以利两者的相互推动呢？

民营经济未得到足够重视还表现在：有些单位和个人对发展民营经济在思想上不够解放，观念上存在很多偏见；发展环境还不够理想，政策落实不到位，甚至不落实的现象比较突出，关卡多，门槛高，更有甚者，有些部门只顾小团体利益和个人利益，服务意识差，衙门作风重，办事难、效率低，收费重、不透明，存在“人情税”。② 民营企业发展环境普遍存在融资难、用地难、办事难等问题，尤其是“办事难”“效率低”“乱收费”三个问题很突出。这使得始兴民营经济与广东发达县市和周边地区相比，仍有较大的差距：总量偏小，规模不大，档次不高；企业主的素质和水平低，自主创新能力弱；生产集中程度低，产业协作水平低和企业经营管理方式落后的问题。③

另外，在三大战略重点中所谓加强民营经济的发展，在方法上也欠妥。如对重点民营企业实行授牌保护；组织民营企业大户外出学习考察，参与经贸活动，开拓了民营企业家的视野，增强了他们的竞争意识。对后者无可指责，但对前者，为什么只对重点民营企业实行授牌保护，其他企业要不要保护呢？这都说明，始兴迫切需要营造一个更公平的、无差别的市场环境。

综上所述，始兴县在重视引进外资并取得一定成绩的同时，缺乏实际力度关注内动型的民营经济发展。从始兴整体的市场环境看，外部市场发育及其运行机制比较好，而内部市场发育及其运行机制不足。这个问题如不引起重视，将会给始兴经济的持续发展留下隐患。

---

① 兰茵．抢抓机遇　乘势而上　掀起新一轮招商引资高潮．始兴县招商引资工作会议材料，2004.03

② 冯寿宗同志在全县招商引资和民营经济工作会议上的讲话，2003.4.18

③ 民营经济发展局．始兴县民营经济发展情况汇报，2003.5.28

林业经济一例

始兴县是全国森林资源、林政管理示范点和国家林业综合发展示范县。有林面积254万亩，森林覆盖率达76.3%，居全省之首。年产商品材10万立方米，毛竹100万条。可为工业加工提供丰富的木材、竹材、油脂等原材料。

林地面积265.6万亩，占全县总面积的85%，其中，约20万亩划归国有，245万亩划归集体所有；森林覆盖率76.3%，活立木蓄积量1172万立方米；全县区划生态公益林66.8万亩，商品林198.8万亩。各类林种占林地面积的比例分别是：阔叶林占27.3%、针叶林占66%、竹林占5%、经济林占1.7%。

各类林场情况：①

林场类别	个数	面积（万亩）	占商品林总面积%
市属	1	7.17	3.6
县属	1	9.6	4.82
局属	14	51.33	25.76
其他	37	29.3	14.71
合计	53	97.4	48.89

此外，仍约有51.11%的山林尚未实现林场化经营，林地掌握在村集体和农户手中，实行村集体经营和分户经营。

从90年代开始，始兴县委、县政府把产业发展的突破口转向外向型经济，以林业为代表的特色产业优势逐步减弱。林业发展存在的主要问题是：

1. 林业政策不稳定。
2. 采伐指标少，发放不合理。
3. 集体山林经营管理混乱。
4. 木材进入市场收费偏高。
5. 林业系统政企不分。

三、产业的关联度和集中度较低

首先，工农业的关联度较低。即工业是一块，农业是另外一块，两者基本没有形成紧密的产业链和互动机制，并且工业有胜过农业的趋势。

---

① 始兴县人民政府办公室．关于我县林业经营管理的调查报告，2004-08-11.

舒尔茨针对发展中国家的农业问题，曾指出刘易斯等人的理论缺陷。他说，发展中国家的农业并非一般所认为的那样没有效率，片面强调工业化、忽视农业的内在贡献、以牺牲农业来发展工业的政策使得发展中国家的农业成为“糟糕经济学的很大牺牲品”。

从广东整个区域的形势看，始兴农林业的潜力和功能没有很好挖掘，相应的农产品加工特别是竹器加工没有得到很好发展，实际上这是始兴的很大优势。

迄今为止，烟、桑、菜、竹、果、苗木、小水电等仍然是始兴县重要的支柱产业。全县的粮经比例为32：68，其中，优质稻种植面积4.5万亩，占水稻面积的78.5%，已发展黄烟种植面积3万亩，蚕桑面积2万亩，无公害蔬菜11万亩、水果5万亩，其中枇杷就有3.3万亩。2003年10月，农业部确定始兴县为全国创建无公害蔬菜生产示范基地县。马市、罗坝、江口、司前、城南、深渡水等乡镇的烟、桑、果、菜、鸡“一乡一品”特色农业已基本形成，如马市万亩黄烟、罗坝万亩蚕桑、江口万亩水果和城南、顿岗、沈所万亩蔬菜已形成专业化、集约化、规模化生产。

但除了金兴蚕丝绸公司、香港合利、英豪、鸿霖蔬菜公司（无公害蔬菜基地）、日本绿兴业有限会社（温室名贵花卉种植）外，业已发展和引进的企业与始兴的优势农林资源较少有产业关联。

其次，工业生产之间的关联也不强。除了上述外资企业与民营经济缺少关联和依存度外，引进的外资企业之间联系也少。

始兴县目前已经形成玩具、CD－R光盘、积层板、茧丝、林产化工、锅炉、造纸、食品八大产业体系，以及电子、木工艺、纸制品、制衣、农林水开发等生产系列，其中玩具、覆铜化工、林产化工、CD—R光盘等被作为县域主导产业加以培植。民营方面主要是现有的食品、家具等加工业和筛网、皮革、碾米机等制造业。显然，在这些产业体系中，关联性相当少，没有形成紧密的产业链，能够代表县域特色经济的产业群更没有。

最后，工业生产在空间上也不够集中。目前，始兴县有4个环保工业城，其中黄花园、宝石、万达3个工业城已建成使用，富汇工业城也已初具规模，马市陶瓷工业城已完成规划，拟通过“飞地”方式建设的沙水工业区正在洽谈之中。① 始兴的工业企业数量并不多，但分散在几个工业园中，可见其集中度

① 始兴县人民政府．广东省始兴县投资环境介绍，2004.11.05

不高。此外，即使在同一工业园中，产业也是五花八门，相近者少。

四、山区人民的商业气息和创业精神还不足

始兴县历史悠久，民风淳朴，热情好客、治安良好，没有吸毒现象和黑社会组织，是全省社会治安综合治理最好的地区之一。

但是由于山区比较闭塞，商业气息不浓，人民的创业精神也显不足，小富则安这一农村普遍存在的心理也很大程度上存在着。“家庭作坊式”的经营模式还难以改变。

这些特点从民营经济的发展情况可以看得出来。总体而言，始兴县民营经济规模不大，素质和水平也不高。至 2003 年底，全县有民营企业 62 家，注册资金 5974 万元，同比分别增长 29%、60.1%，只有 3 家民营企业销售收入超过 1000 万元。民营经济主要表现为“四多四少”：小打小闹的多，上规模上档次的少；一般性服务行业多，生产型项目少；粗放型项目多，科技型、外向型项目少；小本经营的多，资本投入大的少。有的民营企业特别是本土经营者仍然沿袭家族式经营管理模式，不同程度地存在自主创新能力弱、生产集中程度不高、产业协作水平低。有的民营企业“知足常乐”，缺乏扩张欲望和抢占外部市场的胆识。①

该页图片拍照：陈东强

① 冯寿宗同志在全县招商引资和民营经济工作会议上的讲话.2003.4.18

第三节　优化县域产业布局与经济发展的制度框架

一、坚持可持续发展理念

始兴是粤北欠发达地区，既有发展经济、提高农民收入的迫切要求，又肩负着确保珠三角后花园生态屏障的重任，因此，摆在始兴面前的发展道路是极其艰巨的。

应该如何进行产业布局？应该发展什么样的经济？其指导方针是什么？作者认为，这个方针就是可持续发展理念。

始兴首先是要寻求发展，但是发展必须吸收珠三角的经验教训，不要再走“先污染、后治理”的路子，否则，后果不堪设想。应该说，发展未必会带来生态危机，关键是如何发展的问题。

对始兴的产业选择来说，作者认为，应该首先发挥始兴之长——丰富的农林资源和旅游环境。循着这一方向发展既可提高农民的收入，又可保护生态平衡。这方面的成功经验在我国浙江的临安等县表现得淋漓尽致，应当借鉴。

目前，始兴正在加大力度引进外资，但是要把握好两个方向。一是引进的外资应尽量与本地农林资源和旅游资源相结合；一是引进的其他工业必须是没有污染的，技术含量高的而不是基本被淘汰的夕阳工业，在泛珠三角产业体系中有互补协调作用的而不是雷同的。总之，在引进外资过程中，要始终把握可持续发展原则，宁缺毋滥。

此外，在县域的产业体系中，要注意培育循环经济，形成产业综合体。在这方面，始兴已经有了一定的经验和基础，比如，在沼气的综合应用领域，已建立了一批“猪—沼—烟（果）”“蚕—沼—桑”等生态农业示范点，始兴利用农业部“一池三改”沼气生态工程国债项目，加快农村生态能源建设步伐，已初步建成16个生态文明村。罗坝淋头新村、城南玲珑新村和中古坑分别通过省级生态示范村、省级生态示范园考核验收。

始兴是个具有后发优势和充满希望的地方，在可持续发展理念的指引下，一定能够取得长足的进步，实现经济、社会、资源、环境的协调发展。

二、完善市场机制、规范政府行为

首先要营造一个公平竞争的市场环境，民营企业和三资企业一视同仁。

其次要减少引进外资的政府色彩，不专注于税源型企业的引进，只要能够吸纳农村剩余劳动力，能够拉动县域经济发展，虽然短期内税收少，但人民普遍富裕了，政府税收自然就增加了，两相比较，人民普遍富裕比单纯依靠几个创税大户更有意义，也更稳固。总之，发展经济、引进外资是一个自然而然的过程，不必操之过急。留得青山在，不怕没柴烧。

最后，要规范政府行为，政务公开、透明，杜绝寻租行为，要以民为本，让民众有发表意见的机会，在经济起飞时期，尤其要注意让人民休养生息。

三、培育特色经济、加强产业集群

特色经济在县域发展中具有重要意义，广东许多县镇的产业都很有特色，这些特色产业的形成得益于区域发展初期的启动型产业。例如，顺德一把扇（电风扇），中山一只箱（电冰箱），石湾一块砖（建筑瓷砖），云浮一片石（石材加工）等等，均是改革开放成功的“启动型工业”，其产品迅速占领市场，轰动一时，饮誉中外，效应明显。实践使人们认识到，县镇“启动型工业”发展的重要意义之一在于它能够促进县镇特色工业的形成，能够造就区域性工业空间体系，从而能够加强协作、加速现代化。①

始兴在发展产业方面，首先应选择好启动型产业，突出重点地加以培育，而不是五花八门什么都发展、什么都引进。除了继续推进农林业的适度规模化、产业化、集群化经营，形成农业特色经济外。在引进外资方面，应坚持相近原则，即引进的外资企业应尽量与主导产业相关，这样才能更易形成同类集聚，取得规模效应，所谓物以类聚讲的就是这个道理。产业之间若相关程度低，会影响其集中，难以取得外部经济效益。一个区域内乡镇企业百业俱兴固然是好事，但如果联系少，即使在空间上将其集中，除了能够节约土地、节约基础设施投资外，经济上的意义不大。因此，只有发展县域特色经济，使之形成支柱产业，就会使产业磁极化而吸引其他相关的经济要素，从而形成产业链条，在空间上也容易出现集聚——由于路径依赖形成专业生产区域。

---

① 吴永铭．广东启动型工业的效应与走势．中山大学学报（自然科学版），1998.10.

我国对耕地实行了严格的保护措施，在这样的形势下，非农产业的发展在空间上必须要集中，对始兴来说，工业园区宜少不宜多，并且应该尽量布局于县域中心城镇，避免遍地开花。

其次，无论是外资企业，还是民营企业，始兴都应注意引导其促进县域城乡经济的协调发展，形成互动。

四、引进外资与引进人才和知识并重

外资企业的根植性远不如民营经济，因此，与其把重点放在引进外资上，不如把重点放在引进技术、管理和人才上。

但是，始兴是欠发达地区，要用传统方式引进大量人才是不可能的。建议始兴与高校、特别是广东高校联合办学，将高校分部设于始兴，既可促进科研与县域需要结合，也可以将部分毕业生留下。此外，应加强县域与中山大学、华南理工大学等进行科研合作，提升企业的技术和管理水平。

五、弘扬创业精神——支持民营经济发展

外动不如内动，在始兴的经济发展中，要始终注意激发民众的创业精神，使之勇于开拓、勇于进取。但是创业精神从哪里来呢？途径很多，作者认为，最关键的是要使县域形成开放的局面，要使这个地方成为一个移民活跃的区域。为此，首先是要打破县域仍较闭塞的状况。

在域外交通方面。京珠高速公路韶关至广州段即将全面贯通，这对韶关的发展是个机遇，但韶关至始兴路段还没有一级公路，广东省应给予政策倾斜，加大投入力度，尽快解决这一制约山区发展的交通问题。争取能建成一条粤赣铁路，促进区域交流。

在域内交通方面，要尽快争取省交通主管部门批准有关交通项目的建设。包括：X346 线顿岗经车八岭至司前路段 58 公里；S343 线顿岗到澄江下窖路段 37 公里；S244 线马市到顿岗路段 16.5 公里。镇通村道路上营至刘家山、深渡水至长梅等共 25 公里路段改造工程等等。

其次，要通过多种途径改变传统的农村社区文化。千百年来，中国农民除迫于战争、自然灾害等原因外，绝大多数滞留故土，世代相传，渐渐地形成了一种封闭的自然、半自然经济格局。人们不仅容易近亲结婚，而且形成保守排外、小富则安、固步自封、专制甚至愚昧等意识形态。这种意识形态不仅禁锢

着农民的思维和创造力，也影响着农村经济的发展。如何消除这些保守排外、不思进取的小农意识呢？笔者认为有两种途径。一是在规划农村住宅建设的同时，引进农村住宅商品化概念。即鼓励农民原地或异地购买商品房，以打破农民长期固守一隅的封闭局面，形成人口流动，彻底瓦解自然半自然经济。二是规划住宅时，注意建筑设计的人文性。以开启民智，更新民风。

小结：

第八、第九章运用研究成果和结论对两个具体的区域（县域）进行探索性试验研究。分别剖析了两个区域的产业形态和产业空间组织所存在的主要问题，研究了产生这些问题的制度原因，最后就两个区域的产业布局与经济发展提出了相应的构想和对策。尽管两个区域的地理条件、经济发展水平各异，但有一个相同点即县域的制度背景和环境与县域的发展具有较大关联性。因此，作者希望多从制度方面寻求发展两地县域经济的对策。

第十章

结　论

一、基本结论

从上述理论分析和实证研究中，可以得出以下结论。

1. 传统产业布局理论局限于区位和空间的探讨是不够的。传统的产业布局研究一般局限在空间区位上，涉及的是区位选择问题。实际的经济活动表明，产业形态和产业空间组织是两个不可分割的方面，产业的空间组织离不开产业形态，反之亦然，产业布局必须同时考虑这两个方面，轻视产业形态或者轻视产业空间组织都会给县域经济发展带来不利影响。

2. 产业形态较之产业结构具有更全面、具体而实用的特点。与产业结构概念比较，产业形态更能准确、全面地描述经济地理现象，在县域规划中也更具有可操作性。产业结构仅是对产业的静态描述，一般是指产业的比例关系，它仅是产业形态的一个侧面。对于产业布局或者县域经济发展，笼统的讨论产业比例、产业结构没有实际意义。而产业形态不仅描述产业的静态特征，也刻画产业的动态过程，比如循环经济就呈现出产业的动态特点。产业形态可以说明产业结构，但产业结构反映不了产业形态。

3. 由产业形态和产业空间组织构成的产业布局是县域经济发展的核心。发展县域经济，就是要搞好县域现有的产业，安排好它们的空间位置，并且要顺应生产力发展和人民日益增长的物质和精神需要，不断创造出新的产业和新的需求，从而推动县域经济的繁荣。从某种意义上说，县域经济的实质就是优化产业活动，优化产业布局。

4. 产业布局与县域经济发展是相互作用相互影响的。在过去相当长的时间里，产业布局与县域经济发展基本上是相互分离的两个研究领域，如果相关，最多也就是研究产业布局如何影响县域经济发展。本文的研究表明，产业布局与县域经济发展既相联系，又是两个不同质的实体，存在相互作用的客观必然性。产业布局（产业形态和产业空间组织）不仅影响县域经济发展，而且县域经济发展也会影响产业布局，这当中涉及的是两者互动的机制问题。

5. 产业布局与县域经济发展相互作用的结果是由区域诸要素的合力决定的。区域是个复杂的巨系统，与其相关的各种要素是相互作用相互影响的。以往的研究多从局部或者单个方面的因素来探讨其对产业布局或县域经济发展的影响。本文把区域诸要素相互作用形成的合力划分为三个部分：自然之合力、社会之合力、自然和社会相互作用之合力。产业布局与县域经济发展最终格局就是由这些合力共同作用的结果。

6. 人在区域诸要素的合力中可以发挥其引导作用。尽管产业布局与县域经济发展最终是由诸要素合力影响和决定的，但人类可以在合力中尽可能地施加影响，人类施加的影响不管是正面的还是反面的，也不管是强还是弱，这种力都是合力中一部分，人类的意志力调节能否奏效，既不取决于人，也不取决于自然，而是取决于社会、自然、社会与自然三者相互作用形成的合力。如果社会的意志力调节足够大，那么，合力会向人类这一边倾斜；如果自然作用于人类的力大于人，则合力倾向于自然这一边。

7. 立足机制系统思维的制度系统创新是引导产业布局与经济发展的关键。在区域要素的合力圈中，制度系统创新是人为可变的第一动力源，通过制度系统创新形成的社会整体力量将成为影响产业布局与县城经济发展的关键要素。人们早就认识到，制度在区域经济发展中具有关键的作用。本文的研究则进一步证明：仅有制度创新仍然是不够的，要有效推动产业布局和区域（县域）经济发展，还必须立足机制系统思维的制度系统创新。把握制度系统创新的关键在于机制，就是说，制度系统创新虽然强调需要对制度进行系统的变革，但并不一定意味着方方面面的制度都需要同时革新，只有对构成机制系统的制度进行系统的变革才是有效率的。如果变革中的制度系统之间没有形成机制动力，制度系统演化就难以达到预期目标。

8. 制度系统创新应坚持可持续发展理论的指导。虽然人类在区域诸要素的合力中可以发挥其引导作用，但人类如何恰当地发挥其影响力才能既有利于社会又有利于自然？作为调整人类之间以及人类与自然之间相互关系的手段，制度系统创新应该坚持什么指导原则又是关键中的关键。

文章的研究表明，制度涉及人与人之间乃至人与自然（人格化）之间的利益关系，要维系这些关系需要共同的价值观。由于时代环境和条件的不同，共同的价值观会有所差异，并具有动态特征。在当代，普适的价值观就是可持续发展。因此，制度系统创新应以可持续发展理论为指针。从博大精深的易理中，我们可以看到坚持可持续发展的必要性。易理中蕴涵着的动态平衡与中和思想，指示着我们在处理社会与自然的关系时必须保持适度。

9. 顺德的实证研究表明，基于机制系统功能的制度系统创新是不可或缺的。顺德在我国的县域发展中具有很强的代表性。文章通过对顺德进行专题的实证研究，表明了基于机制系统功能的制度系统创新在区域的发展中是不可或缺的。一方面，顺德之所以能够迅速地成为中国农村的发达地区，与其相对于其他地方具有先行一步的制度创新优势和富于活力的人文精神是密切相关的；另一方面，顺德在发展中存在的不少问题也源于其不尽完善的制度背景，它们是顺德区域经济社会系统运行中的隐患，如果不及时加以改进，必将牵制顺德的发展。

二、创新点

1. 提出产业布局是产业形态和产业空间组织相统一的观点。产业形态是本文提出的一个新概念，它比产业结构具有更实用和完善的特征。产业形态与产业的空间组织构成了产业布局的完整内容，缺一不可，完整地理解产业布局概念对县域经济发展具有重要意义。

2. 指出了产业布局与县域经济发展的相互关系及其作用机理。即产业布局会影响县域经济发展，而县域经济发展也会影响产业布局。县域经济发展对产业形态的影响主要是通过有效需求和市场供给反应等来实现，县域经济发展对产业空间组织的影响则由生产力的发展、经济利益驱动、公众意识以及经济主体的行为发生变化引致。

3. 认为产业布局与县域经济发展是区域要素合力作用的结果。与以往的研究局限于个别因素不同，本文从综合方面分析影响产业布局与县域经济发展的因素。认为产业布局与县域经济发展相互作用的最终形态是由自然、社会、自然和社会相互作用的合力决定的。当然，合力中的各要素作用会有强弱之别，但无论如何，它们都在发挥作用。

4. 指出可持续发展理论指导下的制度系统创新在合力影响圈中的关键意义。尽管产业布局与县域经济发展是由区域的合力所共同决定的，但人类可以施加可控力量，这个可控力量的关键就是旨在确立和改善人与人之间乃至人与自然之间关系的制度系统创新。同时，正是由于本文从综合方面分析影响产业布局与县域经济发展的因素，因此，人类施加的关键可控力量——制度系统创新又必须充分考虑到合力影响圈中的其他因素所产生的影响，由此决定了制度系统创新必须以可持续发展理论为指导。因为可持续发展理论符合易理的演化规律，是当代普适的价值观。它不仅注重协调社会关系，也注重协调社会和自然的关系。

5. 提出影响产业布局和县域经济发展的新因素——机制功能上的制度系统创新。在产业布局与县域经济发展互动中，制度创新至关重要。制度一方面规范个体行为，另一方面也规范政府行为。

制度创新或者制度变迁在经济发展中的作用早为人们所认识，但本文论述制度创新的特别之处在于制度创新是基于机制系统思维的制度系统创新。为此，本文提出了立足机制功能上的制度系统创新这一新概念。它具有 4 个不可分割的内涵：（1）制度创新是影响产业布局和县域经济发展的关键因素。（2）制度创新是系统的制度创新，而不是单个或者局部创新。（3）制度系统创新虽然强调需要对制度进行系统的变革，但并不一定意味着方方面面的制度都需要同时革新，只有对构成机制系统的制度进行系统的变革才是有效率的。（4）制度是广义的制度。一般所讲的制度只是针对人与人之间的关系，这里的制度不仅涉及人与人之间的关系，也涉及人与自然（人格化）的关系。

因此，本文在继承前人关于制度对经济发展具有决定性影响的观点基础上，从制度系统创新和演化的层面深化了对制度作用的认识。此外，文章由此还得出一个结论：制度系统创新是影响产业布局与经济发展的一个关键而重要的因素，这一发现可为传统区位理论增添一个重要而关键的新的区位影响因素——制度系统创新。即通过制度系统创新来引导和规范产业布局，这比用行为经济学来研究区位理论应该说是向前迈进了一步，因为行为经济学认为能影响区位选择的行为心理因素最终也要受制度所约束。

6. 文中还包含本人已在专业期刊上发表的创新观点。

（1）中国农村土地集中机制存在缺陷。见陈东强《论中国农村的土地集中机制》《中国农村经济》1996. 3（该刊主编、著名经济学家陈吉元先生在卷首语对此文予以重点介绍，人大复印资料中心转载）。

（2）提出全质性科技创新的概念，并分析它与就业的关系。见陈东强《科技进步与劳动就业问题》《中国科技论坛》1997. 2（该刊副主编张万斌先生在稿件录用函中指出此文“颇感有新意，提出了一个现实而深刻的问题，论据也充分有力。”人大复印资料中心转载）。

（3）提出农村住宅商品化的概念。见陈东强《论农村住宅建设的规范化》《中国农村经济》1998. 11。

（4）提出高校和科研机构的选址新思维：根植最适合自身发展的土壤和社会经济发展最需要的地区，融入社会。提出高校分部设在县域的思想。见陈东强 黎鹏《国外开发欠发达地区的经验教训及其给广西与粤港澳地区经济合作的启示与思考》《改革与战略》2002. 12（基金项目：国家自然科学基金资助项目（批准号 70063001）与广西自然科学基金配套资助项目（桂科配 0135010）阶段性成果之一）。

（5）提出“以路引城”“虚拟路网”的概念。见陈东强《从马路经济到以路引城》《城市问题》2004. 05。

三、有待研究的若干问题

文章虽然构建了有关模型，但由于空间、制度等方面比较难以数学模型化，所以数学方面的演绎尚欠缺。此外，由于时间仓促，目前没有系统归类全国县域产业布局与经济发展模式，相关的一些重要问题也还没能深入探讨。比如，制度系统创新本身的机制如何构建？创新的主体如何构成？如何实现更广泛的民主？以什么方式更好地传递人格化的自然界利益要求？县域产业形态和产业空间组织如何实现有机结合？等等。这些都是今后需要加强研究的地方。

主要参考文献

一、参考图书

（一）中文部分

［1］吴殿廷编．区域分析与规划高级教程［M］．北京：高等教育出版社，2004.

［2］张金锁．区域经济学［M］．天津大学出版社，1998.

［3］陈烈等．中国发达地区顺德市域可持续发展研究［M］．广东科技出版社，2002.

［4］陈烈等．顺德县县域规划研究［M］．中山大学学报编辑部，1990.

［5］倪兆球．中山市市域规划研究［M］．海洋出版社，1994.

［6］郑天祥．粤港澳经济关系［M］．中山大学出版社，2001.

［7］魏清泉．区域规划原理和方法［M］．中山大学出版社，1994.

［8］吴郁文．中国区域经济发展［M］．中国轻工业出版社，2001.

［9］崔功豪等．区域分析与规划［M］．高等教育出版社，1999.

［10］胡退等．解读“富阳现象”——中国县域经济发展研究［M］．社会科学文献出版社，2004.

［11］王青云．县域经济发展的理论与实践［M］．北京：商务印书馆，2003.

［12］Ralf Buckley．生态旅游案例研究［M］．杨桂华，等译．天津：南开大学出版社，2004.

［13］宋有洪．县域经济纵横谈［M］．新华出版社，2004.

［14］钟昌标．国际贸易与区域发展［M］．经济管理出版社，2001.

［15］林良俊等．地方产业研究［M］．中山大学出版社，1991.

［16］耿明斋．区域经济与企业发展研究［M］．中国经济出版社，2000.

［17］罗治英等．地区形象理论与实践［M］．中山大学出版社，2000.

［18］王文长等．少数民族地区经济发展结构模式未来［M］．民族出版社，1989.

［19］祈春节．中国柑橘产业经济分析与政策研究［M］．中国农业出版社，2003.

［20］张文忠．经济区位论［M］．科学出版社，2000.

［21］李清均．后发优势：中国欠发达地区发展转型研究［M］．经济管理出版社，2000.

［22］关锐捷．中国农村改革二十年［M］．河北科学技术出版社，1998.

［23］陈秉钊等．上海郊区小城镇人居环境可持续发展研究［M］．科学出版社，2001.

［24］郑勇军等．解读“市场大省”——浙江专业市场现象研究［M］．浙江大学出版社，2002.

［25］汪光涛．城市交通与可持续发展［M］．北京出版社，2002.

［26］柴彦威等．中国城市的时空间结构［M］．北京大学出版社，2002.

［27］沈玉麟．外国城市建设史［M］．中国建筑工业出版社，1989.

［28］董鉴泓编．中国城市建设史［M］．中国建筑工业出版社，1989.

［29］面向21世纪中国可持续发展战略研究编委会．

［30］面向21世纪中国可持续发展战略研究［M］．清华大学出版社，2001.

［31］曾菊新．现代城乡网络化发展模式［M］．科学出版社，2001.

［32］石忆邵．市场、企业与城镇的协同发展［M］．同济大学出版社，2003.

［33］中国城市规划学会主编．小城镇规划［M］．中国建筑工业出版社，2003.

［34］邹兵．小城镇的制度变迁与政策分析［M］．中国建筑工业出版社，2003.

［35］朱建达等．小城镇基础设施规划［M］．东南大学出版社，2002.

［36］王雨村等．小城镇总体规划［M］．东南大学出版社，2002.

［37］陈烈等．南海市社会经济发展研究与规划［M］．广东省地图出版社，

1993.

[38] 陈烈等. 土地利用总体规划的理论与实践 [M]. 科学出版社, 1995.

[39] 陈友华等. 城市规划概论 [M]. 上海科学技术文献出版社, 2000.

[40] 张仲礼等. 长江沿江城市与中国近代化 [M]. 上海人民出版社, 2002.

[41] 钟坚. 世界硅谷模式的制度分析 [M]. 中国社会科学出版社, 2001.

[42] 钱俊生等. 可持续发展科技读本 [M]. 中共中央党校出版社, 2003.

[43] (英) 伊恩·莫法特. 可持续发展——原则、分析和政策 [M]. 宋国君, 译. 经济科学出版社, 2002.

[44] 建设部村镇建设办公室, 中国建筑设计研究院小城镇规划设计研究所编. 全国小城镇规划设计优秀方案精选 [M]. 中国建筑工业出版社, 2003.

[45] 重庆建筑工程学院, 同济大学编. 区域规划概论 [M]. 中国建筑工业出版社, 1984.

[46] 卜秋平等. 城市污水处理厂的建设与管理 [M]. 化学工业出版社, 2002.

[47] 田德汪等. 中国经济可持续发展战略研究 [M]. 中国环境科学出版社, 1999.

[48] 汪宇明. 中国省区经济研究 [M]. 华东师范大学出版社, 2000.

[49] 金勇兴. 聚集与扩散——温州建制镇城市化研究 [M]. 社会科学文献出版社, 2002.

[50] 张敦福. 区域发展模式的社会学分析 [M]. 天津人民出版社, 2002.

[51] 王辑慈等. 创新的空间 企业集群与区域发展 [M]. 北京大学出版社, 2001.

[52] 温锐等. 劳动力的流动与农村社会变迁 [M]. 中国社会科学出版社, 2001.

[53] 苏东水等. 产业经济学 [M]. 高等教育出版社, 2000.

[54] 许纯祯等. 西方经济学 [M]. 高等教育出版社, 1999.

[55] 王焰新等. 城市可持续发展战略实证研究 [M]. 中国环境科学出版社, 2002.

[56] 王振亮. 城乡空间融和论 [M]. 复旦大学出版社, 2000.

[57] 姚士谋等. 中国城市群 [M]. 中国科学技术大学出版社, 2001.

［58］刘青松等．可持续发展简论［M］．中国环境科学出版社，2003.

［59］周冯琦．中国产业结构调整的关键因素［M］．上海人民出版社，2003.

［60］陈烈等．雷州半岛经济社会与资源环境发展研究［M］．科学出版社，1997.

［61］陈烈等．广州增城市域可持续发展研究［M］．广东科技出版社，2002.

［62］李丽萍．城市人居环境［M］．中国轻工业出版社，2001.

［63］周诚．土地经济学原理［M］．商务印书馆，2003.

［64］（美）凯文·林奇．城市形态［M］．林庆怡，等译．华夏出版社，2001.

［65］顾朝林等．经济全球化与中国城市发展［M］．商务印书馆，1999.

［66］汪洋等．“十五”城镇化发展规划研究［M］．中国计划出版社，2001.

［67］卫兴华等．政治经济学原理［M］．经济科学出版社，1993.

［68］农业部人事劳动司．农村社会调查研究方法［M］．中国农业出版社，1997.

［69］黄信．透视中国体制转型热点［M］．广西人民出版社，2002.

［70］刘斌．产业集聚竞争优势的经济分析［M］．中国发展出版社，2004.

［71］钟契夫等．中长期发展规划的基础理论与方法［M］．中国计划出版社，2002.

［72］王放．中国城市化与可持续发展［M］．科学出版社，2000.

［73］周兴维．战略重心的西移［M］．民族出版社，2001.

［74］王文长等．西部特色经济开发［M］．民族出版社，2001.

［75］郑长德．世界不发达地区开发史鉴［M］．民族出版社，2001.

［76］李甫春等．千年等一回——广西实施西部大开发战略理论构想［M］．民族出版社，2001.

［77］胡欣．中国经济地理［M］．立信会计出版社，2001.

［78］张俊山．经济学方法论［M］．南开大学出版社，2003.

［79］王恩涌等．人文地理学［M］．高等教育出版社，2000.

［80］厉以宁等．现代西方经济学概论［M］．北京大学出版社，1983.

[81] 北京大学马克思主义学院. 邓小平理论专题讲座 [M]. 北京大学出版社, 1998.

[82] 吴德刚. 西部教育 [M]. 中共中央党校出版社, 2001.

[83] 景普秋. 中国工业化与城镇化互动发展研究 [M]. 北京: 经济科学出版社, 2003.

[84] 王裕国. 西部大开发与四川经济发展问题探索 [M]. 西南财经大学出版社, 2001.

[85] 许学强等. 城市地理学 [M]. 高等教育出版社, 1997.

[86] 顾朝林等. 产业结构重构与转移——长江三角洲地区及主要城市比较研究 [M]. 江苏人民出版社, 2003.

[87] 朱华晟. 浙江产业群——产业网络、成长轨迹与发展动力 [M]. 浙江大学出版社, 2003.

[88] 龚仰军. 产业结构研究 [M]. 上海财经大学出版社, 2002.

[89] 朱英明. 产业集聚论 [M]. 经济科学出版社, 2003.

[90] 倪鹏飞. 中国城市竞争力理论研究与实证分析 [M]. 中国经济出版社, 2001.

[91] 张叶等. 浙江产业空间的结构变动 [M]. 社会科学文献出版社, 2003.

[92] 王兴斌. 旅游产业规划指南 [M]. 中国旅游出版社, 2000.

[93] (英) 亚当·斯密. 国富论 [M]. 谢祖钧, 等译. 中南大学出版社, 2003.

[94] 叶民强. 双赢策略与制度激励——区域可持续发展评价与博弈分析 [M]. 社会科学文献出版社, 2002.

[95] 夏健等. 小城镇中心城市设计 [M]. 东南大学出版社, 2001.

[96] (英) 约翰. 斯沃布鲁克. 景点开发与管理 [M]. 张文, 等译. 中国旅游出版社, 2001.

[97] 王祥荣. 生态与环境——城市可持续发展与生态环境调控新论 [M]. 东南大学出版社, 2000.

[98] 王延中等. 基础设施与制造业发展关系研究 [M]. 中国社会科学出版社, 2002.

[99] 董光器. 城市总体规划 [M]. 东南大学出版社, 2003.

[100] 张京祥．城镇群体空间组合［M］．东南大学出版社，2000.

[101] 王建国．现代城市设计理论与方法［M］．东南大学出版社，2001.

[102]（日）汤浅和夫．IT 物流［M］．门峰，译．文汇出版社，2002.

[103] 陆军．城市外部空间运动与区域经济［M］．中国城市出版社，2001.

[104]（英）埃比尼泽．霍华德．明日的田园城市［M］．金经元，译．商务印书馆，2000.

[105] 顾朝林等．集聚与扩散——城市空间结构新论［M］．东南大学出版社，2000.

[106] 中共中央文献研究室．十一届三中全会以来党的历次全国代表大会中央全会重要文件选编（上、下）［M］．中央文献出版社，1997.

[107] 厉以宁主编．区域发展新思路：中国社会发展不平衡对现代化进程的影响与对策［M］．北京：经济日报出版社，2000.

[108] 朱舜．县域经济学通论 中国行政区域经济研究［M］．北京：人民出版社，2001.

[109] 刘洪．经济系统预测的混沌理论原理与方法［M］．北京：科学出版社，2003.

[110] 林平凡．陈诗仁等 企业聚群竞争力——珠江三角洲企业聚群竞争力提升战略研究［M］．广州：中山大学出版社，2003 .

[111] 姚士谋等．区域与城市发展论［M］．中国科学技术大学出版社，2004.

[112]（荷）S. 布雷克曼等．地理经济学［M］．西南财经大学文献中心翻译部，译．西南财经大学出版社，2004.

[113] 王铮．区域管理与发展［M］．科学出版社，2000.

[114] 张文尝等．交通经济带［M］．科学出版社，2002.

[115]（美）保罗·克鲁格曼．地理与贸易［M］．张兆杰，译．北京大学出版社，中国人民大学出版社，2000.

[116]（美）保罗·克鲁格曼．发展、地理学与经济理论［M］．蔡荣，译．北京大学出版社中国人民大学出版社，2000.

[117] 中国社会科学院农村发展研究所组织与制度研究室．中国村庄的工业化模式［M］．社会科学文献出版社，2002.

[118]（德）柯武刚等．制度经济学 社会秩序与公共政策［M］．韩朝华，译．商务印书馆，2000.

[119] 盖文启．创新网络——区域经济发展新思维［M］．北京大学出版社，2002.

[120] 杨吾扬等．高等经济地理学［M］．北京大学出版社，1997.

[121] 陈雪梅等．中小企业聚群的理论与实践［M］．经济科学出版社，2003.

[122] 魏江．产业集群——创新系统与技术学习［M］．科学出版社，2003.

[123] 欧晓明等．区域发展与企业行为研究［M］．广东人民出版社，2003.

[124] 席酉民等．企业集团竞争力与业绩综合评价［M］．机械工业出版社，2004.

[125] 席酉民等．企业集团发展模式与运行机制比较［M］．机械工业出版社，2003.

[126] 刘琦等．县域规划的理论方法与实践［M］．中山大学出版社，1993.

[127] 赵令勋等．中国环渤海地区产业发展与布局［M］．科学出版社，1992.

[128] 张金山等．中国县域经济导论［M］．杭州：杭州大学出版社，1997.

[129]《长江三角洲地区产业结构和布局》编辑委员会．长江三角洲地区产业结构和布局［M］．中国计划出版社，1991.

[130] 陈秀山等．区域经济理论［M］．商务印书馆，2003.

[131] 朱冬亮．社会变迁中的村级土地制度［M］．厦门大学出版社，2003.

[132] 冯尚春．中国农村城镇化动力系统［M］．经济科学出版社，2004.

[133] 曹昱等．小型企业：美国新经济的助推器［M］．上海财经大学出版社，2003.

[134] 谢康等．阿克洛夫、斯彭斯和斯蒂格利茨论文精选［M］．商务印书馆，2002.

[135] 赵儒煜等. 产业革命论 [M]. 科学出版社, 2003.

[136] 徐树龙等. 产业布局学原理 [M]. 云南大学出版社, 1991.

[137] 张新平. 县级市经济发展研究 [M]. 珠海出版社, 2002.

[138] 袁嘉新等. 系统论在区域规划中的应用 [M]. 社会科学文献出版社, 1987.

[139] 刘再兴等. 中国生产力总体布局研究 [M]. 中国物价出版社, 1995.

[140] 周起业. 西方生产布局学原理 [M]. 中国人民大学出版社, 198?.

[141] 王志电等. 当代中国产业布局 [M]. 中国城市经济社会出版社, 1990.

[142] 林德金. 实用省市地县现代规划理论政策方法模型案例 [M]. 光明日报出版社, 1988.

[143] 伍新木主编, 方惠明等编. 县经济概论 [M]. 北京: 中共中央党校出版社, 1988.

[144] 苏重基. 现代企业区位选择与布局 [M]. 西南财经大学出版社, 2003.

[145] 杜克勤. 中国山区经济研究 [M]. 中国林业出版社, 2004.

[146] 赵立平主编. 信用链——温州. 萧江调研报告 [M]. 复旦大学出版社, 2003.

[147] 杨福家. 原子物理学 (第3版) [M]. 高等教育出版社, 2000.

[148] 林玲. 城市化与经济发展 [M]. 武汉: 湖北人民出版社, 1995.

[149] 国家计委培训中心编, 张奋勤主编. 县域经济发展与规划 [M]. 北京: 中国计划出版社, 2000.

[150] 王长远主编. 县域经济发展战略 [M]. 北京: 中国经济出版社.

[151] 刘照明. 县城经济社会发展纵横 [M]. 北京: 中国物价出版社, 2000.

[152] 黑龙江省社会科学院经济研究所编. 县级经济体制综合改革: 理论与实践资料综述专辑 [M]. 黑龙江省社会科学院经济研究所印, 1985.

[153] 陆学艺主编. 县级综合改革与经济社会的协调发展 [M]. 北京: 中国社会科学出版社, 1993.

[154] 陈亦清, 沈清基编著. 县域规划理论与实践: 浙江乐清县域规划

[M]. 上海：同济大学出版社，1998.

[155] 陈朝辉，蔡人群，许自策. 潮汕平原经济 [M]. 广东人民出版社，1994.

[156] (英) 鲍尔 (W. Bor). 城市的发展过程 [M]. 倪文彦，译. 北京：中国建筑工业出版社，1981.

[157] 中国科学院地理研究所主编. 城镇与工业布局的区域研究 [M]. 北京：科学出版社，1986.

[158] 倪兆球，钟华山编著. 区域·交通·发展：107 国道清连一级公路沿线区域开发 [M]. 福州：福建省地图出版社，2000.

[159] 谢自奋，凌耀初. 中国县域经济发展的理论与实践 [M]. 上海：上海社会科学院出版社，1996.

[160] 江佐中. 经济发展中的制度变迁—基于顺德的理论与实证研究 [M]. 中共中央党校出版社，2000.

[161] 陆立军等. 区域经济发展与欠发达地区现代化 [M]. 中国经济出版社，2002.

[162] 安纳利·萨克森宁：地区优势：硅谷与 128 公路地区的文化与竞争 [M]. 上海远东出版社，1999.

(二) 外文部分

[1] Harvey D. (1973) Social Justice and the City. (London: Edward Arnold)

[2] Maslow A. (1968) Towards a Psychology of Being. (New Jersey: Princetown University Press)

[3] MANUEL RUIZ PéREZ etc. The Role of Bamboo Plantations in Rural Development: The Case of Anji County, Zhejiang, China World Development Vol. 27, No. 1, pp. 101 - 114, 1999

[4] Shashi Kant, Marian Chiu Bamboo sector reforms and the local economy of Linan County, Zhejiang Province, People' s Republic of China Forest Policy and Economics 1 (2000) 283—299

[5] Kinvig, Kevin Dennis An analysis of factors affecting the location of small and medium scale rural enterprises in Thailand UNIVERSITY OF HAWAI'I MA 1989

[6] Alexander, Anne M. The role of market power in the spatial location of in dustry

［7］UNIVERSITY OF WYOMING PhD 2001

二、参考文章

（一）中文期刊

［1］刘盛佳．吴传钧院士的人文地理思想与人地关系地域系统学说［J］．地理科学进展，1998.

［2］倪兆球．世纪之交世界可持续发展型式研究［J］．热带地理，1999.

［3］吴永铭．城市工业专业化协作系统合理布局的若干问题［J］．经济地理，1981.

［4］吴永铭．广东启动型工业的效应与走势［J］．中山大学学报（自然科学版），1998.

［5］吴永铭．广东工业化的空间构架［J］．中山大学学报（自然科学版），1996.

［6］吴郁文．略论地域分工与地域发展［J］．地域研究与开发，1995.

［7］陈浩光等．经济低谷区崛起研究——以新丰县为例［J］．中山大学学报（自然科学版），1996.

［8］薛德升等．珠江三角洲乡镇工业空间分布的分散性研究——以顺德市北滘镇为例［J］．人文地理，2001.

［9］薛德升等．珠江三角洲镇域乡镇工业生产组织与发展研究［J］．热带地理，1999.

［10］张京祥，崔功豪．新时期县域规划的规划理念［J］．城市规划，2000.

［11］吴唯佳．非正式规划——区域协调发展的新建议［J］．规划师，1999.

［12］马维野，池玲燕．机制论［J］．科学学研究，第 13 卷 第 4 期 1995.

［13］陆大道．中国区域发展的新因素与新格局［J］．地理研究，2003（3）．

［14］赵学彬，肖彬．浅谈高速公路沿线产业布局对发展小城镇的作用［J］．小城镇建设，2003（8）．

［15］王兴平．乡镇企业主导的区域产业空间研究——以江苏省江阴市为例［J］．经济地理，2003（3）．

[16] 赵春音. 城市现代化：从城镇化到城市化 [J]. 城市问题，2003 (1).

[17] 刘亦陈，明瑞勤. 江西县域经济发展战略问题探讨 [J]. 企业经济 (江西)，2003 (1).

[18] 冯仁国. 我国经济地理学研究存在的问题及其改造途径 [J]. 地理科学，2001 (4).

[19] 潘和平. 对区域产业结构调整的几点思考——兼论永济市产业结构调整的战略 [J]. 经济问题，2000 (9).

[20] 贾绍凤. 知识经济给经济地理学带来的新课题 [J]. 地理研究，2000 (1).

[21] 聂火云. 略论产业布局的市场化取向 [J]. 经济地理，1993 (1).

[22] 吴志澄. 加快城镇化进程，提高经济竞争力 [J]. 统计研究，2001.

[23] 胡建，李永刚. 城市化进程与乡镇企业空间聚集历程关联性反思 [J]. 经济学动态，2001.

[24] 赵保佑，李津燕. 地方政府在区域经济发展中的制度创新作用 [J]. 经济学动态，2001.

[25] 李树琮. 应遏制线性城市建设的蔓延 [J]. 城乡建设，1997.

[26] 赵哲远等. 农村居民点合理用地探讨 [J]. 中国土地，1998.

[27] 赵哲远等. 农村居民点土地合理利用初步研究——以浙江省部分县市为例 [J]. 中国农村经济，1998.

[28] 刘兰辉，王正. 我国中小城市交通特征分析及交通规划——以中山市小榄镇和温州乐清市为例 [J]. 城市交通，2004.

[29] 周国平. 农民进城愿望缘何下降——目前我国农村城市化中的问题 [J]. 中国改革，2000 (11).

[30] 陈前虎. 浙江小城镇工业用地形态结构演化研究 [J]. 城市规划汇刊，2000.

[31] 王仲海. 宁夏小城镇建设问题初探 [J]. 调研世界，2003.

[32] 杨秀珠. 论城镇体系规划的三个层面———因地制宜编制浙江城镇体系规划 [J]. 城市规划，2003 (2).

[33] 杨忠臣，陆玉麒. 专业批发市场型小城镇的现状与未来 [J]. 城市规划汇刊，2003 (5).

[34] 姜长云，蓝海涛．当前小城镇发展的状况、问题与对策思路［J］．中国农村经济，2003.

[35] 温玉卓．对我国农村城镇化的再思考［J］．小城镇建设，2004.

[36] 吴惠聪等．“安永德”工业化之活力［J］．开放潮，2003.

[37] 张利华．“相向运动”：中国城市化道路的一个独有特点［J］．长白学刊，2001.

[38] 周士龙等．平谷县果品生产的产业化经营［J］．北方果树，1999（1）．

[39] 金相郁．20 世纪区位理论的五个发展阶段及其评述［J］．经济地理，2004.

[40] 王建康．区域私营经济生成及其发展机制初探［J］．人文杂志，2004.

[41] 冯毓云．社会发展的“合力作用”理论与系统论［J］．学习与探索，1998.

[42] 徐英花．县域经济与特色农业［J］．甘肃农业，2004.

[43] 赵连阁，朱道华．农村工业分散化空间结构的成因与聚集的条件［J］．中国农村经济，2000.

[44] 张旭昆．制度系统的性质及其对于演化的影响［J］．经济研究，2004.

[45] 夏勇．民本与民权——中国权利话语的历史基础［J］．中国社会科学，2004.

[46] 耿云志．孙中山的思想遗产及其意义［J］．中国社会科学院研究生院学报，2004.

[47] 胡阳，李长铎．莱布尼茨发明二进制前没有见过先天图吗——对欧洲现 17 世纪中西交流文献的考证［J］．周易研究，2004（2）．

[48] 魏元哇．从当代系统论、信息论、协同学看易学原理［J］．周易研究，2000（3）．

[49] 康中乾．《易经》卦图解意［J］．周易研究，1999（3）．

[50] 李仕澂．“先天图”的物理思辨［J］．现代养生，1995（10）．

[51] 王继光．古图之最与测量学创始人［J］．甘肃社会科学，1994.

[52] 陆建章．《资本论》中的市场机制理论探略［J］．财经论丛，1995.

[53] 王嘉亮，陈磊．对市场经济学中几个重要范畴的理解 [J]．世界经济文汇，1997.

[54] 董柯．国家干预下的市场经济——中国城市土地利用的可持续发展之路 [J]．城市规划，2000.

[55] 赵儒煜．经济制度、经济机制、经济体制辨析 [J]．当代经济研究，1994.

[56] 曾宏志．论马克思的市场理论及其现实意义 [J]．财经理论与实践，1998.

[57] 张南．论全面理解市场机制概念 [J]．当代财经，1996.

[58] 王道禹．马克思的市场理论及其现实意义 [J]．理论与改革，1995.

[59] 刘建华．马克思论市场机制——学习《资本论》札记 [J]．当代经济研究，1995.

[60] 什么是机制 [J]．广西会计，2003.

[61] 董珂．市场机制和国家干预下的城市土地利用 [J]．城市规划汇刊，1999.

[62] 罗伯特·E·卢卡斯著．王春阁译 论经济发展的机制（导论）[J]．经济经纬，1994.

[63] 程长羽，冉美丽．发展河北省县域特色经济的思考 [J]．河北大学学报，2002.

[64] 刘谟炎．传统农业大省在新形势下的功能定位———把江西省建成沿海发达地区“三个基地、一个后花园”的战略构想 [J]．中国农村经济，2002.

[65] 何立胜．产业结构高度化新探 [J]．社会科学辑刊，2004.

[66] 郭清马．浅谈发展我国虚拟经济 [J]．岭南学刊，2004.

[67] 郑文博．论虚拟经济和实体经济的关系 [J]．市场经济研究，2004.

（二）外文期刊

[1] Harvey D.（1974）Population, resources and the ideology of science. Economic Geography 50: 265 – 77

[2] Stephen Graham. Networking Cities: Telematics in Urban Policy – A Critical Review [J]. International Journal of Urban and Regional ReSearch, VOl. 18. N0. 3, 1994.

[3] Pred A. Behavior and, location I, Ⅱ.. Land Studies in Geography, 1969. 45

[4] Greenhut ML. Spatial Microeconomics: Theoretical Under pinnings and Applications [M]. UK: Edward Elgar Publishing Limited, 1995. 181—211.

[5] Glaeser EL. Cities, Information and Economic Growth. in Richardson HW, Button KJ, Nijkamp P, Heonsoo Park. Analytical Urban Economics [M]. UK: Edward Elgar Publishing Limited, 1996. 656—695

[6] Masahisa Fujita, Krugman P, Venables A. The Spatial Economy: Cities, Regions and International Trade [M]. Cambridge: The MIT Press, 1999. 1—4

[7] Isard W. Location and Space Economy: A General Theory Relating to Industrial Location, Market Areas, Land Use, Tradeand Urban Structure [M]. NewYork: The MIT Press, 1956. 53.

[8] Day RH. Adaptive Economics. in Crosby RW. Cities and Regionsas Nonlinear Decision Systems [M]. US: Westview Press, 1983. 103—142.

[9] Hamilton FEI. The Changing Milieu of Spatial Industrial Research. in Hamilton FEI, Contemporary Industrial Spatial Analysisand Regional Development [M]. London: Longma, 1978. 6.

[10] Wood PA. Behavioral Approaches to Industrial Location Studies. in Lever FW. Industrial Changes in the United Kingdom [M]. Croom Heim, 1987. 38

[11] Massey D. Industrial Location Theory Reconsidered [M]. Open University. Milton Keynes, 1977. 16.

[12] Massey D. Introduction: Geography Matters. in Doreen Massey and John Allen, eds. Geography matters! Areaders [M]. Cambridge University Press, 1984. 1—10.

[13] Smith DM. A Theoretical Framework for Geographical Studies of Industrial Location [J]. Economic Geography, 1966, 142: 86—113

[14] Chapmann K&Walker D. Industrial Location, Principles and Policies [M]. Basil Black well, 1987. 26—28

[15] Modelski G. The Long Cycleof Global Politics and the Nationstate [J]. Comparative Studiesin Society and History, 1978, 20: 214—235

[16] Ruigrok W&Rvan Tulde. The Logicof International Restructuring [M]

. London: Routeledge, 1995. 29.

[17] KRIHS. Industrial Agglomeration and Regional Clustersin Korea [M]. Seoul: KRIHS, 2001. 8

[18] Saxenian A. Regional Advantage: Culture and Competition in Silicon Valley and Route 128 [M]. Harvard University Press, 1996. 1—5

[19] Krugman P. First Nature, Second Natureand Metropolitan Location [J]. Journal of Regional Science, 1993, 133 (2): 129—144

[20] Krugman P. A Dynamic Spatial Model [M]. NBER Working Paper W4219, 1992

[21] Petersen MA&Raughuram GRajan Does Distance Still Matter? The Information Revolution in Small Business Lending [M]. NBER Working Paper W7685, 2000.

[22] Thisse, Jaques - Fracois. Location Theory, Regional Science, And Economics [J]. Journal of Regional Sciemce, Vol. 27, No. 4, 1987.

[23] Beckman, M. J.. Location Theory [M]. New York: Random House, 1968.

[24] Hakimi, S. L. Optimum Location of Switching Centers and the Absolute Centers and Medians of a Graph [J]. Operations and Research, 1964, (12).

[25] Gabszewic, J. J. and Thisse, J. F. Entry (and Exit) in a Differentiated Industry [J]. Journal of Economic Theory, 1980, (22).

[26] Hotelling, Harold. Stability in Competition [J]. Economic Journal, 1929, (39).

[27] Lederer, P. and A. P. Hurter. Competition of Firms: Discriminatory Pricing and Location [J]. Econometrica, 1986, (54).

[28] Fujita, M. Towards General Equilibrium Models of Urban LandUse [J]. Review Economique, 1985, (36).

[29] Fujita, M. and Ogawa, H.. Multi Equilibria and Structural Transition of Non - Monocentric Urban Configurations [J]. Regional Science and Urban Economics, 1982, (12).

[30] Fujita, M. and J - F, Thisse. Spatial Competition with a Land Market: Hotelling and von Thunen Unified [J]. Review of Economic Studies, 1986, (53).

[31] Krugman, p. Space: The Final Frontier [J]. Journal of Economic Perspectives, Vol. 12, No. 2 (Spring, 1998).

[32] Fujita M. and T. Mori. Structural Stability and Evolution of Urban System [J]. Regional Science and Urban Economics, Vol. 27, No. 4 ~5 (1996).

[33] Alexander, Anne M. The role of market power in the spatial location of industry UNIVERSITY OF WYOMING PhD 2001

[34] Paul Krugman. Increasing Returns and Economic Geography [J]. Journal of Political Economy, Vol. 99, No. 3 (1991).

[35] Gereffi, G. Humphrey, J. Sturgeon, T. The Governance of Global Value Chains: An Analytic Framework http://www.ids.ac.uk/ global value chains/ 2003

（三）报纸文章

[1] 陈思，张进兴，昔阳，“西水东调”工程缓建. 人民日报，1980－06－15.

[2] 许仲英，山西省委和“西水东调”工程. 人民日报，1980－10－24.

[3] 黄世贤，中国需要“穷人的经济学”. 光明日报，转引自 http://news.163.com 2005－04－05.

[4] 王青云，一些县域经济缘何陷入困境. 经济日报，2002－03－29.

[5] 李志安，提升县域经济应着力培育核心竞争力. 经济日报，2002－09－17.

[6] 刘惠兰，河北枣强县整合资源向优势产业集中“三驾马车”拉动县域经济提速. 经济日报，2002－10－08.

[7] 陈学军，县域经济：风景这边独好. 经济日报，2000－08－11.

[8] 发展县域经济增加农民收入——千方百计增加农民收入研讨会发言摘录. 经济日报，2002－02－08.

[9] 孟威，广东佛山市顺德区质量技术监督局企业服务工作概述. 中国质量报，2003－12－05

致谢

首先感谢光明日报出版社为本书的出版提供了平台和帮助。同时感谢苏州大学政治与公共管理学院陈进华院长为本书的出版经费提供的支持。

本书是在博士论文的基础上修改而成。2002 年笔者进入中山大学地理科学与规划学院攻读博士学位，期间多得各位老师和同学的指导与帮助，在学习各种理论的同时，参与了几个项目的规划实践，这些都为 2005 年博士论文的完成提供了坚实的实践基础。

博士论文的写作无疑是个艰苦的过程。感谢陈烈教授、倪兆球教授两位导师在选题、研究和写作中给予的悉心指导（两位师母也经常过问与关心）。两位导师各有所长。陈烈教授是中山大学规划设计研究院常务院长，在区域规划尤其是县域规划领域具有较大的影响力，对同学们的科研工作和日常学习严格要求的同时，常以“千年古松凿石生，广阔天地腹中藏”等座右铭激励大家，关心大家的生活与发展。他是带我进入区域规划领域的引路人，他孜孜不倦的工作使我们深深感受到区域在国家和地方发展中所具有的魅力和重要意义——规划就是财富是他的一个口头禅。倪兆球教授也是资深的城市规划专家。这是一位朋友式的老师。我们有一段时间吃住在一起，共同研究广东清远的发展规划。和他在一起自然而快乐。他性格开朗，热心助人，全程指导我的博士论文写作，细致到论文格式的规范方面。可以说没有他的帮助我的前方将横亘着高山深谷。从选题、写作到答辩，倪老师都在倾力为我做铺垫，这是一位让我终生难忘的良师益友。非常庆幸人生中碰到这样一位贵人。

需要感谢的还有郑天祥教授、汪晋三教授、刘盛佳教授、蔡人群教授、薛德升教授、周春山教授以及在汕头市潮南区举行的有关规划评审会上作启发性发言的南京大学崔功豪教授、林炳耀教授等学者。广东潮阳规划设计院陈灿新院长提供了有关图片。

感谢父母、妻子、儿子明亮和姐姐、姐夫、外公等亲人给予我的巨大力量和无私支持。贤妻长期以来任劳任怨，孝敬公婆、照顾孩子，还助我收集、整理资料，为本书的完成付出了辛劳和汗水。